Ética, Responsabilidade e Juízo em Hannah Arendt

Coleção Estudos
Dirigida por J. Guinsburg

Equipe de realização – Edição de Texto: João Borogan; Revisão: Iracema A. de
Oliveira; Sobrecapa: Sergio Kon; Produção: Ricardo W. Neves e Sergio Kon.

Bethania Assy

ÉTICA, RESPONSABILIDADE E JUÍZO EM HANNAH ARENDT

CIP-Brasil. Catalogação na Publicação
Sindicato Nacional dos Editores de Livros, RJ

A862e

Assy, Bethania
Ética, responsabilidade e juízo em Hannah Arendt / texto
e tradução Bethania Assy. - 1. ed. - São Paulo : Perspectiva ;
São Paulo : Instituto Norberto Bobbio, 2015.
256 p. : il. ; 23 cm.   (Estudos ; 334)

Tradução de: Hannah Arendt: an ethical of personal
responsability
Inclui bibliografia
ISBN 978-85-273-1033-8

1. Arendt, Hannah, 1906-1975. 2. Ciência política - Filosofia.
3. Ética. I. Título. II. Série.

15-23350   CDD: 320.5
                                                                               CDU: 32

01/06/2015   10/06/2015

[PPD]

Direitos reservados em língua portuguesa à
EDITORA PERSPECTIVA LTDA.

Av. Brigadeiro Luís Antônio, 3025
01401-000 São Paulo SP Brasil
Telefax: (011) 3885-8388
www.editoraperspectiva.com.br

2019

Sumário

Prefácio à Edição Brasileira – *Celso Lafer* xi

Prefácio à Edição Inglesa – *Agnes Heller* xix

Agradecimentos. xxiii

Abreviações da Obra de Hannah Arendt no Original xxv

Introdução xxvii

1. PARA UMA NOVA GRAMÁTICA ÉTICA NA POLÍTICA: O *ESPAÇO-ENTRE* FENÔMENO E CONCEITO

O Julgamento de Adolf Eichmann. 1
A Banalidade do Mal: Uma Cartografia de um Mal Trivial, Burocrático e Cotidiano 12
Um Novo Mal na Política 15
Responsabilidade Pessoal e Responsabilidade Política. 20

2. PROLEGÔMENOS A UMA ÉTICA DA
VISIBILIDADE: PARA UMA ONTOLOGIA
POLÍTICA DA APARÊNCIA

O *Status* Ontológico do Sujeito: Pluralidade e
Visibilidade...................................... 25
Percepção Ativa e Singularidade (*Uniqueness*) 33
A Consistência da Aparência: Da Autoexposição à
Autoapresentação............................... 41
Aletheia, Aparência e o *Status* da *Doxa*............. 44
O *Topos Noētos* das Atividades do Espírito:
"O Ato Presente de Atenção" 50

3. A ATIVIDADE DE PENSAR: UM PARCEIRO
PARA PENSAR, UMA TESTEMUNHA NA AÇÃO

A *Vision-in-Thought:* A Aparência do Invisível e a
Fração do *Não-Tempo* 57
Pensar Com Sócrates: Espanto (*Wonder*),
Consciência de Si e *Doxa* 63
O *Modus Operandi* da Atividade de Pensar: Um
Diálogo Contínuo Com os Outros 73
O Princípio Socrático da Consistência: A Reflexão
Que Obstaculiza a Ação 79
Um Parceiro Para Pensar, uma Testemunha na Ação ... 85
Solitude *versus* Solidão 88
Razão *(Vernunft)* e Intelecto *(Verstand)* 90
A Natureza Manufaturada do Hábito: A *Epistēmē*
Poētikē do *Homo Faber* 94
A Faculdade de Pensar: Entre Atividade *Aporética*
e *Áskesis*...................................... 100
Com Que Outro(s) *Self* (*Selves*) Desejo ou Consigo
Viver? 103
Personalidade, Singularidade e o Pleno Exercício da
Capacidade de Pensar (*Thoughtfulness*) 104

4. A ATIVIDADE DA VONTADE: A AÇÃO NO
   SELF – PARA UM *ÉTHOS* DA SINGULARIDADE
   (*HAECCEITAS*) E DA AÇÃO 111

   A Herança Medieval da Vontade: A Descoberta
   do "Correspondente Interno da Ação" 115
   Ação e Vontade: A Redenção da Resistência
   Interna 124

5. A FACULDADE DE JULGAR:
   O *ANTHROPOS* DOS AFETOS COMUNS

   Uma Questão de Julgamento: Um Imbróglio de
   Penélope 139
   O Juízo Reflexivo: O Gosto Supera o Egoísmo 148
   Sensus Communis: O Cultivo de Sentimentos
   Públicos 161
   Mentalidade Alargada e Imaginação Ética 171
   Imaginação Ética: Exemplos Com os Quais Julgar . . 174
   Doxa, Exemplaridade e o Ponto de Vista Geral: Um
   Espaço Público em Potência. 178
   Juízo, Aparência e a Fenomenologia da
   Exemplaridade: Uma Ética da Experiência 182
   Juízo e Responsabilidade Pessoal. 186
   Teoria do Juízo Político e Sentimento de Injustiça . . 192

Bibliografia Cronológica da Obra de Hannah Arendt 195

Prefácio à Edição Brasileira

I

A obra de um autor clássico é aquela que nunca termina de dizer aquilo que tinha para dizer, como observa Italo Calvino. Para essa dimensão de permanência e excelência muito contribuem os três atributos de um autor clássico apontados por Norberto Bobbio: o de sua obra ser vista, cada vez mais, como uma interpretação autêntica e esclarecedora da época em que viveu; o fato de instigar continuamente leituras e releituras e o de propiciar conceitos, ideias e pistas que retêm atualidade para o entendimento da realidade que nos cerca.

Em várias oportunidades, tratando da recepção da obra de Hannah Arendt, observei que foi adquirindo, e de maneira crescente, depois do seu falecimento em 1975, o *status* de um clássico do século xx, seja pelo reconhecimento do que significa o que escreveu para a análise da configuração da "era dos extremos" que assinala o século passado e se prolonga no nosso; seja pela avassaladora e cada vez mais abrangente bibliografia sobre sua obra e pessoa oriunda dos mais diversificados quadrantes culturais e caracterizada por uma pluralidade de perspectivas; seja pela garimpagem lastreada nas leituras e releituras de sua obra de categorias e caminhos válidos para a organização do entendimento do mundo contemporâneo e que provêm da inesgotável sugestividade da sua reflexão. Essa situação contrasta com o que ocorria quando fui aluno de Hannah Arendt na Universidade de Cornell, em 1965, e comecei, nos anos de 1970, a dedicar-me à irradiação da sua obra em nosso país.

Com efeito, naquela época não havia consenso em torno da pertinência mais ampla da sua obra e prevalecia um razoável desconforto em relação a uma pessoa que não se enquadrava nos cânones políticos tradicionais nem era facilmente identificável no âmbito das disciplinas acadêmicas – *I somehow don't fit* –, observou a própria Hannah Arendt num importante colóquio sobre a sua obra realizado em novembro de 1972, mas que só veio a ser publicado em 1979, depois do seu falecimento. Basta dizer que no começo da década de 1970, em contraposição ao que veio a ocorrer nas subsequentes, o único livro dedicado inteiramente a Hannah Arendt era o de Margaret Canovan, de 1974.

Para o processo de recepção da obra de Hannah Arendt que, deixando de lado o prévio mencionado "desconforto", converteu-a num "clássico", contribuiu igualmente o estímulo intelectual representado pela ampliação do *corpus* da sua obra. Esta proveio da publicação em forma de novos livros de muitos e importantes textos inéditos, de vários volumes de sua correspondência e da compilação organizada em tomos próprios de seus muitos ensaios e artigos previamente dispersos em distintos lugares. Também cabe destacar que a densa e avassaladora bibliografia arendtiana traz, de obra para obra, as marcas das leituras dos estudos que as precederam – que é outra característica de um clássico – e que as sucessivas gerações de seus estudiosos procuraram encontrar na sua reflexão, com novas respostas aos temas das suas inquietações, em função da sensibilidade própria da pauta dos problemas com os quais se confrontaram. Daí as ininterruptas e contínuas leituras e releituras da sua obra que, como mencionei, é outro atributo de um autor que se converte num "clássico".

Em nosso país é muito significativo e vem se adensando no correr dos anos, e com essas características, o valor agregado da bibliografia dos estudiosos brasileiros dedicados à obra de

Hannah Arendt. É nesse amplo contexto que se situa este importante e denso livro de Bethania Assy, estudiosa que integra, com o mais alto mérito, o rol das gerações brasileiras que se viram impactadas pelo socrático sopro do pensamento arendtiano.

II

Este livro, que tenho a satisfação de prefaciar na condição de um arendtiano de primeira geração é, com mudanças e revisões, a versão brasileira da tese de doutoramento de Bethania Assy, defendida na New School for Social Research de New York, instituição de ensino superior dos EUA na qual Hannah Arendt lecionou nos últimos anos de sua vida e que se viu subsequentemente e construtivamente impregnada pelo seu estilo de pensamento. Bethania teve como orientadores de seus estudos, na New School, Agnes Heller e Richard Bernstein, dois eminentes arendtianos, e beneficiou-se do diálogo com Jerome Kohn, o último assistente de ensino e pesquisa de Hannah Arendt que é, hoje, o testamenteiro responsável pelo seu legado literário e que vem, no correr dos anos, organizando, com discernimento e sensibilidade, a publicação de muitos textos arendtianos, tanto inéditos quanto dispersos. Bethania também discutiu as suas ideias com destacados arendtianos de vários quadrantes culturais, inclusive os brasileiros, e apresentou suas reflexões em vários centros universitários europeus empenhados na memória do legado arendtiano. A bibliografia que embasa o seu livro é reveladora do amplo domínio que tem da obra de Hannah Arendt e da abrangente bibliografia que o seu pensamento vem suscitando.

O livro em inglês, intitulado *Hannah Arendt: An Ethics of Personal Responsibility*, foi publicado em 2008 pela editora Peter Lang, de Frankfurt, como o terceiro da prestigiosa série do Centro Hannah Arendt da Universidade de Oldenburg Carl von Ossietzky. Ele é elogiosamente prefaciado por Agnes Heller e contém uma relevante apresentação da editora da série, Antonia Grunberg, também ela eminente arendtiana do circuito europeu em língua alemã dos seus devotos. Ambos os textos integram a nova edição brasileira do livro, vertida pela autora ao português, com a chancela da editora Perspectiva.

III

Como situar este livro de Bethania, que atualmente é professora de Filosofia do Direito no Rio de Janeiro, na UERJ e na PUC, na qual também se dedica ao seu Centro de Direitos Humanos? Um tema recorrente de Hannah Arendt é o das descontinuidades, ou seja, o inédito histórico das rupturas trazidas pelos extremismos dos eventos que assinalam o século XX. O ineditismo das rupturas gera um desconcerto epistemológico. Daí porque, para Arendt, o desafio da reflexão no mundo contemporâneo é o de pensar sem o apoio do corrimão dos conceitos consagrados, elaborados aluvionalmente pela tradição. Por esse motivo, em todos os campos, inclusive o da ética, a tradição do pensamento não oferece respostas apropriadas para lidar com os problemas e questões do presente. Existe uma lacuna entre o passado e o futuro que corrói, no presente, a força explicativa da tradição. Toda a obra de Hannah Arendt é uma reflexão que busca responder a esse desafio de pensar sem o apoio do corrimão de conceitos consagrados. É ilustrativo que o primeiro livro que deu a ela notoriedade, *Origens do Totalitarismo*, tem como uma das suas notas mostrar de que maneira a análise do nazismo ou do stalinismo não se enquadra no âmbito dos conhecidos conceitos de tirania, ditadura, autoritarismo, sociedades e movimentos de massa, e requer novas formulações. Daí a elaboração arendtiana da especificidade do totalitarismo.

É por essa razão que, pertinentemente, a busca de uma ética em Hannah Arendt, empreendida por Bethania Assy, não situa o legado arendtiano no âmbito da tradição do pensamento moral cujos "universais" se tornaram fugidios. Não é localizável, como aponta na Introdução, nas vertentes neokantianas ou aristotélicas e hegelianas mais expressivas que, nas suas modulações, elaboram princípios, seja em suas acepções abstratas ou relativistas.

Como também observa Bethania, ainda que o tema do mal esteja presente em *Origens do Totalitarismo*, foi depois de *Eichmann em Jerusalém* que Hannah Arendt passou a se preocupar efetivamente com as questões éticas. No livro sobre o julgamento de Eichmann, com a dicotomia *thoughtfulnesss/ toughtlessness* Hannah Arendt se colocou uma grande questão:

PREFÁCIO À EDIÇÃO BRASILEIRA   XV

a capacidade ou incapacidade de pensar permite diferenciar o certo do errado, o bem do mal? Daí, na sequência, uma série de textos provocados pelas controvérsias que o seu relato sobre o caso Eichmann suscitou, que foram reunidos por Jerome Kohn e publicados em livro, em inglês, em 2003, e subsequentemente publicados no Brasil em 2004 pela Companhia das Letras. Refiro-me a *Responsabilidade e Julgamento*, destacando que a edição brasileira, além de conter a introdução de Jerome Kohn, viu-se enriquecida por um substancioso prefácio de Bethania Assy, que antecipa ideias centrais do seu livro.

A capacidade ou incapacidade de pensar, ou seja, para falar com Bobbio, o poder explicativo da dicotomia arendtiana *thoughtfulnesss/toughtlessness* para a Ética só oferece um caminho que assinala quando parar, como observa Bethania Assy. Nesse sentido, a *toughtlessness* de Eichmann ajuda a entender como conduziu, sem parar, o processo de levar adiante o Holocausto. É insuficiente, no entanto, para uma elaboração de caminhos para uma ética em outros contextos da experiência que não sejam dados por situações-limite. É essa uma das razões que instigaram Hannah Arendt, como realça Bethania Assy, a ir refletindo sobre a conjugação de pensar com outras faculdades como o querer e o julgar, inclusive como meio de aprofundar o escopo do juízo ético.

A uma fenomenologia do pensar, do querer e do julgar, que integra com características próprias *The Life of the Mind*, dedicou-se Hannah Arendt nos últimos anos de seu percurso intelectual. Os textos da sua empreitada foram publicados postumamente e foi nas suas trilhas que Bethania garimpou os caminhos da sua construção de uma ética em Hannah Arendt.

O *cogito* arendtiano é pluralista (pensar, querer, julgar) assim como é pluralista a identificação do que compõe a *vita activa* tal como ela expôs em *A Condição Humana* (*labor, work, action*). Há, assim, um paralelismo nesses dois grandes marcos da obra de Hannah Arendt. Uma das originalidades deste livro de Bethania Assy, revelador do seu conhecimento e pleno domínio da trajetória de Hannah Arendt, provém de como mostrou o significado das correspondências entre os dois marcos, realçando como as rubricas "publicidade", "comunicabilidade", "alteridade" são comuns a ambos. É no trato dessas rubricas que se lastreia a inovação da construção exegética de Bethania Assy sobre a faculdade de julgar em Hannah Arendt.

A Ética em Hannah Arendt não está voltada para o transcendental, mas sim para o mundo e a sua pluralidade, inerente ao *inter homines esse*. É a expressão de um *amor mundi* e tem o seu ponto de partida na asserção arendtiana, realçada por Bethania, de que "somos do mundo e não apenas estamos nele". Daí a responsabilidade pessoal de cada um de nós, para o *quem* somos, para com os outros e para o mundo comum que compartilhamos e construímos.

O ponto de chegada do livro de Bethania é a dimensão ética da faculdade de julgar. Como é sabido, o livro póstumo de Hannah Arendt, de 1978, *The Life of the Mind*, editado por Mary McCarthy e baseado nos textos das suas conferências Giffords que ela reviu pouco antes de seu falecimento, abrange o pensar e o querer. Estava se preparando para elaborar a série sobre o julgar tendo, no entanto, apenas dela deixado como legado duas epígrafes. Por isso a análise do que elaborou Hannah Arendt sobre o juízo se baseia em textos anteriores, notadamente nas suas *Lectures on Kant's Political Philosophy*, publicadas em 1982 aos cuidados de Ronald Beiner. Nessas lições e em outras, Hannah Arendt se apropria, na sua elaboração, do juízo reflexivo desenvolvido por Kant na sua Terceira Crítica, na análise do juízo estético. O juízo reflexivo, em contraste com o determinante em Kant é aquele no qual o geral do conceito não está dado e é preciso operar a busca do geral a partir do particular, que é o dado. Para quem se dedicou ao desafio de pensar sem o corrimão dos conceitos dados, parece claro porque Hannah Arendt, no juízo reflexivo, encontrou um caminho epistemológico para tratar desse desafio que perpassa a sua obra.

A preocupação com o juízo, no entanto, não é um tema que se colocou, para Hannah Arendt, no fecho da sua trajetória intelectual. Na verdade permeia a sua obra, de distintas maneiras, e por isso sempre foi tido como matéria de grande relevância para os seus estudiosos. Estes, no entanto, precisamente porque ela não chegou a elaborar a terceira parte do *The Life of the Mind*, recorrem aos seus muitos textos em que a autora, de uma maneira ou de outra, trata do juízo para oferecer distintas leituras do seu alcance. Daí uma pluralidade de

PREFÁCIO À EDIÇÃO BRASILEIRA XVII

perspectivas que passam, por exemplo, pela discussão se, em Hannah Arendt, o juízo prospectivo do ator é da mesma natureza que o juízo retrospectivo do expectador; se suas referências a *phronesis* aristotélica são compatíveis com sua elaboração lastreada em Kant; se sua apropriação da Terceira Crítica não é excessivamente livre e, por isso, inconsistente; ou ainda como se conjugam as alusões arendtianas a Cícero na sua análise da faculdade de julgar. Em síntese, não há um consenso sobre o que é precisamente o juízo na obra de Hannah Arendt. O que há é uma concordância generalizada em relação à indiscutível sugestividade e abrangência intelectual inerente às pistas que o juízo reflexivo, tal como proposto por Hannah Arendt, oferece para o pensar e o agir no mundo contemporâneo sem o apoio do corrimão dos conceitos que as rupturas e descontinuidades tornaram inadequados.

Observo, entre parênteses, que eu mesmo me vali do juízo reflexivo para explicar o seu papel no conceito arendtiano do "direito a ter direitos", no meu livro de 1988, *A Reconstrução dos Direitos Humanos: Um Diálogo Com o Pensamento de Hannah Arendt* e subsequentemente para apontar, à luz da minha experiência e em mais de uma oportunidade, que o juízo diplomático, indispensável à condução da política externa, é um juízo reflexivo, que exige discernimento. Este, como diz Hannah Arendt nos textos publicados postumamente com o título *O Que é Política?* tem muito mais a ver com a capacidade de diferenciar – que caracteriza o julgar – do que com a capacidade de ordenar e sistematizar[1]. Uma observação que, aliás, ecoa o que diz Hobbes (autor que é também uma das referências de Hannah Arendt) no *Leviatã* quando, no capítulo VIII da Parte I, ao tratar das especificidades das virtudes usualmente consideradas intelectuais, aponta que a aptidão para observar diferenças e dissimilitudes, ou seja, a competência para ao distinguir discernir, é o que permite o bom juízo.

Bethania domina plenamente a bibliografia arendtiana e as múltiplas leituras que caracterizam o trato da faculdade de julgar, mas não se propõe lidar com o que ela denomina, no capítulo V, "um Imbroglio de Penélope". O seu objetivo é

---

1   Cf. Hannah Arendt, *O Que é Política?*, fragmentos das obras póstumas compiladas por Ursula Ludz, 2. ed., Rio de Janeiro: Bertrand Brasil, 1999, p. 31-33.

apontar algumas das contribuições originais de Hannah Arendt para a noção do juízo ético – tema de inegável relevância para quem se dedica ao magistério de filosofia do direito. Nesse sentido, e com essa motivação, ela desbrava, com originalidade, neste livro, um campo até agora não trilhado de maneira abrangente sobre o alcance do juízo reflexivo para uma ética de responsabilidade.

Cabe destacar, como já apontei, como conjuga, na sua empreitada, os temas compartilhados da *vita activa* com os do *The Life of the Mind* – visibilidade, pluralidade, comunicabilidade, alteridade – esclarecendo, nesse contexto, de maneira própria, como a estética kantiana em Hannah Arendt tem o papel de elucidar a pluralidade dos nossos juízos sem a mediação de conceitos gerais. Bethania nessa linha aprofunda a sua análise, o que é um dos pontos altos do seu livro, indicando de que maneira os temas kantianos, tal como sugerido por Hannah Arendt, do *sensus communis*, da *mentalidade alargada*, da *imaginação ética* e da *fenomenologia de exemplaridade* ensejam a elaboração de uma ética de responsabilidade.

Uma das epígrafes da Introdução de Bethania ao seu livro vem do *Fausto* de Goethe que, na tradução de Jenny Klabin Segall, afirma: "Onde do conceito há maior lacuna / Palavras surgirão na hora oportuna." Concluo este prefácio apontando que a lacuna sobre o papel da Ética na bibliografia arendtiana foi oportunamente preenchida por este denso livro de Bethania, que suscita a melhor admiração.

Celso Lafer
Professor Emérito da Universidade de São Paulo

Prefácio à Edição Inglesa

Pode-se dizer que Hannah Arendt foi um dos raros expoentes da filosofia política da segunda metade do século xx. Seu trabalho apresenta três características de relevo: a abordagem de questões novas, e na verdade surpreendentes, a reintrodução da retórica e das narrativas nos debates filosóficos, e a bem-sucedida combinação de documentação acadêmica com intervenção pessoal. Se eu fosse compará-la a alguém, não seria a Sócrates, mas a Cícero, a quem ela frequentemente citava. Tal como Cícero, ela vislumbrava no passado a perfeita personificação da república, lamentando seu declínio, porém sem nunca deixar de ter esperança em um novo começo. Sua preocupação maior não era com a metafísica ou com a consistência de seu argumento teórico, mas, como ele, acreditava no poder da ação política, propriamente dita, e no poder da eloquência.

Ainda assim, a diferença entre o mundo antigo e o moderno permanece significante. Cícero "encontrou" uma ética, ou melhor, três éticas "prontas", por assim dizer: o estoicismo, o epicurismo e o ceticismo. Na verdade, ele não estava exclusivamente comprometido com nenhuma delas, embora, de fato, ele explorasse cada uma. A personalidade de Arendt também apresentava uma afinidade com todas as três filosofias de Cícero. Seu amor pela vida a aproximava dos epicuristas; seu comprometimento com a opinião contra a verdade, aos céticos; sua indiferença face às aclamações e recompensas oferecidas pela academia ou pela opinião pública, aos estoicos. Porém, na esfera teórica ela não dependia de nenhum sistema moral ou ético, tampouco recorria à pergunta "o que é?" – O que é ética? O que é a moralidade?; ela simplesmente fazia seus próprios julgamentos morais. Por vezes ela chegava mesmo a ser moralista – em seu livro sobre Eichmann, por exemplo. Seus juízos eram contextuais, como todos juízos práticos o são: ela promulgava juízos acerca de ações.

Contudo, não existem ações que sejam morais ou éticas em si. As ações são físicas ou mentais; quase sempre são ambas as coisas. A maioria de nossas ações são moralmente indiferentes – isto é, adiafóricas – mas algumas delas possuem um teor moral mais forte ou fraco. Arendt interessava-se por esse teor, principalmente em casos de ações concretas ou tipos de ação concretos. Em suma, o interesse de Arendt pela ética não era teórico, ainda que ela se interessasse, às vezes de forma apaixonada ou pessoal, pelo teor ético de uma ação. A pergunta é: como é possível escrever um livro sobre a ética de Arendt se ela não adota nenhuma? Há três possibilidades. Em primeiro lugar, pode-se ler uma filosofia moral própria nos textos de Arendt. Em segundo lugar, pode-se fazer uma coleção dos juízos morais de Arendt e tentar sistematizá-los. Bethania Assy segue uma terceira possibilidade.

Ela apresenta e discute, a partir de todo o volume da obra filosófica de Arendt, as exatas teorias, comentários e juízos que se referem a ações com um possível teor ético. Essa abordagem prova-se eminentemente fecunda. Assy não sobrepõe sua própria compreensão da ética à de Arendt, ela não sistematiza seus comentários não sistemáticos e não desenvolve uma filosofia moral para os eventuais juízos feitos por Arendt. Assy discute quase que exclusivamente aquelas "figuras" teóricas ou modelos que provaram ser essenciais à filosofia política de Arendt e que são, ao mesmo tempo, ricas em potencial de teor ético/moral. Visto que as ações humanas, de acordo com Arendt, são iniciadas pela vontade e são, consequentemente, contingentes – ainda que livres – a responsabilidade se faz inerente à

PREFÁCIO À EDIÇÃO INGLESA XXI

própria ação. Somos, portanto, responsáveis pelo nosso caráter. A fragilidade de nossos padrões morais, quer eles guiem ou não nossas ações, e a interpretação narrativa esperada dessas ações aumentam a nossa responsabilidade. É por essa razão que Bethania Assy pode falar com toda justificativa sobre a ética da responsabilidade de Arendt.

Existem várias éticas da responsabilidade, todas diferentes. Assy concentra-se nas principais preocupações de Arendt, as que tornam a sua ética da responsabilidade um caso único. Em primeiro lugar, a preocupação de Arendt com a visibilidade. Dado que o mundo da ação é um mundo de aparências, o homem é responsável pela escolha de atos que possam ser integrados ao mundo das aparências. Já que isto em si requer de nós a prática da capacidade de imaginar, a imaginação passar a ser uma questão ética. A culpa é "interna" e pessoal e, portanto, não constitui um interesse central para Arendt. Mas, ainda assim, a consciência lhe interessa. Depois de Sócrates a consciência tornou-se um aspecto central da vontade, uma vez que ela participa da iniciação de uma ou de outra ação. Assy demonstra uma profunda compreensão da ênfase de Arendt sobre o comum, o público, o externo contra o interno, o político, o mundano em contraposição ao espiritual. Nela, "*amor mundi*" substitui "*amor Dei*" e também "*amor fati*".

Em Arendt, o mal está relacionado ao agir sem pensar, ou ainda, ao pensar acrítico. Assy faz a conexão entre esse pensamento e vários outros, entre eles o caráter paradoxal do juízo. Ela aponta para a importância da questão da verdade no mundo da ação, pluralidade e aparência. Não podemos ser responsáveis pela "verdade", pois habitamos o mundo apenas com nossas opiniões, ainda que seja necessário honrar a verdade dos fatos – uma questão ética igualmente eminente.

Enumerei aqui somente alguns aspectos da profusa seleção de tópicos encontrados no livro de Bethania Assy. O leitor certamente encontrará outros igualmente relevantes. Um último comentário introdutório: Bethania Assy escreve sobre Arendt com empatia. Ela se coloca em seu lugar, pensa juntamente com Arendt. Este é um livro de amor e compreensão, não de críticas. Certamente a autora está ciente das inconsistências, por vezes graves, de Arendt, de sua confusão ao discutir a vida do espírito, especialmente a relação entre pensar e conhecer, e do modo como ela é capaz de fazer desaparecer, sob o peso de sua retórica, o fato de que algumas questões teóricas são tratadas superficialmente ou até mesmo omitidas. A certa altura Assy afirma que não está interessada em alinhavar críticas. Ela pratica um tipo de leitura redentora, enquanto explora os terrenos mais férteis na obra da autora. Sabe que as perguntas corretas são mais fecundas que as respostas corretas pelo simples fato de que – pelo menos em dado momento histórico – existem perguntas corretas que podem provocar infinitas respostas corretas ou incorretas. E Arendt fazia as perguntas corretas. Isto explica sua crescente notoriedade. A resposta às suas próprias perguntas é mais uma entre as infinitas possíveis. Bethania Assy explora junto com ela tais perguntas, assim como suas tentativas de respostas.

Agnes Heller
Cátedra Hannah Arendt – Professora Emérita da New School
for Social Research, New York – USA

Agradecimentos

Em minha passagem pela New School for Social Research, em Nova York, ao longo de seis anos, minha gratidão aos meus orientadores de doutorado e mestrado Agnes Heller e Richard Bernstein, pelo exemplo de autenticidade e generosidade intelectual. Agradeço a Jerome Kohn por sua amizade. Como sua assistente no Hannah Arendt Center na New School for Social Research, encontrei um legítimo arendtiano, sempre pronto a refletir os eventos do seu tempo. A New School me presenteou com a nobreza que se pode creditar à vida: a amizade. Vera Chueiri, Zena Eisenberg, Cristiane Carneiro, André Duarte, Bettina Nüsse, Kátya Kozicki, Maria Rita César, João Feres Jr., Sonia Arribas, Sara Dellantonio, Luigi Pastore, Astrid Stoffers, André Regis, Leone Sousa. Compartilhar experiência e vida com todos eles foi o resultado mais autêntico da vida acadêmica. Sou ainda grata a James Ingram. Muito mais do que editor da edição em inglês, acompanhou todas as etapas de realização deste livro. Minha gratidão especial também a Claire Martin, por humanizar a árida e austera burocracia universitária, o coração do departamento de filosofia da NSSR.

Desde 2001 tive a oportunidade de discutir boa parte desse livro no Kolloquium des Hannah Arendt-Zentrums, da

Universidade Carl von Ossietzky University, em Oldenburg, dirigido por Antonia Grunenberg, com quem tive uma experiência de abertura no pensamento e de responsabilidade com o mundo. Sou grata aos participantes do Colóquio por suas discussões sempre inteligentes.

Minhas considerações a respeito das noções de percepção e aparência em Hannah Arendt devem-se muito à série de discussões sobre Henri Bergson no Instituto de Medicina Social da Universidade do Estado do Rio de Janeiro. Um agradecimento particular a Jurandir Freire Costa, inspiração intelectual e ética.

Aos amigos que compartilham o entusiasmo pela obra de Hannah Arendt, minha gratidão pelo diálogo e aprendizado: André Duarte, Celso Lafer, Cláudia Perrone-Moisés, João Maurício Adeodato, Eduardo Jardim, Adriano Correia, Odílio Aguiar, Simona Forti, Thereza Calvet, Wolfgang Heuer, Francisco Fistetti, Etienne Tassin e Hans Scheulen.

O capítulo II deste livro foi apresentado no Forschungskolloquium zur Sozialphilosophie, do professor Axel Honneth, no Departamento de Filosofia da Universidade de Frankfurt. Devo aos comentários generosos de Axel Honneth, Rainer Forst e Rahel Jaeggi.

Agradeço a cooperação dos funcionários do Hannah Arendt Center (*Hannah Arendt-Zentrum*) na Universidade Carl von Ossietzky University em Oldenburg, em especial a Stefan Ahrens, e aos funcionários da Library of Congress em Washington.

Pelo suporte financeiro, meus agradecimentos ao governo brasileiro, ao Ministério da Educação, à CAPES, à New School University e ao departamento de Assuntos Acadêmicos, em especial a Robert Kostrzewa e Henry Watkin. Sou ainda grata pelo apoio financeiro da Universidade de Bremen, da Universidade de Frankfurt, e do DAAD (*Deutscher akademischer Austausch Dienst*).

Meus agradecimentos mais sinceros a Divane de Albuquerque, Nagib Assi e Nájla Assy. Obrigada precisamente por serem quem vocês são. Por último, minha gratidão a Francisco Ortega, meu verdadeiro novo começo.

Abreviações da obra de Hannah Arendt no original

A   Introduction: Naumann, Bernd, *Auschwitz*, New York/Washington/London: Frederick A. Praeger, 1966.

CBGA   Correspondence Between Grafton and Arendt (September 19, 1963) *draft, Hannah Arendt's Papers*, Manuscript Division, Library of Congress.

AJ   Arendt, Hannah and Jaspers, Karl, *Correspondence 1926-1969*. New York: Harcourt Brace Jovanovich, 1992.

BF   Arendt, Hannah and McCarthy, Mary, *Between Friends – The Correspondence of Hannah Arendt and Mary McCarthy 1949-1975*. New York/San Diego/London: Harcourt Brace , 1995.

BPF   *Between Past and Future: Eight Exercises in Political Thought*. New York: Penguin, 1977.

BMP   *Basic Moral Propositions*. In: Lectures: Basic Moral Propositions. 1966, University of Chicago, *Hannah Arendt's Papers*, The Manuscript Division, Library of Congress, Washington, DC.

CC   Crisis of Culture: Its Social and Its Political Significance. In *BPF*.

CJ   Seminar: Critique of Judgment. Fall 1970, New School for Social Research, *Hannah Arendt's Papers*, Manuscript Division, Library of Congress, Washington, DC.

CR   *Crises of the Republic*. New York-London: Harvest/HJB Book, 1972.

EDET   Eichmann: Discussion with Enumeration of Topics. Hofstra College, 1964. *Hannah Arendt's Papers*, The Manuscript Division, Library of Congress, Washington, DC.

XXVI ÉTICA, RESPONSABILIDADE E JUÍZO EM HANNAH ARENDT

EJ   *Eichmann in Jerusalem: A Report of the Banality of Evil.* New York: Penguin Books, 1977.

EU   *Essays in Understanding.* Edited by Jerome Kohn. New York/San Diego/London: Harcourt Brace & Company, 1994.

HA   On Hannah Arendt. In: *Hannah Arendt: The Recovery of the Public World.* Edited by Melvyn A. Hill. New York: St. Martin's Press, 1979.

HC   *The Human Condition.* Chicago/London: The University of Chicago Press, 1989.

JP   *The Jew as Pariah: Jewish Identity and Politics in the Modern Age.* New York: Grove, 1978.

KPP   Kant's Political Philosophy. Seminar: Kant's Political Philosophy Fall 1964, Chicago University. Unpublished Manuscript. *Hannah Arendt's Papers,* Manuscript Division, Library of Congress, Washington, DC.

LKPP   *Lectures on Kant's Political Philosophy.* Edited with an interpretative essay by Ronald Beiner. Chicago: The University of Chicago Press, 1982.

LMT   *The Life of the Mind: Thinking.* New York/London: Ed. Harvest/HJB Book, 1978.

LMW   *The Life of the Mind: Willing.* New York/London: Ed. Harvest/HJB Book, 1978.

LSA   *Love and Saint Augustine.* Edited and with an Interpretive Essay by Joanna Scott and Judith Stark. Chicago/London: The University of Chicago Press, 1996.

MDT   *Men in Dark Times.* New York/London: Harvest/HJB Book, 1983.

OT 1   *The Origins of Totalitarianism.* 1. ed. New York: Harcourt, Brace Jovanovich, 1951.

OT 2   *The Origins of Totalitarianism-Anti-Semitism, Imperialism, Totalitarianism,* 3. revised edition. New York/London: Harvest-HJB Book, 1986.

PP   Philosophy and Politics. In *Social Research,* v. 57, n. 1 (Spring 1990).

RJ   *Responsibility and Judgment.* Edited and with an introduction by Jerome Kohn. New York: Schocken Books, 2003.

TMC   Thinking and Moral Considerations. In: *Social Research,* v. 38, n. 3 (Autumn 1971).

Introdução[*]

Dos poetas esperamos a verdade.

HANNAH ARENDT[1]

Onde do conceito há maior lacuna,
Palavras surgirão na hora oportuna.

GOETHE[2]

Na narrativa de Mefistófeles, Goethe retrata uma das principais inferências de Hannah Arendt a respeito de questões éticas e morais: conceitos morais não podem subjugar nem superar a supremacia de nossas experiências. Na figura do Rei Lear, Arendt traz à luz a lição de que um "senso vivo e duradouro de dever filial é incutido com mais eficácia num filho ou numa filha pela leitura de *Rei Lear* do que por todos aqueles volumes áridos de ética e divindade que já foram escritos"[3]. Em matéria

---

[*] Este livro é uma versão modificada da obra originalmente publicada em inglês como: *Hannah Arendt: An Ethics of Personal Responsibility*. Collection Hannah Arendt Studien, edited by Antonia Grunenberg, preface by Agnes Heller. Berlin/Oxford/New York/Frankfurt: Peter Lang, 2008.

[1] "Von den Dichtern erwarten wir Wahrheit" . *Denktagebuch*. (Diário de Pensamentos, tradução nossa.)

[2] "Denn eben wo Begriffe fehlen, das Stellt ein Wort zu rechter Zeit sich ein." Citação extraída de Arthur Schopenhauer, "Die beiden Grundproblem der Ethik". Em *Kleinere Schriften*. Zürich: Haffmans, 1988. A tradução para o português de Goethe é de Jenny Klabin Segall, em *Fausto: Uma Tragédia*, p. 193. Agradeço a Celso Lafer por me apresentar à bela tradução de Jenny Segall.

[3] *Responsabilidade e Julgamento* (*Responsibility and Judgement*, doravante RJ, p. 145). Daqui em diante, em todas as obras de Hannah Arendt serão citadas as traduções para o português, seguidas do número da página da obra original (segundo a lista de abreviações das obras no original). Entre os tradutores de Hannah Arendt para o português foi priorizada a tradução de *mind* ▶

XXVIII   ÉTICA, RESPONSABILIDADE E JUÍZO EM HANNAH ARENDT

de ética, representa a supremacia da fidelidade à experiência em detrimento de conceitos e códigos morais. A abordagem ético-moral de Arendt se dá em dois acontecimentos significativos à autora: o fenômeno do totalitarismo como um todo e, especificamente, o julgamento de Adolfo Eichmann. A partir da reflexão sobre regimes totalitários, em 1951, Arendt expõe o que chama de colapso da tradição moral ocidental, cujo *locus* fora marcado por *ethos* e *mores* tradicionais, e descreve o vácuo moral causado pelo totalitarismo, de modo a requerer uma nova simbologia ético-política. Sua discussão acerca do mal radical revela o significado das experiências totalitárias na obliteração da capacidade de compreender o desmantelamento moral de tais eventos, por carência de categorias conceituais compatíveis a esse novo fenômeno político. Contudo, a preocupação tardia de Arendt para com o que denominou de "as atividades da vida do espírito", relativas à ação, à ética e à política, toma forma consistente após o julgamento de Eichmann. A ida ao tribunal (Beit ha-Mischpat, em hebraico) durante o julgamento, cujas sessões tiveram lugar no Gerard Behar Center (então Beit ha-Am), em Jerusalém, levou a autora a um novo *insight* sobre ética e sua conexão direta com as atividades do espírito. Após confrontar-se com a banalidade do mal na incapacidade de pensar de Eichmann, Arendt daria início a um tipo de investigação sobre a moralidade que não havia se dado de forma direta em nenhum momento de sua obra anterior a *Eichmann em Jerusalém*[4]. Passa a analisar as implicações de uma forma de mal na política perpetrado por uma massa

> por "espírito", com o principal intuito de distinguir a abordagem de Arendt de qualquer variante do campo nominado *filosofia da mente*, bem como de qualquer vertente teórica positivista dedicada ao exame da mente humana. Contudo, a prioridade dada ao vocábulo "espírito" também apresenta seus inconvenientes, desde os propriamente filosóficos – à primeira vista, o termo poderia induzir o leitor a pensar que Arendt fosse uma herdeira tardia de Hegel, e que o empregasse num sentido hegeliano – até os mais triviais, como, por exemplo, sugerir que ela houvesse pretendido revigorar algum tipo de filosofia espiritualista. Muito embora esse tipo de cuidado tenha sido pertinente, particularmente no início das traduções para o português, de forma a demarcar certo vocabulário da autora, acredito que atualmente o uso da tradução "espírito" não é mais imperativa. Sendo assim, vou utilizar ambas as terminologias, sempre no sentido atribuído por Hannah Arendt, e manter a escolha dos tradutores nas passagens citadas neste livro.

4   *Eichmann em Jerusalém* (*Eichmann in Jerusalem*, doravante *EJ*).

INTRODUÇÃO   XXIX

burocrática de indivíduos normais, embora incapazes de submeter os acontecimentos a um julgamento reflexivo.

Ainda que Hannah Arendt nunca tenha proposto de forma direta um sistema de moralidade ou elaborado um esquema ético, este livro pretende problematizar em seus escritos tardios uma dimensão ética própria da lacuna moral deixada nas sociedades pós-totalitárias. Essa ética está, sobretudo, baseada no relato das faculdades da vida contemplativa: pensar, querer e julgar[5]. O espaço no qual o homem de ação – o Aquiles de *A Condição Humana*[6] – cria e age politicamente, e o tempo em que o ELE kafkiano – de *A Vida do Espírito*[7] – se interpela e ajuíza, entremeiam-se no *espaço-entre* do domínio público arendtiano[8]. A esse *espaço-entre* nomeio de espaço ético da aparência. Em direção contrária a vários intérpretes da obra de Arendt, que asseveram uma cisão no pensamento da autora entre a vida do espírito e as noções de ética, ação e responsabilidade, desenvolvidas em *A Condição Humana*, argumento que há uma dimensão ética fundamental na produção intelectual de Hannah Arendt pós-1960, estreitamente articulada a seus escritos políticos das décadas anteriores.

5   Os ensaios sobre as faculdades de pensar e querer, assim como a série de manuscritos inéditos acerca da faculdade de julgar, todos citados na bibliografia deste livro, foram escritos por decorrência de disciplinas ministradas pela autora. De fato, trata-se de publicação póstuma não apenas incompleta, mas literalmente inacabada e preliminar. Hannah Arendt guardava o hábito recorrente de escrever em máquina datilográfica os cursos que ministraria. Ela ofereceu dois cursos nas Gifford Lectures, na Universidade de Aberdeen. Em 1973, deu um seminário intitulado "Thinking" e no ano seguinte, na mesma instituição, outro seminário intitulado "Thinking and Willing." Nos anos de 1974-1975, ambos foram ministrados como *Lecture courses* na New School for Social Research, Nova York. Ver o extenso volume de cursos escritos pela autora dispostos em *Hannah Arendt's Papers,* na Divisão de Manuscritos na Library of Congress, em Washington, DC. Os textos inéditos mais significativos se encontram disponíveis aos pesquisadores brasileiros no *Arquivo Hannah Arendt*, no Núcleo de Direitos Humanos, do departamento de direito da Pontifícia Universidade Católica do Rio de Janeiro.

6   *A Condição Humana* (*The Human Condition*, doravante *HC*).

7   *A Vida do Espírito* (*The Life of the Mind: Thinking*, doravante LMT). Meu interesse pela vida do espírito foi reforçado pelo seminário oferecido por Richard Bernstein intitulado "Hannah Arendt's The Life of the Mind", no Departamento de Filosofia da New School For Social Research, Nova York.

8   Sou grata a Zoltan Szankay (*in memoriam*) da universidade de Bremen por, nas várias noites de discussão sobre Hannah Arendt, ter me apresentado uma concepção mais fecunda e rica da noção de *espaço-entre* em Hannah Arendt.

XXX   ÉTICA, RESPONSABILIDADE E JUÍZO EM HANNAH ARENDT

É bem verdade que a pluralidade ontológica arendtiana, uma espécie de ontologia compartida da aparência, ecoa em toda sua obra. Partindo da premissa de que "somos *do* mundo, e não apenas estamos nele"[9], em que necessariamente vemos e somos vistos, Arendt assevera que "neste mundo em que chegamos e aparecemos vindo de lugar nenhum, e do qual desaparecemos em lugar nenhum, *ser e aparecer coincidem*"[10]. O domínio das opiniões (*doxai*) e dos juízos políticos se realizam no âmbito público, no qual sempre aparecemos como cidadãos em meio a outros cidadãos, e nos lançamos na chamada aventura do espaço público. "O palco é comum a todos os que estão vivos, mas *parece* diferente para cada espécie e também para cada indivíduo da espécie. Parecer – o parece-me, *dokei moi* – é o modo, talvez o único possível, pelo qual um mundo que aparece é reconhecido e percebido."[11] Promulgar uma opinião em público significa expor-se ao teste dos outros, o contínuo teste de alteridade, a chamada mentalidade alargada, capaz de criar um espaço potencialmente político.

Todavia, no relato um tanto pessimista, particularmente em *A Condição Humana*, Arendt explora o diagnóstico do atrofiamento da nossa capacidade de imaginar aquilo que nos afeta, nos interpela, apenas como membro de uma comunidade política. A tendência de equacionar sentimentos e afetos ora com objetivos ou triunfos pessoais ora com satisfação material ofertada pelas sociedades de consumo é prova não só do empobrecimento do imaginário público, mas também de uma certa contração da capacidade de sentir satisfação com demandas políticas coletivas. De fato, a tentativa de escapar à inexorabilidade de eventos históricos e à vulnerabilidade da condição humana conduziu sociedades contemporâneas a uma espécie de blindagem do domínio privado. Nas últimas décadas, a esfera da interioridade (do self e da vida privada) tem gradualmente se sobreposto à esfera pública, tomando-a com

---

9   *A Vida do Espírito*, p. 19 (*LMT*, p. 22). Para um relato semelhante em que aparência, comunalidade ontológica e *doxa* são concatenadas, veja, de Roberto Giusti, o segundo capítulo: Ontologia dell'essere-in-comune, *Antropologia della libertà*, p. 99. Ver, também, É. Tassin, La Question de l'apparence, em F. Collin (ed.), *Politique et Pensée*, p. 68-94.

10 *A Vida do Espírito*, p. 17 (*LMT*, p. 19).

11 Ibidem, p. 18-19 (*LMT*, p. 21).

INTRODUÇÃO   XXXI

interesses privados, idiossincrasias individuais e satisfações pessoais, acompanhada por uma constrição daqueles espaços que nos dizem respeito apenas como membros de uma coletividade. Esse processo de inversão do público em privado tem ocorrido não apenas no que a autora chama de "espaço-entre objetivo," o domínio da fabricação, a *poiēsis* do mundo propriamente dito, mas substancialmente no "espaço-entre subjetivo", a esfera da práxis e da interação política, responsável tanto pela subjetivação de novos atores políticos, quanto por estabelecer uma espécie de *imaginário comum da coisa pública*. A preocupação moderna com o self, iniciada por Descartes, impulsionada por Kierkegaard e que culminou no existencialismo, já demonstrava um robustecimento epistemológico das categorias da interioridade. Os catastróficos eventos políticos do século xx, o holocausto com suas "imagens de inferno na terra", refletem o que Hannah Arendt chamou de os perigos da *desmundialização (worldlessness)* da nossa época. Paradoxalmente, restou como refúgio derradeiro a experiência "verdadeira e autêntica" da interioridade. No prólogo de *A Condição Humana,* Arendt estabelece um paralelo substantivo entre as conquistas do *homo faber,* o lançamento do primeiro satélite artificial em 1957 e o concomitante processo de alienação do mundo, ao deslocar o ponto arquimediano de confiança e credibilidade para uma localidade desprovida de qualquer *topos,* qualquer espacialidade, a saber, a interioridade não partilhada do self[12].

Precisamente para se posicionar contra tal tendência, ainda no mesmo prólogo, Arendt deixa claro que a pergunta central do livro é pensar "o que estamos fazendo", atestando a preocupação que perpassa toda sua a obra: a distinção do agir político comum. Tanto na preservação e na continuidade como na criação e na espontaneidade, faz uso de expressões descritivas que privilegiam a *localização* de eventos humanos: o espaço das aparências, os domínios públicos e privados, a rede de relacionamentos, a *polis*[13]. Na *vita activa,* a espacialidade é, portanto, uma dimensão vital. É o espaço no qual o sujeito trabalha, fabrica e age politicamente. Até mesmo suas reflexões a

---

12   *A Condição Humana* (HC, p. 1).
13   P. Ricouer, Action, Story and History, em R. Garner, *The Realm of Humanities,* p. 157.

XXXII ÉTICA, RESPONSABILIDADE E JUÍZO EM HANNAH ARENDT

respeito da temporalidade das dimensões da *vita activa* se dão de acordo com critérios espaciais. O ciclo biológico natural do *animal laborans*, o mundo de artefatos duráveis do *homo faber* e, finalmente, o domínio imprevisível, eloquente e redentor da ação política, todas atividades cujas dimensões temporais – seja no domínio da necessidade ou no da liberdade – estão medidas sob o signo da espacialidade, dos movimentos humanos corporais e localizados[14]. De fato, *A Condição Humana* dignifica filosoficamente o agir humano, o mundo comum, a ação política e o espaço público em particular. Já em *A Vida do Espírito*, a autora nos desafia a uma fenomenologização da vida contemplativa, cujo ângulo privilegiado é a visibilidade dos atos e da linguagem. Redireciona o pensar, o querer, e o julgar ao âmbito da aparência, uma transposição fundamental para a formulação de uma ética da visibilidade.

Em antagonismo à sobrestima contemporânea da imagem corporal[15], na qual até certo ponto ser e aparecer também coincidem, o que está em jogo na ética que pretendo articular nesse livro é a visibilidade do espaço público arendtiano, de modo a ofertar um fórum para a liberdade humana, entendido não como um horizonte da experiência interior, mas como espaço para o exercício da virtude pública. Neste livro, endosso

14 J. Taminiaux, Time and Inner Conflicts of the Mind, em J. Hermsen; D.R. Villa (eds.), *The Judge and the Spectator*, p. 44.

15 A privatização do imaginário em sociedades contemporâneas no sentido da satisfação pessoal parece situar-se no corpo, ainda que esta seja a dimensão menos compartilhável de nossas vidas. É precisamente no corpo, seus prazeres e dores, que Arendt localiza o domínio da felicidade privada. "Nada, de fato, é menos comum e menos comunicável – e, portanto, mais fortemente protegido contra a visibilidade e a audibilidade da esfera pública – que o que se passa dentro de nosso corpo, seus prazeres e dores, seu labor e consumo. Por isso mesmo, nada expele o indivíduo mais radicalmente do mundo que a concentração exclusiva na vida corporal." *A Condição Humana*, p. 124, (HC, p. 112). Uma das imagens mais concretas da felicidade privada é o alívio da dor vivida em silêncio. Embora fuja do escopo deste livro, um dos deslocamentos do imaginário contemporâneo pode ser descrito como a substituição da interioridade do self pela visibilidade do corpo. Apesar de frequentar o domínio da aparência, a sobrevalorização do corpo parece reproduzir o artifício que Arendt enfaticamente refutara: o desencantamento e a privatização do espaço público. Um possível diagnóstico seria o da transição de um self absorto em si, para um corpo absorto em si tornando a vida corpórea como domínio derradeiro da felicidade, deslocando nossa confiança do espaço público para a interioridade do corpo, assim como nossas satisfações privadas à esfera pública, ou seja, uma esfera privada em maior escala.

a descrição de domínio público proposta por Bonnie Honig. A autora descreve o espaço público em Arendt

como uma metáfora para a variedade de espaços, topográficos e conceituais, que podem ocasionar uma ação. Podemos ficar com a noção de que a ação seja um evento, um "milagre", uma interrupção da sequência ordinária das coisas, um local de resistência ao irresistível, um desafio às regras normalizadoras que procuram constituir, governar e controlar comportamentos[16].

A fenomenologia de Arendt de ser "*do* mundo" e não meramente "*no* mundo" visa a um novo simbolismo cultural que interpela alteridade, visibilidade e mundo comum. Em vez de tomar a estética, o juízo do gosto e o comprazimento (*delight*) como referências individualistas, em contraposição à universalização da razão na ética, ela faz uma apropriação da estética de Kant para destacar a capacidade humana de sentir satisfação naquilo que "interessa apenas em sociedade"[17].

Nesse sentido, não pretendo situá-la em qualquer vertente continental de filosofia moral ou ética, seja nas suas modulações neokantianas, seja neoaristotélico-hegelianas mais expressivas, cuja ênfase recai, de uma forma ou de outra, sobre formulações éticas de cunho ora universal ora substancial. Ainda que Arendt combine elementos da ação e da *phronesis* aristotélica com suposições kantianas a respeito do juízo estético reflexivo, a tentativa de acomodar em seus escritos essas duas tradições de pensamento seria o "equivalente a querer tornar o círculo em quadrado"[18]. A autora se afasta justamente das discussões acerca da moralidade em termos de máximas ou princípios morais, seja em suas acepções abstratas ou relativistas.

Tento, precisamente, pôr em evidência de que forma as atividades do espírito tal como descritas por Arendt não conduzem a juízos determinantes, à boa vontade racional, a acordos consensuais, ou a meras decisões individuais autônomas.

---

16 *Political Theory and the Displacement of Politics*, p. 121.

17 Critique of Judgment (doravante cj). Seminário 1970, New School for Social Research, manuscrito não publicado. *Hannah Arendt's Papers*, The Manuscript Division, Library of Congress, Washington, dc, container 46, p. 032415.

18 S. Benhabib, Judgment and the Moral Foundations of Politics in Arendt's Thought, *Political Theory* 16/1, p. 40.

XXXIV ÉTICA, RESPONSABILIDADE E JUÍZO EM HANNAH ARENDT

A ética da responsabilidade não remete a uma ética normativa ou prescritiva, baseada na ideia de um sujeito razoável ou moralmente bom. Ao contrário, uma ética de responsabilidade pessoal está ligada à visibilidade de nossas ações e opiniões articuladas publicamente, que, por sua vez, estão associadas ao cultivo de um *ethos* público[19]. O critério final é *quem* somos na esfera pública da aparência. Sem querer evitar a indagação kantiana, "como devo agir?", em que pese seu caráter solipsista, minha preocupação é demonstrar como as atividades do espírito arendtianas, ainda que "invisíveis", articulam as mesmas categorias relevantes para o espaço da aparência, tais como publicidade, alteridade, juízo e ação política. Lançando mão do vocabulário kantiano empregado por Arendt em suas *Lições Sobre a Filosofia Política de Kant, A Vida do Espírito* pode ser descrita como uma obra na qual as atividades do self estão a serviço do mundo comum. Os sujeitos são "criaturas limitadas à Terra, vivendo em comunidades [...] cada qual precisando da companhia do outro mesmo para o pensamento"[20]. As inscrições do self, nas reflexões de Arendt acerca das atividades de pensar, querer e julgar não reproduzem as mesmas representações do self próprias às teorias do indivíduo moral autônomo e sujeito às leis da razão prática. O ponto crucial para uma *práxis* ética da visibilidade é como o sujeito se singulariza na comunidade política, o critério de acordo com o qual a distintividade de cada um de nós está relacionada ao domínio da responsabilidade.

Ainda a cunho de introdução, vale a pena pôr em evidência uma interrogação original promovida por Arendt que perpassa todas as matrizes discutidas nesse livro: "a questão de com quem desejamos ou suportamos estar juntos"[21]. Ainda

19 Ibidem, p. 46. Benhabib ressalta a maior importância conferida por Arendt à conduta virtuosa do que ao bem moral.

20 *Lições Sobre a Filosofia Política de Kant*, p. 37 (*Lectures on Kant's Political Philosophy*, doravante LKPP, p. 27).

21 "With Whom Do I Wish or Can Bear to Live together". *Basic Moral Propositions* (doravante BMP), p. 024619. Arendt ministrou um curso na Universidade de Chicago em 1966, intitulado Basic Moral Propostions, material este que permanece inédito até o presente. Tendo em vista que o conteúdo desse último manuscrito é semelhante a outro curso ministrado na New School for Social Research, Nova York, em 1965, intitulado Some Questions of Moral Philosophy, Jerome Kohn, responsável pela edição e publicação desse material ▶

INTRODUÇÃO   XXXV

não tomada devidamente a sério por parte substancial de seus comentadores, essa reiterada indagação da autora nos escritos dos anos de 1960 nos confronta com o constante pleito acerca da escolha de nossa "companhia entre homens, entre coisas e entre pensamentos, tanto no presente como no passado"[22]. Nos três níveis distintos de *A Vida do Espírito* – as capacidades de pensar, querer e julgar – está formulada justamente a indagativa ética que nos remete necessariamente à alteridade, ao(s) outro(s) com quem desejamos ou suportamos viver, de forma a conectar a *vita contemplativa* à responsabilidade pessoal. Significa traçar um *páthos* da continuidade que passa pela revelação da opinião (*doxa*) de cada sujeito à pluralidade do espaço público. No pensamento, no juízo e na vontade, essa escolha que envolve o outro com quem viver leva em conta, ao menos, três dimensões que pretendo destacar ao longo deste livro: o self, os outros e o mundo. Por consequência, torna possível identificar, em seus escritos em torno da vida contemplativa, três níveis de responsabilidade pessoal: a responsabilidade de pensar e de escolher a si mesmo; a responsabilidade de julgar e de escolher nossos exemplos; e a responsabilidade para com a durabilidade do mundo, expressa por meio da consistência de nossas ações.

A responsabilidade de escolher a si mesmo está implicada na atividade de pensar. O pensamento, ao fim e ao cabo, implica a suposição de que estamos condenados a viver com nós mesmos. O juízo está relacionado à responsabilidade pessoal no ponto em que assumimos responsabilidade por nossas escolhas políticas. A atividade de julgar também promove

> ⊳ nos Estados Unidos, na obra *Responsibility and Judgment*, decidiu incorporar apenas alguns parágrafos do curso de 1966, na forma de nota de rodapé, ao curso ministrado na New School for Social Research em 1965. Como critério, Kohn reproduz algumas passagens de *Basic Moral Propositions* que considera relevante. O manuscrito integral e inédito permanece disponível em Lectures 1966, *Hannah Arendt's Papers*, The Manuscript Division, Library of Congress, container 46.

22 *Entre o Passado e o Futuro*, p. 281 (*Between Past and Future*, doravante BPF, p. 226). Vale ressaltar que nas traduções das citações de Arendt aqui utilizadas (tanto nas já existentes em português, quanto nas inéditas ou não publicadas em português) foi mantido o substantivo "homem" utilizado pela autora para significar os substantivos genéricos de sujeito, indivíduo etc. Uso corrente na literatura da época.

XXXVI   ÉTICA, RESPONSABILIDADE E JUÍZO EM HANNAH ARENDT

responsabilidade pessoal, na medida em que nos responsabili-
zamos pelas escolhas de exemplos para orientar nossas ações. A
responsabilidade pessoal com a durabilidade do mundo, finalmente, está ligada à noção de consistência, uma vez que, em
lugar de depender de qualquer condição interna da verdade, o
critério para "o sucesso e o fracasso da iniciativa de autoapresentação dependem da consistência e da duração da imagem
assim apresentada ao mundo"[23]. A responsabilidade pessoal
no que diz respeito ao mundo comum está ainda relacionada
ao que Arendt nomeia de *amor mundi*, e, particularmente, à
capacidade de prometer. Distinta da atividade de pensar, no
querer "o critério já não é o eu [self] e o que ele pode ou não
pode suportar, aquilo com que pode conviver, mas a execução
e as consequências da ação em geral"[24]. Na atividade de querer, a afirmação do outro – *Amo: volo ut sis* (Eu quero que você
seja) – está implícita no *amor mundi*. Marca "o ponto em que
decidimos se amamos o mundo o bastante para assumirmos
a responsabilidade por ele"[25]. Argumento que o amor mundi
de Arendt significa não apenas uma promessa que une seres
humanos, mas sobretudo um imperativo à ação.

A responsabilidade pessoal por *quem* somos, pelos outros e
pela durabilidade do mundo conflui no *espaço-entre* de Arendt
(*Zwischen-Raum*)[26]. Esta relação ética entre a ação e as atividades do espírito de modo algum significa uma relação de
causa e efeito. A nossa tradição dualística se deve à concepção
da interioridade e da exterioridade como domínios incomunicáveis e absolutamente distintos e, por consequência, confirma a tendência de apresentar tais atividades em termos de
causa e efeito. Esse *espaço-entre* pode ser visto como um espaço
ético que não se situa nem na pura esfera privada da interioridade (*inwardness*), nem na esfera genuinamente performática de uma exterioridade desprovida de reflexão e crítica. As
atividades de pensar, julgar e querer desempenham um papel

23   *A Vida do Espírito*, p. 29 (LMT, p. 36).
24   *Responsabilidade e Julgamento*, p. 191 (RJ, p. 125).
25   *Entre o Passado e o Futuro*, p. 247 (BPF, p. 196). Em outra passagem: "*Amor
     Mundi*: amor ou o máximo de dedicação possível ao mundo no qual nasce-
     mos." Introduction to Politics. Course Lecture (Fall, 1963), Manuscript Divi-
     sion, Library of Congress, p. 023803.
26   Cf. Arendt, *¿Qué es la política?*, p. 57.

INTRODUÇÃO   XXXVII

decisivo na constituição de *quem* somos, de como agimos e
de como decidimos assumir responsabilidade pelos outros e
pelo mundo. Sendo assim, minha preocupação é articular, a
partir da obra de Hannah Arendt, uma dimensão ética, cuja
base remeta à visibilidade de nossas palavras e atos, em que, a
despeito das nossas melhores intenções, transpareça a relevância ética da ação e da experiência. Um sujeito comprometido
com uma ética da responsabilidade pessoal deve ser capaz de

Logon didonai "prestar contas" – não provar, mas estar apto a dizer
como chegamos a uma opinião e por que razões a formamos [...] O
próprio termo é político em sua origem: a prestação de contas é o que
os cidadãos atenienses cobravam de seus políticos, não apenas em questões financeiras, mas também questões políticas[27].

A luminosidade do espaço público é crucial para uma ética da
aparência, uma ética da responsabilidade pessoal. Nos convoca
a uma constante "prestação de contas" para com nós mesmos,
para com os outros e para com o mundo. Essa ética da visibilidade abre a possibilidade de reproblematizar o *páthos* entre
o self e o mundo comum, entre consciência e experiência – os
pilares da inspiração de uma nova simbologia ética na política.

---

27 *Lições Sobre a Filosofia Política de Kant*, p. 55 (LKPP, p. 41).

1. Para uma Nova Gramática Ética na Política

o espaço-entre **fenômeno e conceito**

Qual é o objeto do nosso pensamento?
A Experiência! Nada mais!

HANNAH ARENDT[1]

O JULGAMENTO DE ADOLF EICHMANN

Eichmann em Jerusalém surgiu em decorrência da ida de Hannah Arendt a Jerusalém, como enviada da revista *The New Yorker,* para cobrir o julgamento de Otto Adolf Eichmann, acusado de crimes contra o povo judaico e contra a humanidade e crimes de guerra[2]. O julgamento teve início no dia 15 de abril de 1961. O *New York Times* havia anunciado o sequestro de Adolf Eichmann por agentes israelenses na Argentina, em 24 de maio de 1960. Israel e Argentina haviam debatido a extradição de Eichmann para Israel, e as Nações Unidas, por fim, reconheceram a legalidade do Tribunal de Jerusalém. Após a confirmação de

---

1   On Hannah Arendt, em *Hannah Arendt: The Recovery of the Public World* (doravante HA), p. 308.

2   Uma versão resumida de *Eichmann em Jerusalém* foi originalmente publicada na revista *The New Yorker* no formato de artigos nas séries de 16 e 23 de fevereiro, 2, 9 e 16 de março de 1963. Eichmann era um oficial da Gestapo sob o comando de Himmler. Apesar de não ter sido um oficial de alta patente, foi responsável por aspectos cruciais da Questão Judaica, entre eles a Solução Final. Especificamente, foi encarregado da organização e evacuação em massa dos judeus, inclusive do seu envio a campos de exterminação. Cf. B. Assy, Eichmann in Jerusalem, em W. Heuer; B. Heiter; S. Rosenmüller (orgs.), *Hannah Arendt: Handbuch. Leben-Werk-Wirkung,* p. 92-98.

2 ÉTICA, RESPONSABILIDADE E JUÍZO EM HANNAH ARENDT

que Eichmann seria julgado em Israel, Hannah Arendt propôs ao então editor do *The New Yorker*, William Shawn, escrever um relatório completo sobre o processo de Eichmann[3].

Em carta a Samuel Grafton, Arendt pontua três motivos que a levaram a se interessar pelo julgamento de Eichmann. Primeiro, saber quem, de fato, era Eichmann "em carne e osso", particularmente um espécime da mentalidade totalitária, como Arendt havia analisado em seus escritos dos anos de 1950 sobre o totalitarismo. Segundo, avaliar a possibilidade de um novo tipo de crime e criminoso do ponto de vista jurídico e a capacidade das instituições legais de lidar com eles. E, por fim, e mais notavelmente, em suas palavras textuais:

Tenho refletido há muitos anos, mais especificamente trinta anos, sobre a natureza do mal. E o desejo de me expor, não aos feitos os quais, no final das contas, eram do conhecimento de todos, mas ao próprio perpetrador do mal, foi provavelmente a minha mais convincente motivação por trás da decisão de ir a Jerusalém.[4]

Em outra correspondência, inédita, endereçada a Meier--Cronemeyer, torna-se evidente que a partir do Tribunal de Jerusalém, da banalidade do mal, da incapacidade de pensar em Eichmann, frente ao que a autora nomeia de colapso da nossa tradição moral desde a experiência do nazismo, Arendt daria início a um tipo de investigação sobre a moralidade que não havia se dado em nenhum momento de sua obra anterior a *Eichmann em Jerusalém*. "O escrito [*Eichmann em Jerusalém*] foi de certo modo uma *cura posterior* para mim. E é verdade que foi [como você diz] uma maneira de chegar às bases

---

3   Encetou-se um diálogo entre Hannah Arendt e Kurt Blumsfeld em Israel, Heinrich Blucher em Nova York e Karl Jaspers na Basileia. Blumsfeld traduzia a crítica hebraica em Jerusalém; Arendt escrevia suas impressões em cartas a Blucher, que lhe enviava relatórios sobre as reações norte-americanas à cobertura do julgamento. Finalmente, Arendt remetia sumários das cartas a Jaspers, que as devolvia, transmitindo as repercussões europeias.

4   Resposta para uma carta, Grafton-Arendt 01, 19 set. 1963, *rascunho*; Divisão de Manuscritos, Library of Congress (grifo nosso). Esse rascunho comporia as respostas de Arendt às perguntas endereçadas por Samuel Grafton a uma entrevista com a revista *Look*. Arendt, no entanto, se recusou a participar da entrevista ao saber que o entrevistador era judeu. Comentário feito em carta a Jaspers. Arendt a Jaspers, 20 out. 1963, H. Arendt; K. Jaspers, *Correspondence 1926-1969* (doravante *AJ*).

PARA UMA NOVA GRAMÁTICA ÉTICA NA POLÍTICA 3

da criação de uma nova moral política – ainda que eu jamais, tolhida pela modéstia, usasse tal formulação."[5] Arendt fomentara uma nova perspectiva ético-moral que fosse capaz de não apenas desvelar a quebra com o paradigma da tradição, que já havia amplamente discutido desde *Origens do Totalitarismo*, como também de propor um novo *modus operandi* a tais questões, cujas dificuldades se iniciavam pela própria carência de terminologia. Enfatiza que "no que diz respeito às palavras moralidade ou ética, não se trata de hábitos ou de costumes, todavia *nem mesmo temos uma palavra para o que estamos nos referindo*"[6]. Em *Personal Responsibility under Dictatorship*, de 1964, um dos poucos textos diretamente endereçados a Eichmann publicados no período de 1963 a 1975, Arendt ratifica esse mesmo argumento ao avaliar, desde o ponto de vista dos seus primeiros anos de formação intelectual, a mudança de perspectiva da moralidade em relação ao evento do nazismo:

Para a minha geração e para as pessoas da minha origem, a *lição* começou em 1933 e terminou quando não só os judeus alemães, mas o mundo inteiro, tiveram notícias das monstruosidades que ninguém julgava possíveis no início. O que aprendemos desde então, e não é de modo algum pouco importante, pode ser contado como adições e ramificações do conhecimento adquirido durante aqueles primeiros doze anos [...] Na época, o próprio horror [...] parecia não apenas para mim, mas para muitos outros, transcender todas as categorias morais e explodir todos os padrões de jurisdição; era algo que os homens não podiam punir adequadamente, nem perdoar.[7]

O retrato de um tipo de banalidade identificado em Eichmann subsequentemente significou muito mais do que uma lição, como Arendt definia o seu relato para se defender de acusações de que o livro e o seu notório subtítulo insinuavam

---

5   Arendt para Herr Meier-Cronemeyer, 18 jul. 1963, Divisão de Manuscritos, Library of Congress, apud E. Young-Bruehl, *Hannah Arendt: For Love of the World*, p. 375 (grifo nosso). De acordo com Young-Bruehl, o termo *cura posterior* significa para Arendt a sua mudança de mal radical para a banalidade do mal.

6   *Hanna Arendt's Papers: Basic Moral Proposition* (BMP), The Manuscript Division Library of Congress, 024530, container 46, p. 024554. (Grifo nosso.)

7   *Responsabilidade e Julgamento*, p. 85 (*RJ*, p. 23).

uma justificação ou nova teoria do mal[8]. Na sua obra, o tema da banalidade do mal não assume a feição nem de puro fenômeno nem de formulação de uma teoria do mal. Tampouco trata-se de uma mera lição. A banalidade do mal passou a sustentar uma série de investigações sobre as implicações da moralidade e da capacidade de distinguir entre o certo e o errado em relação às outras atividades da vida do espírito. Particularmente, as faculdades de pensar e julgar no âmbito das considerações morais ocupariam uma posição central na maioria dos escritos de Arendt após *Eichmann em Jerusalém*, ou seja, pós-1964. Eichmann foi a metáfora exata à banalidade do mal, o fenômeno exato à imposição de um conceito. Arendt, usando uma linguagem kantiana, afirmaria que, "depois de ter sido atingida por um fenômeno – *quaestio facti* –, querendo ou não, pôs-me de posse de um conceito (a banalidade do mal)"[9].

A extraordinária superficialidade de Eichmann nos primeiros momentos soava atípica e surpreendente, implicava na incapacidade de um pensamento crítico independente:

A única característica específica que se podia detectar no seu passado, bem como no seu comportamento durante o julgamento e o inquérito policial que o precedeu, era algo inteiramente negativo: não era estupidez, mas uma curiosa e totalmente autêntica incapacidade de pensar (*thoughtlessness*).[10]

Eichmann forneceu um insight a Arendt a respeito da possibilidade de relacionar as atividades mentais, suas considerações ético-morais, ao campo da política, ao espaço da ação e da pluralidade[11]. Depois dos anos de 1960, a correlação

---

8 No *post scriptum* de *Eichmann em Jerusalém* Arendt já tinha tentado esclarecer o que entendia por banalidade. Indica que não estava tentando teorizar a natureza ontológica do mal; em vez disso, buscava o que chamava de lição: "foi uma lição, não foi uma explicação do fenômeno [da banalidade], nem uma teoria a seu respeito" (*EJ*, p. 288).

9 *A Vida do Espírito*, p. 5 (*LMT*, p. 7).

10 *Responsabilidade e Julgamento*, p. 226 (*RJ*, p. 159).

11 Em *A Condição Humana* (1958) Arendt ocupou-se das atividades da *vita activa*: labor, fabricação e ação. Seu objeto principal, nas suas próprias palavras: "O que proponho, portanto, é muito simples: trata-se de nada mais do que pensar sobre o que estamos fazendo." (Grifo nosso.) *A Condição Humana*, p. 13 (*HC*, p. 5). (Tradução nossa, modificada.) Pode-se dizer que se *pensar* a experiência é o fio condutor de *A Condição Humana*, a *experiência* do pensamento é fio condutor de *A Vida do Espírito*.

PARA UMA NOVA GRAMÁTICA ÉTICA NA POLÍTICA 5

entre as atividades de pensar, querer e julgar, e a ação, especialmente aquelas relacionadas à ética, tornaram-se proeminentes no pensamento de Arendt[12]. Jerome Kohn captura bem esta intersecção a partir de *Eichmann em Jerusalém*:

A relação entre pensamento filosófico e mundo era uma antiga preocupação de Arendt, porém, nunca antes havia sido submetida a um escrutínio tão apurado. Descortinava-se uma nova perspectiva acerca da tradicional distinção entre a vida contemplativa e a vida ativa [...] e agora ela se via questionando os "eventos e experiências" ligados à descoberta de atividades mentais *diferentes*.[13]

Na introdução de *A Vida do Espírito*, referindo-se conjuntamente a Eichmann, ao colapso moral da Alemanha nazista e à problemática do mal e do pensamento, Arendt diz:

Foi, portanto, o julgamento de Eichmann que inicialmente despertou meu interesse por esse tema. Mas, além disso, também essas questões morais que têm origem na experiência real e se chocam com a sabedoria de todas as épocas – não só com as várias respostas tradicionais que a "ética", um ramo da filosofia, ofereceu para o problema do mal, mas também as respostas muito mais amplas que a filosofia tem, prontas, para a questão menos urgente "O que é o pensar?" – renovaram em mim certas dúvidas.[14]

Um fenômeno no qual o agente demonstra acima de tudo uma superficialidade extraordinária, tal como exemplificada

---

12 A tensão entre pensamento e ação é inerente ao conjunto de preocupações de Arendt em torno da relação entre práxis e logos. Em "A Tradição e a Época Moderna" a autora faz o seguinte apontamento: "nada restou dessa experiência senão a oposição entre pensar e agir, que, privando o pensamento de realidade e a ação de sentido, torna ambos sem significado" (*Entre o Futuro e o Passado*, p. 52; BPF, p. 25). Ver: R. Bernstein, Hannah Arendt: The Ambiguities of Theory and Practice, *Political Theory and Praxis*, p. 144-158; B. Clarke, Beyond "The Banality of Evil", *British Journal of Political Science*. 10, p. 417-439; Gertrude Ezorsky, Hannah Arendt's View of Totalitarianism and The Holocaust. *The Philosophical Forum*, v. XVI, n. 1-2, Fall-Winter, p. 63-81.

13 J. Kohn, Evil and Plurality: Hannah Arendt's Way to The Life of the Mind, I, em J. Kohn; L. May (eds.), *Hannah Arendt: Twenty Years Later*, p. 154-155. Depois de 1964, as especulações de Arendt sobre a vida da mente e suas considerações morais ganharam um maior relevo. Como Michael Denneny observou em artigo sobre as faculdades da vida contemplativa de Arendt, "Suspeitamos que as coisas poderiam ter ficado nisso se Arendt não tivesse ido a Jerusalém para cobrir o julgamento de Eichmann para a *New Yorker*". The Privilege of Ourselves, em M.A. Hill (ed.), *Hannah Arendt: The Recovery of the Public World*, p. 253.

14 *A Vida do Espírito*, p. 7 (LMT, p. 6). (Tradução nossa, modificada.)

6 ÉTICA, RESPONSABILIDADE E JUÍZO EM HANNAH ARENDT

por Eichmann: o fenômeno da banalidade do mal[15]. Esses atos tinham consequências de proporções gigantescas, mas apesar disso o agente demonstrava uma falta de discernimento inimaginável. Percebia-se uma lacuna entre os atos ultrajantes, a sua raiz não voluntária e a superficialidade do agente. Arendt menciona a estrutura segundo a qual o fenômeno do mal fora concebido ao longo da história: o mal demoníaco como Lúcifer, o anjo caído da tradição religiosa; o mal que é mobilizado pela fraqueza, pela inveja ou até mesmo pela raiva que sente do bem, tal como patologia, interesse próprio, convicção ideológica do agente (cuja expressão literária foi dada, por exemplo, na obra de Shakespeare). Nenhuma dessas representações pôde explicar o que ocorreu na Alemanha nazista, algo trazido à luz pela superficialidade extraordinária de Eichmann[16]. Arendt manifesta a perplexidade diante de um fenômeno que contradizia as teorias correntes do mal e enfatiza a conexão entre o problema do mal e a faculdade do pensar com a sua concepção da banalidade do mal.

15 O subtítulo foi originalmente sugerido por Heinrich Blücher, marido de Arendt. Influenciado por suas leituras de Bertolt Brecht e por seu humor sarcástico, Blücher sugeriu o subtítulo acreditando que ele serviria como um meio de enfatizar a possibilidade inédita do mal ser algo superficial. Blücher forneceu a Arendt a referência que ela citaria no seu ensaio sobre Brecht no livro *Men in Dark Times*. Em alusão às considerações finais de Brecht em *A Resistível Ascensão de Arturo Ui*, Arendt o cita: "Os grandes criminosos políticos devem ser expostos por todos os meios, especialmente pelo ridículo. Pois são, sobretudo, não grandes criminosos políticos, mas os perpetradores de grandes crimes políticos, o que não é de modo algum a mesma coisa. […] O fracasso dos empreendimentos de Hitler não significa que este fosse um idiota, e a amplitude de seus empreendimentos não significa que fosse um grande homem." *Homens em Tempos Sombrios* (*Men in Dark Times*, doravante MDT, p. 247). Cf. E. Young-Bruehl, *Hannah Arendt: For Love of the World*. De acordo com Young-Bruehl, numa entrevista para o *New York Review of Books* feita por Roger Ererra, Arendt também afirma, corroborando com Brecht, a respeito de Hitler, que "pouco importa o que ele faça ou se ele matou dez milhões de pessoas, ele ainda é um palhaço". *New York Review of Books*, 26 oct. 1978.

16 Arendt diz: "Eu apontara para um fato que sentia ser chocante por contradizer as nossas teorias a respeito do mal." *Responsabilidade e Julgamento*, p. 80 (RJ, p. 18). Há várias especulações em torno da figura de Eichmann. Fala-se dos aspectos psicossociais do seu caráter e personalidade, seu papel na Solução Final, sua culpabilidade e o grau da sua responsabilidade, e assim por diante. Nenhum deles faz parte do objeto central desta investigação. Também não se trata de uma busca pela gênese ou alguma definição ontológica do mal no pensamento de Hannah Arendt.

PARA UMA NOVA GRAMÁTICA ÉTICA NA POLÍTICA 7

A primeira reação de Arendt ao ver Eichmann, "o homem na cabine de vidro", foi "*nicht einmal unheimlich*"[17] – nem sequer sinistro. "Os feitos eram monstruosos, mas o executante [...] era ordinário, comum, e nem demoníaco nem monstruoso."[18] A percepção de que Eichmann era um homem comum, possuidor de uma superficialidade e de uma mediocridade transparentes, deixou Arendt atônita ao avaliar a proporção do mal incalculável por ele cometido, qual seja, a organização das deportações de milhões de judeus. Adolf Eichmann fora o filho *declassé*, pertencente à chamada sólida família de classe média austríaca, jovem ambicioso, porém sem nenhuma perspectiva de ascensão. O Partido lhe permitiria a possibilidade de passar de um vendedor viajante da Companhia de Óleo e Vácuo da Áustria para um oficial cuja carreira orgulharia a sociedade, a sua família e a si próprio. É assim que Arendt realça o aspecto da trivialidade de um indivíduo que se envaideceu de ser o sujeito do interrogatório mais longo que se conhecera na história até aquele momento, como se esse fato lhe desse a sensação de ser um "eleito", portador de "um sentido elevado" (*hoeheren Sinnesträger*)[19]. A posição hierárquica e técnica ocupada por Eichmann "não era muito elevada; seu posto acabou sendo tão importante só porque a questão judaica adquiria, por razões puramente ideológicas, uma importância maior a cada dia, semana e mês da guerra, até haver adquirido proporções fantásticas nos anos de derrota – de 1943 em diante"[20]. Eichmann costumava afirmar repetidamente o mesmo chavão, "Minha honra é minha lealdade"[21]. Esta honra implicava uma lealdade absoluta, levando-o a nunca tomar decisões por si só, "tinha sempre extremo cuidado em estar 'coberto' por ordens, [...] não gostava de oferecer sugestões e sempre exigia diretrizes"[22]. Quando afirmava que cumprira seu dever, estava implícito que obedecera a todas as ordens, conforme o exigia seu juramento, e não admitira o descumprimento de quaisquer regras.

---

17 Correspondência entre Hannah Arendt e Heinrich Blücher, 15 de abril de 1961, *Within Four Walls*, apud Young-Bruehl, *Hannah Arendt: For Love of the World*, p. 329.
18 *A Vida do Espírito*, p. 5-6 (LMW, p. 4).
19 *Eichmann em Jerusalém*, p. 244, (EJ, p. 223).
20 Ibidem, p. 85 (EJ, p. 70).
21 Ibidem, p. 121 (EJ, p. 105).
22 Ibidem, p. 109 (EJ, p. 194). (Tradução nossa, modificada.)

8 ÉTICA, RESPONSABILIDADE E JUÍZO EM HANNAH ARENDT

Eichmann tornou-se o protagonista de uma experiência aparentemente ordinária, a ausência de pensamento crítico. O relato de Arendt começa com a descrição de suas características particulares, revelando uma série de elementos que a levaram a detectar em Eichmann uma ausência de senso crítico. Eichmann se comunicava utilizando um "dialeto" peculiar – um "oficialês" (*Amtsprache*) burocrático – por meio do qual ele se desculpava ao afirmar que esse era o resultado de seu trabalho. Tal linguagem burocrática de Eichmann se dinstinguia por sua falta de comunicabilidade, crucial para a pluralidade da vida social, refletindo sua incapacidade de revertê-la à fala comum. De forma semelhante, a memória de Eichmann parecia reter apenas assuntos relacionados à sua carreira, revelando sua alienação em relação a qualquer aspecto que não estivesse diretamente, burocraticamente e tecnicamente conectado à sua profissão. Segundo Arendt, o nível de desconexão entre linguagem burocrática e realidade era tamanho que dava a impressão de que os eventos estavam acontecendo numa "realidade" diferente para Eichmann; parecia não ter certeza do que realmente havia acontecido[23]. Ocasionalmente se lembrava claramente de momentos estratégicos de sua carreira, mas nem mesmo estas ocasiões coincidiam com os fatos históricos. Recorria constantemente a frases feitas, baseadas na lógica da autoexplicação. O descompasso entre o uso recorrente de frases de efeito e o curso da realidade alcançou tal proporção que Eichmann afirmaria que, "acontecendo novamente", o modelo inglês de campo de concentração deveria ser utilizado[24]. Eichmann fora o *locus*

23 Henry Feingold, em artigo sobre a opinião de Arendt a respeito do papel da burocracia, demonstra que Eichmann refletia um comportamento generalizado do burocrata alemão, cuja ideologia ditava o que era ou não importante. The Bureaucrat as Mass Killer, *Response*. (Special Number, Hannah Arendt: Retrospective Symposium, v. xii, n. 3.)

24 Arendt, ao argumentar que a alienação de Eichmann, tal como evidenciada por suas frases bombásticas, não era proposital no sentido de ser voltada ao seu julgamento, cita o testemunho de Joel Brand, um dos líderes do Comitê de Assistência e Resgate que entregou a proposta de Himmler aos Aliados, de *trocar* um milhão de judeus por dez mil caminhões. Brand negociou diretamente com Eichmann. Antes das negociações, Eichmann mencionaria que Brand, um "judeu idealista", soube que um "alemão idealista" se comunicaria com ele. Durante o julgamento, Brand mencionou as palavras que Eichmann proferiu durante o encontro: "Amanhã talvez estejamos de novo no campo de batalha." *Eichmann em Jerusalém*, p. 219 (*ej*, p. 198)

PARA UMA NOVA GRAMÁTICA ÉTICA NA POLÍTICA

ideal das "*regras de linguagem*" (*Sprachregelung*) do Reich. Utilizava clichês que não correspondiam ao real curso dos eventos[25]. A partir das considerações traçadas por Arendt, Daniel Bell extrai exemplos da linguagem codificada nazista:

> A palavra que designava assassinato foi substituída pela expressão "conceder uma morte misericordiosa" [...] falava-se dos campos de concentração em termos de uma *economia*; matar era uma questão médica [...] Os codinomes prescritos para matar eram "solução final", "evacuação" (*Aussiedlung*) e "tratamento especial" (*Sonderbehandlung*). As deportações eram chamadas de "mudanças de domicílio".[26]

Hannah Arendt menciona o fato de se ter nublado a diferença entre lei e ordem, aspecto substancial no cumprimento das regras do Regime de Hitler, como se a nova lei do país fosse baseada nas ordens do Führer, por meio das quais os burocratas atuavam como cidadãos tementes à lei[27]. Eichmann repetira várias vezes à Corte de Jesuralém que cumprira seu dever e que obedecera não apenas às ordens, mas às leis. No labirinto burocrático do Terceiro Reich, as palavras do Führer tinham a tal ponto força de lei (*Führerworte haben Gesetzeskraft*) que quaisquer atos de descumprimento eram considerados atos ilegais e criminosos[28]. Reuben Garner menciona que um dos aspectos que contribuíram para a construção da

---

25 Um exemplo dessa falta de coerência entre as frases feitas usadas por Eichmann e a realidade encontra-se num manuscrito que Eichmann escreveu durante sua estadia numa prisão argentina. Ele escreveu que estava em plena posse de sua liberdade física e mental: "Ich schreibe diese Protokolle in einer Zeit, in der ich im Vollbesitz meiner physischen und psychischen Freiheit bin, von keinem beeinflußt oder bedrängt." Na verdade, ele era um prisioneiro aguardando a sua extradição para Israel. *Hannah Arendt's Papers*, The Manuscript Division, Library of Congress, transcrição das notas feitas por Eichmann na Argentina, container 58.

26 Grifo nosso. D. Bell, The Alphabet of Justice: Reflections on "Eichmann in Jerusalem", *Partisan Review*, p. 425.

27 A propósito das perspectivas jurídico teóricas de *Eichmann em Jerusalém*, ver o eloquente livro de Celso Lafer: *A Reconstrução dos Direitos Humanos*. Cf. Legal Problems of The Eichmann Trial, *Hannah Arendt's Papers*, The Manuscript Division, Library of Congress, p. 024822, container 60; D. Biale, Arendt in Jerusalem, *Response*. Special Number. Hannah Arendt: Retrospective Symposium; D. Bell, op. cit., p. 417-429; Y. Rogat, The Eichmann Trial and the Rule of Law, *Center for the Study of Democratic Institutions*; H. Rosenberg, The Trial and Eichmann, *Commentary*, nov. 1961; O. Handlin, The Ethics of the Eichmann Case, *Opinion*.

28 *Eichmann em Jerusalem*, p. 165, (*EJ*, p. 148).

10 ÉTICA, RESPONSABILIDADE E JUÍZO EM HANNAH ARENDT

obediente máquina burocrática foi o peso da doutrinação, capaz de suprimir os sentimentos pessoais e de aceitar as premissas hitlerianas sem sequer questioná-las[29]. Vem dessa atitude a convicção de que o escopo da lei é o próprio chamado ao dever. Também Henry Feingold enfatiza que essa inversão podia ser observada em um novo protótipo de funcionário burocrático, o veículo direto da "encarnação" das ordens do Führer. "Essa burocracia descontrolada, liberta pelas sanções da lei e intocável para o ser humano comum, à semelhança de uma máquina automática, é a marca de todos os sistemas totalitários."[30] Eichmann, um cidadão temente à lei, raciocinava sempre dentro dos restritos limites das normas e dos decretos, atitude que acabou por nublar os aspectos de virtudes e vícios de uma obediência cega, ou a chamada *obediência de cadáver (Kadavergehorsam)*, como o próprio Eichmann costumava mencionar com orgulho.

Por trás da terrível e assustadora normalidade da massa burocrática, Arendt cunharia o termo banalidade do mal[31]. A conexão entre atos horrendos e pessoas ordinárias seria indubitavelmente a *arraia elétrica (electric ray)*[32] socrática que fomentaria o vín-

29 Nesse texto, o autor faz um apanhado dos principais momentos da vida e da carreira de Eichmann, que vão passo a passo se encaixando no tipo ideal à doutrinação do programa de Hitler. Garner faz uma análise bem pertinente quanto à construção da ideologia totalitária a partir da figura de Eichmann, culminando na interpretação arendtiana acerca da incapacidade de pensar. R. Garner, Adolph Eichmann: The Making of a Totalitarian Bureaucrat, *The Realm of Humanities*, p. 68.

30 H. Feingold, op. cit., p. 49.

31 Arendt deixa claro que, de acordo com o próprio Eichmann, de tal magnitude só poderiam ser engendrados por uma burocracia gigantesca. Contudo poucos, entre os quais Arendt, manifestaram interesse no processo de "objetificação", utilizando a terminologia de Feingold, da massa burocrática. Arendt diz: "Em seu julgamento Eichmann, ainda empregando o 'burocratês' de seu tempo, que afinal era seu único modo de expressão, admitiu seu papel central na administração do transporte de vítimas para o campo de concentração. Todavia ele repetidamente, e até mesmo sinceramente, insistia que nunca agira com base em motivos escusos e que nunca teve a inclinação para matar [...] Mas ao mesmo tempo tinha um trabalho a cumprir e por isso não poderia ter agido de outro modo [...] Ele parecia inteiramente incapaz de reconhecer – nem mesmo quando sua vida estava em jogo durante o julgamento – que o seu *trabalho* era como nenhum outro já cumprido pelo homem." H. Feingold, op. cit., p. 47-48.

32 Arendt diz que, de acordo com Platão, alguém chamou Sócrates de *arraia-elétrica*, um peixe que paralisa e anestesia quem o tocar, uma definição que o próprio Sócrates aceitaria já que a perplexidade que ele transmitia era a perplexidade que ele mesmo sentia quando em contato com o movimento ▸

PARA UMA NOVA GRAMÁTICA ÉTICA NA POLÍTICA 11

culo estabelecido pela autora entre banalidade do mal e ausência da capacidade de pensar. A apática normalidade de Eichmann acentuou a possibilidade de que atos normalmente repudiados fossem cometidos por cidadãos absolutamente comuns. Richard Bernstein destaca o "comportamento normal e ordinário" da massa burocrática que não pensa sobre o verdadeiro sentido das regras. Pessoas se comportariam da mesma forma se estivessem manufaturando alimento ou cadáveres: "Pode-se achar quase inconcebível imaginar como alguém pode *pensar* (isto é, não pensar) dessa maneira, de modo que a produção de comida, bombas ou cadáveres seja *essencialmente a mesma coisa* e que isto seja um comportamento *normal* e ordinário. É esta a *mentalité* que Arendt imaginava encontrar em Eichmann."[33]

Durante o julgamento de Jerusalém, Arendt chegaria à conclusão de que a incapacidade de Eichmann de se expressar verbalmente estava intrinsicamente ligada a uma incapacidade de pensar e julgar, sobretudo levando em conta a pluralidade de opiniões da qual dispomos na vida social. Por causa de seu alheamento da realidade das experiências do dia a dia, Eichmann era incapaz de enxergar "do ponto de vista do outro"[34]. Num artigo escrito em 1954, "Philosophy and Politics", Arendt explica:

Esse tipo de compreensão – em que se vê o mundo (como se diz hoje um tanto trivialmente) do ponto de vista do outro – é o tipo de *insight* político por excelência [...] consiste em compreender o maior número e a maior variedade possível de realidades – não de pontos de vista subjetivos, que naturalmente também existem, mas que, aqui, não dizem respeito –, o modo como essas realidades se abrem às várias opiniões dos cidadãos e, ao mesmo tempo, em ser capaz de comunicar-se entre os cidadãos e suas opiniões, de modo que a qualidade comum deste mundo se evidencie.[35]

O ponto de vista do outro não se baseia numa noção pura do *principium indivituationis* – o conceito que expressa a ideia de

> ▷ aporético do pensamento. (Meno, 80c, cf. 166c-d). Citado em *A Vida do Espírito*, p. 172 (*LMT*, p. 129). Discutirei as apropriações de Sócrates por Arendt mais detalhadamente no capítulo sobre o pensar.

33 R.J. Bernstein, *Hannah Arendt and the Jewish Question*, p. 170.

34 Arendt ressalta: "Mas vangloriar-se é um vício comum, e uma falha mais específica, e também mais decisiva, no caráter de Eichmann era sua quase total incapacidade de olhar qualquer coisa do ponto de vista do outro." *Eichmann em Jerusalém*, p. 60 (*EJ*, p. 47-48).

35 Filosofia e Política, p. 99-100, (Philosophy and Politics, doravante *PP*, p. 84).

12 ÉTICA, RESPONSABILIDADE E JUÍZO EM HANNAH ARENDT

que indivíduos são dotados de uma subjetividade um tanto solipicista – mas sim no fato de que a própria realidade do mundo implica em uma noção de *nós*, de pluralidade, opinião e comunicabilidade[36].

A BANALIDADE DO MAL:
UMA CARTOGRAFIA DE UM MAL TRIVIAL,
BUROCRÁTICO E COTIDIANO

O termo "banalidade do mal" foi introduzido por Hannah Arendt em *Eichmann em Jerusalém*, no momento em que descreve a morte de Eichmann. Sua sentença de morte foi anunciada em 15 de dezembro de 1961, às 9 da manhã. Arendt relata como, no dia da sua execução, 31 de maio de 1962, Eichmann transpôs as cinquenta jardas que separavam sua cela da sala de execução, com um caminhar ereto e tranquilo. No derradeiro instante de sua vida, Eichmann, que não acreditava em vida após a morte, só podia oferecer a mesma série de clichês e frases bombásticas que o acompanhara ao longo de sua carreira: "Após um curto intervalo, senhores, *iremos nos encontrar novamente. Esse é o destino de todos os homens. Viva a Alemanha, viva a Argentina, viva a Áustria. Eu não as esquecerei.*"[37] O ápice da demonstração do afastamento vivido por Eichmann, entre a realidade e a lógica que arrebatava sua linguagem e seu pensamento, foi

---

36 Ainda que mais marcadamente só depois de *Eichmann em Jerusalém* Arendt tenha passado a diretamente relacionar as faculdades de pensar e julgar às considerações morais, não se pode negar que suas discussões sobre o totalitarismo – lógica e ideologia totalitária, perda da pluralidade, comunicabilidade, senso comum e o ponto de vista do outro – já haviam sugerido uma relação entre a vida do espírito e a moralidade. Como ressalta Arendt, o totalitarismo "em lugar das fronteiras e dos canais de comunicação entre os homens individuais constrói um cinturão de ferro que os cinge de tal forma que é como se a sua pluralidade se dissolvesse em Um-Só-Homem de dimensões gigantescas". *Origens do Totalitarismo*, p. 518 (*The Origins of Totalitarianism*, doravante *OT1*, p. 465-466). Sobre as várias edições de *Origens do Totalitarismo* ver nota 43 neste capítulo. Na hábil formulação de Norman Fruchter, as duas obras se interligam por meio do "desenvolvimento de um complexo modelo e análise das operações do movimento totalitário e as transformações que ela opera na consciência individual", Arendt´s Eichmann and Jewish Identity, *For a New America*, p. 443.

37 *Eichmann em Jerusalém*, p. 274 (*EJ*, p. 252). (Grifo nosso e tradução nossa, modificada.)

PARA UMA NOVA GRAMÁTICA ÉTICA NA POLÍTICA   13

descrito por Arendt no momento final da morte de um burocrata que, prestes a ter sua sentença de morte executada, só foi
capaz de articular o que ouvira em funerais ao longo de sua vida,
de sorte que "estas 'palavras elevadas' pudessem toldar inteiramente a realidade de sua própria morte"[38]. Hannah Arendt, pela
primeira vez, emprega o termo "banalidade do mal": "Era como
se naqueles últimos minutos, ele estivesse resumindo a lição que
este longo percurso através da maldade humana nos ensinou –
a lição da temerosa banalidade do mal, que desafia palavra e
pensamento."[39] Eichmann se tornara o exemplo factual dessa
especulação. "Será que a natureza da atividade de pensar – o
hábito de examinar, refletir sobre tudo aquilo que vem a acontecer, independente de qualquer conteúdo específico e de resultados – poderia ser tal que *condiciona* os homens a não fazer o
mal?"[40] Pelo menos em "situações limítrofes" (*border situations*)?
Em 1946, Arendt já havia destacado o penetrante significado das
experiências históricas por meio das quais a realidade se tornou
urgente para a filosofia. Utiliza a expressão "situações limítrofes",
cunhada por Jaspers, para descrever as situações imprevisíveis e
incalculáveis que forçam o sujeito a pensar.

Com o conhecimento de o *Quê* (*What*) nunca pode explicar o *Isto*
(*That*), a filosofia moderna começa com a percepção aterradora e

38 Ibidem, p. 311, (*EJ*, p. 288).
39 Grifo nosso. Ibidem, p. 274 (*EJ*, p. 252). Vale ressaltar que ainda na década de
    1980 as discussões em torno de *Eichmann em Jerusalém* foram preponderan-
    temente relacionadas à Questão Judaica. Muito pouco havia se produzido em
    relação aos seus desdobramentos filosóficos. Ver: S. Zipperstein. *Response*,
    v. XII, n. 3; S. Muller. The Origins of Eichmann in Jerusalem, *Jewish Social
    Studies*, v. XLIII, n. 3-4, p. 237-254; W. Laqueur, Hannah Arendt in Jerusalem,
    em Lyman H. Legters (ed.), *Western Society After The Holocaust*, p. 118; J.N.
    Shklar, Hannah Arendt as Pariah, *Partisan Review*, v. 50, n. 1, p. 77; W.S. Allen,
    Comment: Insight Amidst Terror, in Hannah Arendt in Jerusalem, em Lyman
    H. Legters (ed.), op. cit., p. 121. Uma das correspondências abertas de maior
    repercussão durante a controvérsia se deu entre Gershom Scholem e Han-
    nah Arendt, a tomar como exemplo da direção, quase que generalizada, da
    polêmica que circunscreveu a *banalidade do mal* durante as duas primeiras
    décadas de *Eichmann in Jerusalem*. Scholem mobiliza a questão da banalidade
    do mal atrelada a dois principais temas: os judeus e sua conduta no Holo-
    causto e, especialmente, a responsabilidade de Adolf Eichmann. G. Scholem.
    "*Eichmann in Jerusalem*", *The Jew as Pariah* (doravante *JP*) p. 241. Publicado
    na versão alemã em G. Gerhard Scholem; H. Arendt. Ein Briefwechsel über
    Hannah Arendts Briefwechsel über Hannah Arendts Buch. MB 16.
40 *Responsabilidade e Julgamento*, p. 227-228 (*RJ*, p. 418). (Grifo nosso.)

14 ÉTICA, RESPONSABILIDADE E JUÍZO EM HANNAH ARENDT

estarrecedora de uma realidade inerentemente vazia [...] E é por isso que Jaspers identifica a morte, a culpa, o destino e o acaso como "situações limítrofes" da filosofia que nos impelem a filosofar, uma vez que em todas essas experiências nos damos conta de que não podemos escapar da realidade ou solucionar seus mistérios pelo pensamento.[41]

Em 1945, dezoito anos antes de *Eichmann em Jerusalém*, Arendt já havia especulado sobre o que fazia pessoas agirem como "engrenagens" (*cogs*) na maquinária nacional socialista alemã.

Ao tentar entender quais foram os verdadeiros motivos que levaram as pessoas a agirem como engrenagens em uma máquina de extermínio em massa, serão de pouca ajuda as especulações sobre a história alemã e o assim chamado caráter nacional alemão [...] É mais necessário compreender a personalidade característica do homem que pode se gabar de ser o espírito organizador do extermínio.[42]

O traço realmente fascinante da banalidade do mal, que envolve substancialmente as noções de "banalidade" e "ausência de raízes" do mal, era de que, ao procurar em Eichmann alguma profundidade que trouxesse à tona o mal, que alcançasse suas raízes, Arendt se deparou com uma manifestação do mal que não se enraizava em um motivo maléfico; como se o mal se espalhasse como fungo, superficial, rápido e não engendrado. É como se esse mal em particular estivesse em posição oposta às faculdades de pensar e julgar – já que "pensar, por definição, consiste em querer alcançar as raízes" – e fosse explicado como o resultado da ausência de reflexão. No caso de Eichmann, que era incapaz de exercer a atividade de pensar, não há possibilidade de achar uma razão profunda para os seus atos[43]. A profundidade

---

41 What is *Existential* Philosophy?, em *Essays in Understanding 1930-1954* (doravante *EU*), p. 167. *O Que É Filosofia da Existenz? A Dignidade da Política*, p. 19. (Tradução nossa, modificada.)

42 Organized Guilt and Universal Responsibility, em *JP*, p. 231.

43 O termo "mal radical" foi introduzido pela autora em *Total Domination. The Origins of Totalitarianism* (doravante *OT 2*). Nesse texto, a autora recorta parte dos artigos The Concentration Camps e Concluding Remarks, em *Partisan Review*, v. xv, n. 7. Arendt discute esse assunto numa das afirmações mais controversas encontradas em sua correspondência com Gershom Scholem. Ele tenta apontar uma contradição numa das teses de Arendt, contrastando o seu relato do "mal radical" em *Origens do Totalitarismo* com a "banalidade do mal" em *Eichmann em Jerusalém*. Arendt responde: "Você tem razão: mudei de ideia e por isso não falo mais em 'mal radical', que ele é somente extremo, desprovido ▶

PARA UMA NOVA GRAMÁTICA ÉTICA NA POLÍTICA 15

se alcança por meio do pensamento. Essa era a "banalidade" – a banalidade de Eichmann, a banalidade do mal.

UM NOVO MAL NA POLÍTICA

> *A simples, e de fato assustadora, verdade é que sob circunstâncias de permissividade social e legal as pessoas se entregarão ao mais ultrajante comportamento criminoso; pessoas estas que em circunstâncias normais talvez imaginassem tais crimes, mas nunca teriam realmente considerado a possibilidade de cometê-los.*
>
> HANNAH ARENDT[44]

Arendt narra o surgimento de um mal na política perpetrado por uma compacta massa burocrática de sujeitos perfeitamente normais, desprovidos da capacidade de discernimento e de submeterem os acontecimentos a juízo[45].

▷ de profundidade ou qualquer dimensão demoníaca. Ele é capaz de se disseminar e destruir o mundo inteiro simplesmente porque se espalha como um fungo na superfície. Ele se caracteriza por desafiar o pensamento, como eu disse, porque o pensamento tenta atravessar a superfície, atingir as raízes e, quando entra em contato com o mal, frustra-se, pois lá não há nada. Esta é sua 'banalidade'. Somente o bem possui profundidade e pode ser radical". (*JP* p. 251). Um artigo escrito por Arendt, em julho de 1953, na *Review of Politics* (p. 303-327), intitulado: Ideology and Terror: A Novel Form of Government (em sua versão alemã em *Offener Horizont: Festschrift für Karl Jaspers*. Munich: Piper, 1953) foi acrescentado à segunda edição de *Origins of Totalitarianism* em 1958. Esse texto foi incorporado às duas edições posteriores, 1967 e 1986. Já a edição de 1951 (primeira edição) constava de uma conclusão que foi suprimida pela autora nas edições posteriores, denominado: "Concluding Remarks". Já na edição de 1967 (terceira edição), foi incluído um prefácio à terceira parte escrito em 1966, e na edição de 1986 (quarta edição), um prefácio à primeira parte e outro à segunda parte, ambos escritos em 1967. Como as edições trazem textos que constam de algumas edições e não de outras, e são de relevância para este estudo, utilizaremos a seguinte nomenclatura: *OT 1* para a edição de 1951; *OT 2* para a edição de 1986, já que as modificações da edição de 1958 e da edição de 1967 constam na edição de 1986. Tradução para o português da edição de 1967 de Roberto Raposo. *Origens do Totalitarismo*. São Paulo: Companhia das Letras, 1989.

44 Desobediência Civil, *Crises da República*, p. 65 (*Crises of the Republic*, doravante *CR*, p. 70-71). (Tradução nossa, modificada.)

45 Arendt sublinha que, de fato, não era apenas Eichmann que era normal, enquanto todos os outros eram monstros sádicos. A autora aponta para a contradição apresentada pelo próprio Sr. Hausner, que pretendia ao mesmo tempo julgar "o monstro mais anormal que o mundo tivera conhecimento", ▶

16 ÉTICA, RESPONSABILIDADE E JUÍZO EM HANNAH ARENDT

Do ponto de vista de nossas instituições legais, e de nossos padrões morais de julgamento, essa normalidade era muito mais aterrorizadora do que todas as atrocidades juntas, pois implicava que [...] esse novo tipo de criminoso, que é em realidade *hostis generis humani*, cometesse crimes sob circunstâncias que tornavam praticamente impossível para ele saber ou sentir que está fazendo algo errado.[46]

Fomentaria uma nova perspectiva ético-moral que não só desvelaria a ruptura com a tradição ocidental de filosofia moral, já amplamente discutida em *Origens do Totalitarismo*, mas, sobretudo, forneceria o amálgama à formulação de um novo *modus operandi* a tais questões, cujos obstáculos se iniciariam pela própria carência de terminologia. O vínculo entre o problema do mal, a ética – *ethos,* a palavra grega para hábitos – e a moralidade tradicional – *mores*, palavra latina para costumes – se revelou insuficiente para prevenir o colapso moral vivido sob a égide de regimes totalitários.

Era como se a moralidade, no exato momento de seu total colapso dentro de uma nação antiga e altamente civilizada, se revelasse no significado original da palavra, como um conjunto de costumes, de usos e maneiras, que poderia ser trocado por outro conjunto, sem maior dificuldade do que a enfrentada para mudar as maneiras à mesa de todo um povo.[47]

A fragilidade com a qual os até então sólidos e estáveis padrões éticos e morais poderiam ser alterados tornaria uma mera reconciliação impossível, no sentido de que, a partir desse momento, o fato de existirem regras morais e mandamentos seculares, já significativamente consensuais na tradição política moderna europeia, não nos salvaria de futuras catástrofes morais, ao menos tal como experimentada no nacional socialismo alemão. Arendt realça que "os maiores malfeitores são aqueles que não se lembram porque nunca pensam na questão, e, sem lembrança, nada consegue detê-los"[48].

A tão consolidada garantia dos direitos fundamentais, consagrada tanto na Declaração dos Direitos do Homem e do

▷e afirmar que se tratava de muitos iguais a ele, quiçá o movimento nazista inteiro e todo o antissemitismo. *Eichmann em Jerusalém*, p. 299 (*EJ*, p. 276).
46 Ibidem. (Tradução nossa, modificada.)
47 *Responsabilidade e Julgamento*, p. 106 (*RJ*, p. 43).
48 Ibidem, p. 159-160, (*RJ*, p. 95).

PARA UMA NOVA GRAMÁTICA ÉTICA NA POLÍTICA 17

Cidadão, de 1789, quanto na Declaração de Independência dos Estados Unidos, de 1776, pilar da mais significativa moral pública moderna, fora "tolerantemente" e amplamente modificada.

E a facilidade com que tais mudanças ocorrem, sob certas circunstâncias, sugere realmente que todo mundo estava dormindo profundamente quando elas ocorreram. Estou me referindo, é claro, ao que houve na Alemanha nazista e, em certa medida, também na Rússia stalinista, quando subitamente os mandamentos básicos da moralidade ocidental foram invertidos: no primeiro caso, o mandamento "não matarás"; e no segundo, "não levantarás falso testemunho". E tampouco o que veio depois poderia nos consolar, isto é, a inversão da inversão, o fato de ter sido tão surpreendentemente fácil "reeducar" os alemães após o colapso do Terceiro Reich, tão fácil mesmo que se poderia dizer que a reeducação foi automática. Na verdade, nos dois casos, trata-se do mesmo fenômeno.[49]

Um dos aspectos mais intrigantes dessa experiência histórica moral não era apenas a sua fragilidade, mas também o seu fracasso em prevenir catástrofes. Arendt destaca como as regras de comportamento poderiam ser radical e repentinamente alteradas.

Como os cidadãos são *par excellence* o que se entende por pessoas comuns, pode-se imaginar que a facilidade com a qual o cidadão comum aderiu ao regime revela o quão raramente exercemos a capacidade de pensar e julgar criticamente por nós mesmos, assim como na *companhia dos outros*. A assim chamada "opinião pública", no sentido de mera opinião da maioria numérica, revela que a imitação automática de determinado comportamento é algo muito mais matizado do que parece.

Sem dúvida, de vez em quando éramos confrontados com a fraqueza moral, com a falta de firmeza ou lealdade, com essa rendição curiosa, quase automática, à pressão, especialmente da opinião pública, que é tão sintomática das camadas educadas de certas sociedades, mas não fazíamos ideia de como essas questões eram sérias e menos ainda aonde poderiam nos levar. Não conhecíamos muito sobre a natureza desses fenômenos, e receio que nos importávamos ainda menos.[50]

Um aspecto delicado e controverso mencionado por Arendt é a não participação. Para a autora, essa última mantém uma

---

49 *A Vida do Espírito*, p. 133-134 (*LMT*, p. 178).
50 *Responsabilidade e Julgamento*, p. 84-85 (*RJ*, p. 22).

18   ÉTICA, RESPONSABILIDADE E JUÍZO EM HANNAH ARENDT

imbricação com as atividades mentais descritas em *A Vida do Espírito*; faculdades enraizadas na pluralidade e alteridade. Fora surpreendente como a não adesão de uns poucos não foi motivada por nenhum padrão ou axioma tradicional[51]. Arendt erigiria a faculdade de pensar como o pressuposto para um tipo de julgamento crucial em tempos de colapso moral, para aqueles momentos "nos quais as cartas estão postas sobre a mesa" (*when the chips are down*). Argumenta:

A precondição para esse tipo de julgamento não é uma inteligência altamente desenvolvida ou uma sofisticação em questões morais, mas antes a disposição para viver explicitamente consigo mesmo, se relacionar consigo mesmo, isto é, estar envolvido naquele diálogo silencioso entre mim e mim mesma que, desde Sócrates e Platão, chamamos geralmente de pensar.[52]

É nesse sentido que o vácuo entre a superficialidade do agente e a injúria de seus atos, destacado no caso de Eichmann, leva Arendt a supor que existe um tipo de manifestação do mal que não pode ser radical, no sentido etimológico do latim *radix*, raiz[53].

---

51   A respeito da relação entre a faculdade de pensar e a decisão moral, Arendt está ciente do ônus pessoal decorrente da escolha pela não participação e também da dificuldade de avaliar a culpa pessoal. Menciona em *Eichmann em Jerusalém* que a única forma de não participação seria o total recolhimento da vida pública. Citando Otto Kirchheimer (*Political Justice*, 1961), Arendt ressalta: "A única maneira possível de se viver no Terceiro Reich e não agir como nazista consistia em não aparecer de forma alguma: 'retirar-se de toda participação significativa na vida pública' era de fato o único critério pelo qual seria possível medir a culpa individual." *Eichmann em Jerusalém*, p. 143-144 (*EJ*, p. 127).

52   *Responsabilidade e Julgamento*, p. 107, (*RJ*, p. 44-45). Está claro que Arendt não está tratando da perspectiva legal, em que naturalmente existe argumento mais do que justificável à participação, como, por exemplo, a ameaça à própria vida. A autora leva o argumento ao limite para enfatizar a livre escolha da consciência de um ponto de vista moral.

53   A constatação de que o mal não se enraizava em forças demoníacas, ou em qualquer outra manifestação dada tradicionalmente ao fenômeno do mal, é um dos pontos fundamentais da banalidade do mal: "Banalidade do Mal – sem raízes, ausência de forças demoníacas. Ausência do Mal Radical". Reflections after Eichmann Trial, undated, em *Hannah Arendt's Papers*, The Manuscript Division, Library of Congress, p. 24820, container 60. Em se tratando da relação entre ausência de raízes e pensamento, uma das passagens mais surpreendentes a esse respeito se deu quando Arendt justificou que banalidade do mal significava *No Radical Evil*, em que concebe radical do latim *radix*, radic(i)- raiz: "Eu quero dizer que o mal não é radical, indo até as raízes (*radix*), que não tem profundidade, e que por essa mesma razão é tão terrivelmente difícil pensarmos sobre ele, visto que a razão, por definição, ▶

PARA UMA NOVA GRAMÁTICA ÉTICA NA POLÍTICA 19

Em um período de colapso moral, o mal ocupa o *habitat* do normal, do lugar-comum, tornando-se, consequentemente, banal, e acaba perdendo uma de suas dimensões mais fundamentais: a tentação. Com a inversão do mandamento "não matarás", o mal não pode ser mais classificado como uma tentação. Em "situações limítrofes" do ponto de vista moral, até mesmo o tipo de tentação vivida no Terceiro Reich, o processo de "conhecer com e por mim mesmo'" (*knowing with and by myself*), possui um papel fundamental no ato de escolha. Arendt menciona a falta de hábito de julgar por si próprio retratada em Eichmann. Mesmo quando "tentado" a julgar por si próprio, respondia "quem sou eu para julgar?" (*who am I to judge?*), já que todos a minha volta julgam que se deve matar pessoas inocentes[54]. Em outras palavras, se toda uma sociedade, inclusive seus líderes, obedece a um conjunto de regras, *quem sou eu para julgar* o conteúdo de tais regras? O não exercício do pensamento crítico tem, de acordo com Arendt, implicações morais. Ao se recusar a fazer um julgamento, a questão acima suporia: "como posso distinguir o certo do errado, se a maioria ou a totalidade do meu ambiente prejulgou a questão?"[55]

Ao tentar compreender porque os sujeitos em certos regimes totalitários perderam a capacidade de julgar por si próprios, Arendt cita as famosas passagens bíblicas: "não julgues, para que não sejas julgado" e "que atire a primeira pedra…" Ambas refletem um medo generalizado de ser julgado,

---

▷ quer alcançar as raízes. O mal é um fenômeno superficial, e em vez de radical, é meramente extremo. Nós resistimos ao mal em não nos deixando ser levados pela superfície das coisas, em parando e começando a pensar, ou seja, em alcançando uma outra dimensão que não o horizonte de cada dia. Em outras palavras, quanto mais superficial alguém for, mais provável será que ele ceda ao mal. Uma indicação de tal superficialidade é o uso de clichês, e Eichmann, […] era um exemplo perfeito", Correspondence Between Grafton and Arendt (CBGA), p. 7. Para a discussão entre mal radical e banalidade do mal veja: From Radical Evil to the Banality of Evil: From Superfluosness to Thoughtlessness, R.J. Bernstein. *Hannah Arendt and the Jewish Question*. Cambridge: The MIT Press, 1996. p. 137-153.

54 *Eichmann em Jerusalém*, p. 130 (*EJ*, p. 114). (Tradução nossa, modificada.) Ou como formulado por Arendt na mesma referência: sempre que impulsionado a pensar por si próprio, rememorava imediatamente a sua carreira, a qual, no final das contas, era fator constante de suas preocupações.

55 *Responsabilidade e Julgamento*, p. 81 (*RJ*, p. 18). Arendt aponta que este seria o espírito em que vivemos. Afinal, quem somos nós para julgar?

20   ÉTICA, RESPONSABILIDADE E JUÍZO EM HANNAH ARENDT

pois por trás da não vontade de julgar, oculta-se a suspeita de que ninguém é um agente livre, e com isso a dúvida de que alguém seja o responsável pelo que fez, ou de que se poderia esperar que respondesse por seus atos. No momento em que se propõem questões morais, mesmo de passagem, aquele que as propõe será confrontado com essa assustadora falta de autoconfiança e, consequentemente, de orgulho, e também com uma espécie de falsa modéstia: "Quem sou eu para pensar?", o que realmente significa: "Somos todos parecidos, igualmente ruins, e aqueles que tentam (ou fingem) manter-se parcialmente decentes são santos ou hipócritas, e em qualquer um dos casos deveriam nos deixar em paz."[56]

Realmente, quando "as cartas estão na mesa", nem a lei nem os hábitos e costumes são guias confiáveis para o comportamento. Nas palavras de Arendt: "o que realmente exigimos deles é um 'sentimento de legalidade' profundo dentro de si próprio, para *contradizer* a lei do país e o conhecimento que dela possuem"[57].

RESPONSABILIDADE PESSOAL E RESPONSABILIDADE POLÍTICA

Em recorrentes ensaios sobre responsabilidade[58], Arendt insiste na distinção entre responsabilidade coletiva (política) e responsabilidade individual (moral e legal). Apesar da ênfase na peculiaridade da vasta máquina burocrática de extermínio em massa, não há na obra da autora qualquer insinuação à recusa da questão da responsabilidade. Ao se referir à ideologia empregada pelo Terceiro Reich para a criação de sua máquina administrativa, ela sublinha que "culpa e inocência diante da lei são de natureza objetiva, e mesmo que oito milhões de alemães tivessem feito o que você fez, isso não seria desculpa para você"[59]. Já em 1945, no ensaio "Organized Guilt and Universal

56   Ibidem, p. 81-82 (*RJ*, p. 19).

57   Ibidem, p. 103 (*RJ*, p. 40).

58   Estes começam em 1945 com Organized Guilt and Universal Responsibility e incluem os vários pequenos artigos e manuscritos escritos nos anos de 1960 após *Eichmann em Jerusalém*, a saber, The Deputy: Guilt by Silence?; Personal Responsibility under Dictatorship; Moral Responsibility under Totalitarian Dictatorships; Collective Responsibility; e Intellectuals and Responsibility.

59   *Eichmann em Jerusalém*, p. 301 (*EJ*, p. 278).

PARA UMA NOVA GRAMÁTICA ÉTICA NA POLÍTICA

Responsibility" (Culpa Constituída e Responsabilidade Universal), Arendt contra-argumenta a tese difundida na época de que diante do complexo nível de participação do povo alemão, "a necessidade humana de justiça não consegue encontrar nenhuma resposta satisfatória à mobilização total de um povo com aquele intento"[60]. A autora consideraria esse tipo de argumentação perigosa, pois sugeriria que "quando todos são culpados, ninguém, em última análise, pode ser julgado". Responsabilidade não se equaciona à culpa. Por consequência, não se pode falar de uma "culpa coletiva". Em "Responsabilidade Pessoal Sob a Ditadura" e "Responsabilidade Coletiva", publicados quase vinte anos depois, Arendt torna mais nítida a distinção entre responsabilidade pessoal e política. Recusa a ideia de uma "culpa coletiva", já que "a culpa, ao contrário da responsabilidade, sempre seleciona – é estritamente pessoal[61]", e assinala a afinidade entre culpabilidade moral e legal no caso da culpa pessoal, que me permito citar na íntegra:

os padrões morais e legais têm algo muito importante em comum – eles sempre se referem à pessoa e ao que a pessoa fez; se a pessoa estiver por acaso envolvida num empreendimento comum, como no caso do crime organizado, o que deve ser julgado é ainda essa mesma pessoa, o grau de sua participação, seu papel específico e assim por diante, e não o grupo. [...] Se o réu era membro da Máfia, membro da ss ou de alguma outra organização criminosa ou política, assegurando-nos ter sido mero dente na engrenagem, que agia apenas por ordens superiores e fazia o que qualquer outro faria igualmente benfeito, no momento em que ele aparece num Tribunal de Justiça, ele aparece como uma pessoa e é julgado de acordo com o que fez. [...] E o mesmo parece verdade até num grau mais elevado para o julgamento moral, para o qual a desculpa – minha única alternativa teria levado ao suicídio – não é tão impositiva quanto nos procedimentos legais. Não é um caso de responsabilidade, mas de culpa[62].

60 *Compreender: Formação, Exílio e Totalitarismo. Ensaios 1930-1945* (*EU*, p. 126).
61 *Responsabilidade e Julgamento*, p. 214 (*RJ*, p. 147). No mesmo ensaio, na sequência do argumento: "É somente em um sentido metafórico que podemos dizer que nos sentimos culpados pelos pecados de nossos pais, nosso povo ou da humanidade, em suma, por atos que não cometemos, embora o desdobrar dos eventos possa nos obrigar a pagar por eles."
62 *Responsabilidade e Julgamento*, p. 215-216 (*RJ*, p. 148). Reuben Garner cita uma passagem de *Eichmann em Jerusalém* em que Arendt ressalta que Eichmann se exime de culpa, justificando que ele não agiu como um "indivíduo", mas sim como um funcionário do sistema: "Não importa qual o tamanho ▶

A teoria do dente de engrenagem (*cog-theory*) postula que dentro de um sistema os sujeitos não agem como indivíduos, mas como engrenagens de uma máquina, de modo a tornar impossível atribuir-se individualmente qualquer culpabilidade moral ou legal. Para Arendt, o fato de a maioria massiva de participantes burocráticos funcionarem como engrenagens, na máquina de extermínio nazista, não os exime de culpa pessoal, tampouco de responsabilidade coletiva, porque "apenas aqueles que se retiraram completamente da vida pública, que recusaram a responsabilidade política de qualquer tipo, puderam evitar tornar-se implicados em crimes, isto é, puderam evitar a responsabilidade legal e moral"[63].

Arendt descreve a responsabilidade política como uma das poucas formas possíveis de responsabilidade coletiva na qual assumimos responsabilidade por ações que não praticamos. A razão pela qual não atribui responsabilidade coletiva em questões de culpa pessoal é que o pertencimento a dada comunidade em primeiro plano não figura como ato voluntário. Já a responsabilidade política significa assumir responsabilidade como membro de um corpo político. Ainda que as gerações sucessivas não sejam culpadas pelos erros morais e legais de seus ancestrais, carregam o fardo político do passado, e portanto, responsabilidade política. A responsabilidade política

> ▷ da engrenagem que Eichmann representava na Solução Final, ele teve uma parcela de participação no crime e todas as engrenagens num crime são instâncias perpetradoras, sujeitas ao julgamento de sua culpa." Em op. cit., p. 90. Erigir uma ordem legal internacional sólida e legítima é provavelmente um dos grandes desafios atuais do direito penal internacional. Mais de trinta anos antes da assinatura do Estatuto de Roma em 1998, o comparecimento de Hannah Arendt ao julgamento de Eichmann levantou questões relevantes e ainda atuais sobre o direito penal internacional. Arendt enfatizou que a natureza inédita do crime de genocídio e crimes contra a humanidade baseou-se na natureza do crime e não na escolha das vítimas. A autora traçou uma distinção clara entre a responsabilidade legal individual e a responsabilidade política. Uma das viradas fundamentais do Tribunal Penal Internacional ocorre com a concepção de culpa individual, particularmente considerada no Julgamento de Nuremberg. Revelou uma inflexão importante na esfera legal formal internacional, deslocando a culpabilidade penal do Estado para o indivíduo. Arendt antecipa essa discussão e concepção da TPI do perpetrador como um ser racional e intencional com claro conhecimento do que a lei considera razoável.

63 *Responsabilidade e Julgamento*, p. 96 (*RJ*, p. 34). Ver: B. Assy, Schuld, em *Hannah Arendt: Handbuch. Leben-Werk-Wirkung*, p. 316-317.

PARA UMA NOVA GRAMÁTICA ÉTICA NA POLÍTICA

é, assim, uma das poucas instâncias em que é possível aplicar a noção de responsabilidade coletiva. Como explica Arendt:

Essa responsabilidade vicária por coisas que não fizemos, esse assumir as consequências por atos de que somos inteiramente inocentes, é o preço que pagamos pelo fato de levarmos a nossa vida não conosco mesmos, mas entre nossos semelhantes, e a faculdade de ação, que, afinal, é a faculdade política *par excellence*, só pode ser tornada real numa das muitas e múltiplas formas de comunidade humana.[64]

Em "Responsabilidade Coletiva", traçando uma distinção clara entre responsabilidade moral (e legal) e responsabilidade política, Arendt remete à sua crítica da moralidade baseada em imperativos e critérios. As chamadas "questões morais" estão muito menos preocupadas com o mundo do que com o self solipsista. Com base no diagnóstico de que a concepção moderna da moralidade é influenciada pela busca do "bom sujeito", Arendt sublinha que "No centro das considerações morais da conduta humana está o eu (self); no centro das considerações políticas da conduta está o mundo."[65]

O totalitarismo trouxe à luz a excepcionalidade das situações limítrofes, forçando a divisória que separa a responsabilidade política da pessoal: "São frequentemente essas situações as mais capazes de esclarecer questões que, do contrário, são um tanto obscuras ou equívocas."[66] Arendt enfatiza o fenômeno da não participação da esfera pública sob regimes totalitários, referindo-se a esse tipo de juízo como uma forma de resistência, uma forma de ação, como forma de afirmação da responsabilidade pessoal[67]. Em situações extremas[68], é possível

64 *Responsabilidade e Julgamento*, p. 224-5 (*RJ*, p. 157-158); *Crises of the Republic* (doravante *CR*, p. 50)
65 *Responsabilidade e Julgamento*, p. 220 (*RJ*, p. 153).
66 Ibidem, p. 223 (*RJ*, p. 156).
67 Aponta Arendt: "É de fato uma das muitas variantes de ação e resistência não violenta – por exemplo, o poder que existe potencialmente na desobediência civil – que estão sendo descobertas em nosso século." Ibidem, p. 110 (*RJ*, p. 47-48).
68 Arendt menciona ainda tais situações-limite na introdução ao livro de Glenn Gray: "To be sure, these are no more nor less then the elementary data of human existence but 'unless human beings are pushed to the extreme, we are not so likely to confront simple and primal realities,' or to reflect about them." (Sem dúvida, estes não são nem mais nem menos do que dados elementares da existência humana apenas "a não ser que os seres humanos sejam empurrados para o extremo, nós não somos tão propensos a enfrentar realidades ▶

que a total recusa à participação conduza a responsabilidade pessoal a uma forma de responsabilidade política. Sob circunstâncias específicas, a própria não ação, no sentido de negação de envolvimento de toda sorte, pode se tornar uma forma de ação. Em termos de nacional-socialismo alemão é fundamental se levar em conta o colapso total da noção de responsabilidade – não em termos de "cumprimento da obrigação", mas sim de juízo pessoal. Inversamente, a não ação ou silêncio pode ser um ato de profunda irresponsabilidade política, como demonstrou Arendt no caso do Papa Pio XII em "The Deputy: Guilt by Silence?"(O Vigário: Culpa Pelo Silêncio?). Em situações menos limítrofes, em circunstâncias mais cotidianas, a fronteira entre a responsabilidade política e a pessoal é tênue. A questão da responsabilidade nos leva ao cerne da relação, por um lado, entre as atividades de *A Vida do Espírito* e a responsabilidade pessoal e, por outro, entre o ator político (*quem*) de *A Condição Humana* e a responsabilidade política.

> ▷ simples e primitivas", ou para refletir sobre eles. [trad. da ed.]). Uma vez mais Arendt faz referência às situações extremas nas quais somos forçados a pensar com independência. Introduction to Glenn Gray, *The Warriors*, p. xi-ii.

2. Prolegômenos a uma Ética da Visibilidade

para uma ontologia política da aparência

*A aparência torna-se uma ação
no momento em que o indivíduo se expressa.*

JACQUES TAMINIAUX[1]

O *STATUS* ONTOLÓGICO DO SUJEITO: PLURALIDADE E VISIBILIDADE

"Deus sempre nos julga pelas aparências? Suspeito que sim"[2]. Com esta epígrafe de W.H. Auden, amigo e um de seus poetas prediletos, Hannah Arendt anuncia o primeiro capítulo de *A Vida do Espírito*, intitulado, não por acaso: "Aparência". Logo nas primeiras páginas, Arendt assevera: "Neste mundo em que ingressamos, vindos de nenhum lugar, e do qual desaparecemos em algum lugar, *Ser e Aparecer coincidem*."[3] A única obra arendtiana de fato sobre as atividades mentais (pensar, querer e julgar) assenta-se sobre a visibilidade. Trata-se de um texto concebido para valorizar o mundo das aparências. No formato de uma fenomenologia da ação, começar a existir e aparecer no mundo se correspondem mutuamente, no qual faz coincidir na autora "o desmantelamento das falácias metafísicas e a manifestação dos fenômenos", como bem formulado por

---

1   Time and Inner Conflicts of the Mind, em J. Hermsen; D.R. Villa (eds.). *The Judge and the Spectator*, p. 56.
2   *A Vida do Espírito*, p. 15 (*LMT*, p. 17).
3   Ibidem, p. 17 (*LMT*, p. 19).

26 ÉTICA, RESPONSABILIDADE E JUÍZO EM HANNAH ARENDT

J. Taminiaux[4]. Esse deslocamento fenomênico localiza aspectos tais como visibilidade, publicidade e comunalidade – tanto em relação a atos como à linguagem – nas próprias bases das atividades de pensar, querer e julgar.

Se em *A Condição Humana*, Arendt descreve as atividades da vida atuante sob a perspectiva das supostas ações de reflexão, a saber: um livro que nos propõe a "pensar o que estamos fazendo". Em *A Vida do Espírito* a autora nos desafia a uma fenomenologização da vida contemplativa[5], cujo ângulo privilegiado é a visibilidade dos atos e da linguagem. Com isso realoca o pensar, o querer e o julgar no âmbito da aparência, uma transposição fundamental para a formulação de uma ética da visibilidade. A descrição fenomenológica das atividades mentais instaura em primeiro plano a necessidade de investigar a vida do espírito a partir das categorias mundanas da aparência, da condição humana de todas as coisas terrestres, em suma, dos limites fenomênicos espaciais do mundo[6].

Esse capítulo examina as noções de aparência e percepção em Arendt. Aqui a proposição é deslocar tais noções, geralmente associadas a uma apreensão passiva da faculdade de conhecer, para o domínio de uma praxiologia da ação e da linguagem. Pretende-se também analisar as apropriações feitas por Arendt, tanto do "posicionar-se" heideggeriano (*sich hin-stellen*) como do "encontrar-se no mundo" (*diligere*)

---

4 *La Fille de Thrace et le penseur professionnel*, p. 156.

5 Vale a pena notar que a utilização do termo *contemplativa* não sugere que Arendt tenha pretendido aduzir qualquer noção de passividade ou inatividade à faculdade de pensar; ao contrário, sua utilização do termo está associada à ideia de uma atividade. Numa referência à atividade de pensar, Arendt assevera que "embora esse diálogo não tenha qualquer manifestação externa e chegue a exigir a cessação mais ou menos completa de todas as outras atividades, constitui por si um estado eminentemente ativo. Sua inatividade interior é completamente diferente da passividade, a completa quietude na qual a verdade finalmente se revela ao homem". *A Condição Humana*, p. 304 (*HC*, p. 291).

6 Isso não equivale a uma negação à natureza paradoxal apontada por Arendt entre o pertencer ao mundo próprio da ação e pela ação e a retirada do mundo próprio das atividades mentais. Antes disso, pretendo investigar a *vita contemplativa* da perspectiva da *vita activa*. É importante sublinhar que o equacionamento feito por Arendt entre ser e aparecer não contradiz as categorias público/privado, publicidade/intimidade, quem (*Who*), o quê (*What*) e assim por diante. Trata-se, na verdade, de uma tentativa de contribuir para uma revitalização ontological-fenomenológica da aparência.

PROLEGÔMENOS A UMA ÉTICA DA VISIBILIDADE 27

agostiniano[7]. Distinguir-se-á entre duas disposições distintas da aparência, a saber: a aparência como produção de espaço e a aparência como o posicionamento no espaço. No vocabulário arendtiano, essas noções corresponderiam, respectivamente, à fabricação do mundo, do espaço objetivo entre os sujeitos (*objective in-between*) e às ações, à práxis no mundo (*subjective in-between*). A esta última vinculam-se ainda as noções de singularidade (*uniqueness*) e de percepção ativa. Também será investigada a noção de *aletheia* como revelada na forma de aparência. Aqui, um dos argumentos centrais em questão é que, na leitura que Arendt faz da noção de *aletheia* em Heidegger, o que está em jogo é a tentativa de localizar essa "predominância última da aparência" (*aletheia*) em uma posição de ascendência sobre o domínio metafísico da verdade. Como resultado, doxa converte-se no próprio domínio da verdade, ontologicamente constituída na pluralidade das aparências reveladas, isto é, *aletheia* no modo da opinião. Estes deslocamentos conceituais promovem uma imbricação entre ação e *vita contemplativa*, que, além de revalorizar o espaço público, atribui às atividades mentais uma posição de destaque na *vita activa*. Isto conduz ao que chamo de uma ética de responsabilidade pessoal calcada na aparência[8].

A concepção arendtiana da pluralidade ontológica dos sujeitos reverbera em toda sua obra. Seres humanos não são unicamente espectadores, mas, de fato, tomando tal premissa o mais sério possível, "nós somos *do* mundo, e não apenas estamos nele"[9]. Essa dimensão ontológica de "ser *do* mundo" faz

7 Não se trata aqui da abordagem de tais conceitos em Heidegger ou Agostinho, mas apenas às apropriações promovidas por Arendt que dão relevo ao desenvolvimento de tais noções na autora. Pela mesma razão, não está em jogo a análise da fidedignidade de tais apropriações.

8 Embora fora do presente contexto, as derivações arendtianas sobre aparência e percepção contribuem para um deslocamento filosófico epistêmico da noção moderna de percepção. Arendt se posicionaria, ao contrário da epistemologia kantiana, próxima a Bergson e à leitura mais contemporânea de Merleau-Ponty. As minhas considerações acerca de uma noção arendtiana de aparência e percepção estão em débito à série de discussões sobre Henri Bergson promovidas pelo Pepas (Programa de Estudos e Pesquisas Sobre a Ação e o Sujeito) – da Universidade do Estado do Rio de Janeiro, particularmente, as ponderações de Jurandir Freire Costa.

9 *A Vida do Espírito*, p. 19 (*LMT*, p. 22). Para um relato similar acerca da aparência, da comunalidade ontológica e da *doxa*, ver R. Giusti, Ontologia ▶

28 ÉTICA, RESPONSABILIDADE E JUÍZO EM HANNAH ARENDT

coincidir, por um lado, tanto ser, aparecer e chegar ao mundo, como, por outro lado, não ser (*non being*) com desaparecer, partir do mundo e se retirar do reino da aparência, da presença no mundo[10]. Nivelamento e identificação entre ser e aparecer, mesmo refletindo um certo antiplatonismo, nem reproduz a mera inversão da hierarquia metafísica nem profere o fluxo pelo próprio fluxo aos moldes do pós-modernismo[11], muito menos ressoa o pós-nietzschianismo da mudança e do devir[12]. A premissa arendtiana de que ser e aparecer equiparam-se não se limita a um apelo retórico ou metafórico. Ao revisitar o enunciado heideggeriano acerca da filosofia grega arcaica, no qual ser [*physis*] e aparecer [*Schein, kryptesthai*] coincidem, acredito que Arendt ressignifica ontologicamente a aparência, restaurando seu matiz genético por meio da dimensão da pluralidade dos seres humanos. Nesse ponto, estou de acordo com Danna Villa quanto à dupla influência que a discussão heideggeriana, sobre a relação entre ser e aparecer em sua *Introdução à Metafísica*, exerce no vocabulário da aparência empregado por Arendt[13]. Além de "realizar uma reavaliação completa e cuidadosa do significado ontológico da aparência", Heidegger

> dell'essere-in-comune, *Antropologia della Libertà*, p. 99. Ver, também, É. Tassin, La Question de l'apparence, em F. Collin (ed.), *Politique et pensée*, p. 68-94.

10 Cf. J. Taminiaux, Le Paradoxe de l'appartenance et du retrait, em F. Collin (ed.), op. cit., p. 95-112.

11 A respeito da abordagem pós-nietzscheana de Deleuze ver: D.R. Villa, *Arendt and Heidegger*, p. 150

12 Ibidem. Um exemplo significativo seria a abordagem pós-nietzscheana de Deleuze. Não quer dizer, entretanto, que tanto Arendt quanto Heidegger não possa ser considerado como autores pertencentes ao escopo de uma ontologia pós-nietzschiana, por assim dizer.

13 A base ontológica e epistemológica de Arendt, em que ser e aparecer coincidem, é tributária do capítulo 4 da *Introdução à Metafísica*, de Heidegger. Em *A Vida do Espírito*, além de tomar as considerações de Heidegger como ponto de partida, Arendt o cita diretamente ao mencionar os três tipos de *Schein* (aparência) descritos no capítulo 4 do referido livro de Heidegger. Ver: *An Introduction to Metaphysics*, p. 98 (*Einführung in die Metaphysik*, p. 105). Tradução para o português: *Introdução à Metafísica*, p. 111. Essa obra incorpora o seminário dado por Heidegger em Freiburg em 1935. Deve-se destacar que a influência do autor sobre a noção de aparência em Arendt não se limita às distinções em relação a *Schein*. Outras noções heideggerianas, tal como, por exemplo, a noção de *Erschlossenheit* em *Ser e Tempo*, igualmente contribuíram para a compreensão da noção da aparência em Arendt. Ver: Heidegger, *Sein und Zeit* (Doravante citado na edição portuguesa como Heidegger, *Introdução à Metafísica*, seguido pela referência à página original).

PROLEGÔMENOS A UMA ÉTICA DA VISIBILIDADE

insiste que até mesmo "a relação diferencial entre ser e aparecer pressupõe um laço ou unidade primordial"[14].

Segundo Heidegger, na filosofia grega pré-clássica "o ser [*sein*] revelava-se para os gregos por meio da *physis*". O âmbito do emergir é intrinsecamente e ao mesmo tempo um aparecer aparente [*scheinende Erscheinen*]. Os radicais *phy* e *pha* designam a mesma coisa. *Physein*, um surgimento autossuficiente, significa phainesthai, revelar-se subitamente, surgir, mostrar-se, aparecer. A natureza primordial de *Schein*, aparência, baseia-se em Erscheinen, aparecer, em "automanifestação, autorrepresentação, continuidade, presença", vertendo os sentidos da aparência [*Schein*] e de ser na mesma direção[15].

A similitude com o vocabulário heideggeriano não é aleatória nem meramente imitativa. Arendt, no que se poderia denominar de uma *ontologia política da aparência*[16], reconstitui a

14   D.R. Villa, op. cit., p. 152. Aparência para Arendt está em maior conformidade com um vocabulário fenomenológico, com vistas a evitar a oposição ser *versus* aparecer, apregoada nas falácias metafísicas que fundamentam as teorias dos dois mundos. "Essa hierarquia tradicional não deriva de nossas experiências ordinárias no mundo das aparências, mas, ao contrário, da experiência não ordinária do ego pensante." *A Vida do Espírito*, p. 34 (*LMT*, p. 42). Em certo sentido, Arendt tem razão ao afirmar que as falaciosas teorias dos dois mundos podem ser atribuídas à experiência genuína do ego pensante na tradição filosófica ocidental. O fato da noção arendtiana de pensamento ser condicionada ao mundo torna possível se conceber uma atividade que não apenas desvela a importância da aparência, mas, ao mesmo tempo, desmantela as teorias dos dois mundos.

15   Em *Introdução à Metafísica*, Heidegger classifica os três modos do *Schein*. "Observando de perto, encontramos três modos do parecer/da aparência (*Schein*): 1. O aparecer (*Schein*) como esplendor e reluzir; 2. A aparência (*Schein*) e o parecer (*Scheinen*) como o aparecimento, o surgimento (*Erscheinen*), como re-velação (*zum Vor-schein kommen*); 3. O parecer (*Schein*) como mera ilusão, a a-parência (*Anschein*) que algo dá. Ao mesmo tempo tornar-se claro que a "aparência" mencionada em segundo lugar, o aparecimento no sentido de revelar-se, tanto diz respeito ao aparecer como brilho e esplendor como também ao aparecer como a-parência, e isso não como uma qualquer propriedade (*Eigenschaft*), mas como o fundamento de sua possibilidade." "Genauer besehen finden wir drei Weisen des Scheines: 1. den Schein als Glanz und Leuchten; 2. den Schein und das Scheinen als Erscheinen, den Vor-schein, zu etwas kommt; 3. den Schein als bloßen Schein, den Anschein, den etwas macht. Zugleich wird aber deutlich: Das an zweiter Stelle genannte »Scheinen«, das Erscheinnen im Sinne des Sichzeigens, eignet sowohl dem Schein als Glanz, wie auch dem Schein als Anschein und zwar nicht als eine beliebige Eigenschaft, sondern als Grund ihrer Möglichkeit." M. Heidegger, *Introdução à Metafísica*, p. 111 (*EM*, p. 107).

16   Cf. D.R. Villa, op. cit., Tomei esta expressão emprestada de Villa, que, por sua vez, atribui a mesma a Heidegger.

30 ÉTICA, RESPONSABILIDADE E JUÍZO EM HANNAH ARENDT

terminologia de Heidegger para justificar a continuidade entre a experiência do ser tal qual uma aparência que autoemerge· e o âmbito político grego tal qual espaço da aparência[17]. No seminário de 1935, Heidegger literalmente suscitaria em Arendt uma justaposição entre uma gênese fenomênica da aparência e uma gênese ontológica do ser, que no caso da autora reconduz a pluralidade dos outros no mundo ao cerne da própria gênese do humano. Em *Freiburg*, Heidegger descreve que "o estar-em-si-mesmo (*Insichstehen*) para os gregos não significa senão estar-aí (*da-stehen*), estar-na-luz (*Im-Licht-Stehen*). Ser significa aparecer. Aparecer não é algo suplementar que por vezes acresce ao Ser. Aparecer [*Erscheinen*] é a essência mesma de ser [*Sein*]"[18].

A aparência velada como automanifestação emergente pode ser igualmente descrita como Ser. Seguindo a sequência da hermenêutica etimológica heideggeriana do vocabulário grego antigo, Ser, definido como aquilo que surge, o que se descortina à vista, implica, outrossim, entrar em cena, "se colocar, se posicionar [*sich hin-stellen*] em um determinado lugar, produzir [*her-stellen*] alguma coisa"[19]. Tal produção assumiria uma vertente positiva e profícua em Arendt. Dessa forma, distingo duas disposições da aparência na autora: produção e posicionamento. O sujeito assegura sua aparência no mundo por meio de uma dupla operação, tanto por meio da fabricação, da produção do mundo, por sua *poiēsis*, o assim denominado mundo dos artefatos, quanto, por consequência, pelo próprio espaço da ação, de movimento, de posicionamento, de práxis, que esse mundo torna possível.

---

17 Ibidem, p. 153. Contudo, diferente de Arendt, Heidegger estabelece uma relação de desconfiança com a aparência, ao considerá-la uma forma de ocultação da verdade (*aletheia*) do *Sein*. Ver: R.J. Bernstein, Provocation and Appropriation, *Constellations*, v. 4, n. 2, p. 153-171; F. Fistetti, *Hannah Arendt e Martin Heidegger*; M. Bakan, Arendt and Heidegger: The Episodic Intertwining of Life and Work, *Philosophy & Social Criticism*, v. 12, n. 1, p. 71-98.

18 M. Heidegger, *Introdução à Metafísica*, p. 112 (*EM*, p. 108). "Das Insichstehen aber besagt den Griechen nichts anderes als Da-stehen, Im-Licht-stehen. Sein heißt Erscheinen. Dies meint nicht etwas Nachträgliches, was dem Sein zuweilen begegnet. Sein west als Ercheinen." (Tradução nossa, modificada.) A tradução para o português omite a negação *nicht*.

19 Ibidem, p. 113 (*EM*, p. 110). (Tradução modificada. Aqui, "*etwas her-stellen*" é melhor traduzido como "produzir algo", e não como "ex-por algo", como sugere o tradutor para o português.)

PROLEGÔMENOS A UMA ÉTICA DA VISIBILIDADE

Embora em débito com a nomenclatura heideggeriana, a autora de *A Condição Humana* atribuiria à aparência, à visibilidade e à pluralidade uma gênese positiva, demudando a própria noção heideggeriana de autenticidade. O mundo para Arendt não representa a condição de possibilidade de solidão autêntica. Ao contrário, o mundo plural engendra a própria gênese humana. A pluralidade descrita como estatuto ontológico dos seres humanos reverbera com frequência nos textos de Arendt. Para Benhabib, Arendt "revelou que a interação é a estrutura profunda da ação humana"[20]. Arendt utiliza o vocabulário heideggeriano para valorizar precisamente o que Heidegger desvaloriza. Como bem assinala Benhabib, "O espaço da aparência é ontologicamente reavaliado [por Arendt], precisamente porque seres humanos podem agir e falar com os outros apenas na medida em que eles aparecem para os outros"[21].

Já em *O Conceito de Amor em Santo Agostinho*[22], sem deixar de mencionar o débito de Agostinho à filosofia grega, Arendt realça as duas concepções agostinianas de mundo (*mundus*). Em contraponto à noção do mundo correspondente à criação divina do céu e da terra (*fabrica Dei*), cujo correspondente secular seria o mundo físico-natural, encontra-se a noção de "mundo humano" (*saeculum*), formado por morada e amor (*diligere*). Este último, constituído sob a égide do mundo fisicalista, exprime o mundo criado pelos sujeitos. Todavia, produzir o mundo não é suficiente para caracterizar o sujeito como sendo *do mundo* (*de mundo*)[23]. É necessário também tornar-se

---

20 S. Benhabib, *The Reluctant Modernism of Hannah Arendt*, p. 111.
21 Ibidem.
22 Nem mesmo as reflexões de Arendt acerca da concepção agostiniana de mundo estão isentas da influência de Heidegger, que discute o tema em *Vom Wesen Des Grundes*. Arendt cita o relato de Heidegger como uma referência em sua tese sobre o conceito de amor em Agostinho. Ver: *O Conceito de Amor em Santo Agostinho*, p. 129, n. 53 (*Love and Saint Augustine*, doravante LSA, p. 66, n. 80). Versão original inédita: *Der Liebesbegriff bei Augustin, Hannah Arendt's Papers*, The Manuscript Division, Library of Congress, p. 033082, container 72. Cf. Love and Saint Augustine: An Essay in Philosophical Interpretation, p. 033237, container 73. From Hannah Arendt Archiv, Hannah Arendt Forschungszentrum, Carl von Ossietzky, Universität Oldenburg. Cf. L. Savarino, Quaestio mihi factus sum, *Hannah Arendt*, p. 249-269.
23 *O Conceito de Amor em Santo Agostinho*, p. 79 (LSA, p. 66).

32 ÉTICA, RESPONSABILIDADE E JUÍZO EM HANNAH ARENDT

parte dele, *encontrar-se* nele, transformá-lo "em morada auto-evidente", em suma, posicionar-se no mundo[24].

Por meio da concepção agostiniana de natalidade, ao aproximar as terminologias "viver" e "estar na companhia dos homens" (*inter hominess esse*), assim como "morrer" e "cessar de estar entre os homens" (*inter hominess esse desinere*)[25], aparecer e desaparecer do mundo apregoam a condição da pluralidade ontológica dos sujeitos. Ao fazer coincidir natalidade com iniciar, ser e aparecer no mundo e, finalmente, morte com cessar de aparecer no mundo, com deixar de ser, o espaço objetivo entre (*in-between*) a vida e a morte compõe-se de forma relacional[26]. Este intervalo espaço-temporal entre o "ainda não" (*not yet*) e o "não mais" (*no more*)

têm em comum a aparência como tal. Em primeiro lugar, um mundo que lhes aparece; em segundo lugar, e talvez ainda mais importante, o fato de que elas próprias são criaturas que aparecem e desaparecem, o fato de que sempre houve um mundo antes de sua chegada e que sempre haverá um mundo depois de sua partida[27].

Distinta da realidade da vida, que depende diretamente "da intensidade por meio da qual a vida é experimentada"[28], a realidade do mundo é assegurada por sua permanência e sua durabilidade, produzidas pelo sujeito. Mesmo em se tratando de garantir a veracidade da vida, a eterna recorrência da natalidade ainda é sua condição de possibilidade.

O nascimento também pressupõe estabilidade e permanência no mundo. De fato, a continuidade e a permanência dos objetos manufaturados pelos sujeitos proveem tanto um espaço objetivo da realidade (*objective in-between*), ou seja, os próprios objetos, como também, um espaço subjetivo de realidade

---

24 Ibidem.
25 *A Condição Humana*, p. 15 (HC, p. 8).
26 Cf. *O Conceito de Amor em Santo Agostinho*, p. 67 (LSA, p. 53).
27 *A Vida do Espírito*, p. 18 (LMT, p. 20). Isso também é sublinhado em *A Condição Humana*: "O nascimento e a morte pressupõem um mundo que não está em constante movimento, mas cuja durabilidade e relativa permanência tornam possível o aparecimento e o desaparecimento; e essa durabilidade, essa relativa permanência já existiam antes que qualquer indivíduo nele aparecesse, e sobreviverão à sua eventual partida." *A Condição Humana*, p. 108 (HC, p. 97).
28 *A Condição Humana*, p. 133 (HC, p. 120).

PROLEGÔMENOS A UMA ÉTICA DA VISIBILIDADE

(*subjective in-between*), ou seja, o mundo comum da linguagem e da ação. Em um sentido mais amplo, o espectador figura como uma espécie de tutor factual da realidade[29].

O fato de que a aparência sempre exige espectadores e, por isso, implica em um reconhecimento e uma admissão pelo menos potenciais, tem consequências de longo alcance para o que nós – seres que aparecem em um mundo de aparências – entendemos por realidade – tanto a nossa quanto a do mundo.[30]

PERCEPÇÃO ATIVA E SINGULARIDADE (*UNIQUENESS*)

As considerações sobre o domínio público em *A Condição Humana* suscitam duas contribuições significativas para a noção de aparência, ambas engendradas sob uma alteridade (*otherness*) constituída epistemológica e fenomenologicamente. Primeiro, a aparência definida como estar na presença dos outros, ser ouvido e visto, garante a realidade. A pluralidade dos sujeitos é mais significativa para assegurar a sensação de realidade do que a diferenciação evidente e estável dos objetos[31]. É justamente a "gloriosa luminosidade da constante presença dos outros na cena pública"[32] que constitui a realidade. Os sujeitos são "aptos à existência no mundo" (*fit for wordly existence*), a saber, eles são *do* mundo "precisamente porque são sujeitos e objetos – percebendo e sendo percebidos – ao mesmo tempo"[33]. Esta *inter*-ação entre ser e perceber fundamenta a realidade no mundo. "Não são as minhas sensações, nem mesmo os objetos materiais, mas apenas a corroboração com outros centros independentes de consciência que podem estabelecer, acima de qualquer dúvida,

29 Ibidem, p. 195 (*HC*, p. 183).
30 *A Vida do Espírito*, p. 37 (*LMT*, p. 46). Vale a pena destacar que os espectadores desempenham uma função crucial na garantia dessa realidade subjetiva (*subjective in-between*), e também fundamentam a possibilidade de julgamento, algo que decorre da existência de um mundo comum a todos.
31 B. Parekh enfatiza que em Arendt, "para o nosso senso de realidade, a pluralidade de agentes perceptivos é até mais importante que a pluralidade de objetos". *Hannah Arendt and the Search for a New Political Philosophy*, p. 86.
32 *A Condição Humana*, p. 61 (*HC*, p. 51).
33 *A Vida do Espírito*, p. 19 (*LMT*, p. 20).

34   ÉTICA, RESPONSABILIDADE E JUÍZO EM HANNAH ARENDT

a realidade de minha experiência."[34] Nosso sentido de realidade está fincado no fato de pertencermos a um mundo plural de aparências, de vermos e sermos vistos pelos outros.

Segundo, o termo público (*public*) significa o próprio mundo. O mundo e seu artefato é construído por nós, mas, ao mesmo tempo, é o local onde nossa existência é garantida. Somente em pluralidade construímos um mundo que cria as condições de possibilidade de nossa própria existência. Uma circunstância ontológica baseada não em uma ordem metafísica imutável e universal, mas, ao contrário, "diferenciada a partir do lugar que nos cabe dentro dele"[35], pela diferença propiciada por cada espaço ocupado por nós, mediante visibilidade, publicidade, permanência e movimento no mundo comum. Cada espaço público, cada forma de vida (*Lebensform*), cada comunidade, com suas especificidades (políticas, culturais e assim por diante), garante e estabiliza as condições estruturais de seus respectivos membros.

O mundo fabricado por mãos humanas, consequentemente, não coincide com o mundo físico, com a vida natural e seus ciclos orgânicos. Objetos fabricados pelos sujeitos estão espacialmente localizados, tomam para si o papel de, ao mesmo tempo, separar e relacionar os seres humanos, de constituir um mundo capaz de manter-se entre (*in-between*) os sujeitos. A semelhança de objetos fabricados pelos sujeitos – o mundo, *stricto senso* – garante não só o mundo comum, mas também cria a condição para o surgimento de distintas perspectivas, para percepções diferenciadas.

Nas condições de um mundo comum, a realidade não é garantida pela "natureza comum" de todos os homens que o constituem, mas, sobretudo, pelo fato de que, a despeito de diferenças de posição e da resultante variedade de perspectivas, todos estão sempre interessados no mesmo objeto.[36]

A espacialidade dos objetos fabricados pelos próprios sujeitos garante a durabilidade e a relativa permanência do mundo, para

---

34 B. Parekh, op. cit., p. 87.
35 "distinguished from our privately owned place in it". *A Condição Humana*, p. 62 (*HC*, p. 52). (Tradução nossa, modificada.) Ver: É. Tassin, Virtuosité de l'action, vérité de l'apparence, *Le Trésor perdu*, p. 275.
36 *A Condição Humana*, p. 67, (*HC*, p. 58).

PROLEGÔMENOS A UMA ÉTICA DA VISIBILIDADE 35

além do aparecimento e do desaparecimento dos indivíduos. Tal atributo da espacialidade no mundo manufaturado proporciona o que se poderia denominar de um espaço de manobra (*space of maneuver*), um espaço-entre (*in-between space*) partilhado, no qual cada ser humano, a partir do próprio compartilhamento, configura sua percepção, sua visão singular e distinta do mundo.

Com efeito, é exatamente em tais termos que se pode traçar similaridades com a noção bergsoniana de percepção, na qual "a percepção dispõe do espaço"[37]. Pode-se inferir que cada percepção singular é formada já sob o pressuposto da pluralidade das percepções dos sujeitos, evitando que a percepção seja concebida como "normativamente neutra como o conceito de cognição individuada (*individuating cognition*)"[38]. A percepção, segundo Arendt, seria, ainda em termos bergsonianos, a nossa possível influência sobre os objetos[39]. Conduz, assim, a noção de percepção a uma relação mais estreita com a ação do que com o conhecimento, associando-a, por esse mesmo critério, a um suposto espaço de manobra construído pelos sujeitos. O ponto crucial aqui – para o qual a noção arendtiana de percepção conduz – é a ênfase dada por Bergson menos à origem da percepção, o que pressupõe a formação de uma imagem geral, do que à formação da percepção subordinada aos nossos interesses[40].

De fato, Arendt pertenceu a uma geração na qual se deu uma revitalização da hierarquia da aparência por meio da fenomenologia e do existencialismo, particularmente graças a Heidegger, Merleau-Ponty e Alexandre Kojève[41]. É significativo que Arendt cite Merleau-Ponty, que – também sob a influência terminológica

---

37 "la perception dispose de l'espace dans l'exacte proportion où l'action dispose du temps". H. Bergson, *Matière et mémoire*, em *Œuvres*, p. 183. *Matéria e Memória: Ensaio Sobre a Relação do Corpo Com o Espírito*, p. 29.

38 A. Honneth, Unsichtbarkeit: über die Moralische Epistemologie von Anerkennung, *Unsichtbarkeit: Stationen einer Theorie der Intersubjektivität*, p. 26. As considerações do professor Axel Honneth acerca da noção de visibilidade foram fundamentais.

39 Cf. H. Bergson, op. cit., p. 34 (*MM*, p. 187).

40 "Ce que vous avez donc à expliquer, ce n'est pas comment la perception naît, mais comment elle se limite, puisqu'elle serait, en droit, l'image du tout, et qu'elle se réduit, en fait, à ce qui vous intéresse". Ibidem, p. 38-39, (*MM*, p. 190). Interesse no sentido fenomenológico.

41 Hannah Arendt foi influenciada pelo famoso seminário de 1933-1939 dado por Alexandre Kojève na École des Hautes Études e cujo tema era *A Fenomenologia do Espírito*, de Hegel. O seminário, intitulado "Introdução à Leitura de ▶

36 ÉTICA, RESPONSABILIDADE E JUÍZO EM HANNAH ARENDT

grega pré-clássica heideggeriana – descreve a aparência tendo em vista a restituição do valor ontológico da mudança, qualificada pelas experiências de suas manifestações externas.

Pois quando se dissipa uma ilusão, quando se rompe subitamente uma aparência, é sempre em proveito de uma nova aparência que retoma, por sua própria conta, a função ontológica da primeira. A *des-ilusão* é a perda de uma evidência unicamente porque é a aquisição de *outra evidência* [...] não há *Schein* sem uma *Erscheinung*, toda *Schein* é a contrapartida de uma *Erscheinung*.[42]

Sob o pressuposto de que ser e aparecer coincidem, o que somos primariamente é aquilo que emerge [*physis*] no espaço público da aparência, no qual todo aparecer [*Schein*] implica em uma produção do que aparece [*Erscheinung*]. A virada ontológica crucial, ao atribuir publicidade, visibilidade e atividade à nossa disposição no espaço público, consiste em destituir a gênese ontológica dos sujeitos de todo tipo de *praedetermino*.

Assim, a meu ver, a noção de aparência em Arendt é fundada em uma percepção ativa (*a producing perception, Erscheinung*). Contrário à maioria das visões epistemológicas racionalistas clássicas dos séculos XVII e XVIII[43], o espaço da aparência, já tendo como ponto de partida um sujeito que necessariamente age e fala em conjunto, cria as condições para o que se pode chamar de uma percepção ativa, o que Axel Honneth chamaria de uma "percepção avaliativa" (*evaluativen Wahrnehmungen*)[44]. Este *Erscheinung*, esta produção da aparência, se dá na forma de "parece-me" (*it-seems-to-me*). O mundo apresenta uma

dupla lei do aparecer para uma pluralidade de criaturas sensíveis, cada uma delas dotada das faculdades de percepção. Nada do que aparece manifesta-se para um único observador capaz de percebê-lo sob todos os seus aspectos intrínsecos. O mundo aparece no modo do parece-me (*it-seems-to-me*), dependendo de perspectivas particulares

---

▷ Hegel" foi determinante na formatação da interpretação de Hegel na França, a qual influenciou diversos autores, dentre eles, Hannah Arendt.

42 *A Vida do Espírito*, p. 22, (*LMT*, p. 26). Trecho extraído de M. Merleau-Ponty, *The Visible and the Invisible*, p. 170.

43 Aqui se toma como referência a epistemologia racionalista continental clássica dos séculos XVII e XVIII de René Descartes e Emanuel Kant respectivamente.

44 A. Honneth, op. cit., p. 26.

PROLEGÔMENOS A UMA ÉTICA DA VISIBILIDADE

determinadas tanto pela posição no mundo quanto pelos órgãos específicos da percepção[45].

A percepção ativa no modo de parece-me (*it-seems-to-me*) introduz outra dimensão valiosa da gênese da aparência arendtiana: a noção de *uniqueness* (singularidade). Por um lado, o vocabulário grego de simultaneidade ontológica entre ser e aparecer, e por outro, o de produzir uma aparência, são ambos significativos não apenas para justificar a ligação entre a valorização da aparência do sujeito (*a standing-there appearance*) e o domínio político como o lugar da aparência, tal qual reverberado nas considerações heideggerianas[46]. Também influencia a noção arendtiana de *uniqueness*, uma fundação fenomenológica do sujeito, por assim dizer, que só se dá entre sujeitos (*inter se*). Arendt atribuiria a singularidade de cada indivíduo à esfera do mundo aparente e plural. Daí a dimensão privilegiada que a autora daria à experiência da natalidade, o domínio *par excellence* da afirmação da vida entre sujeitos, em detrimento à experiência da morte, a retirada inexorável do mundo.

Na ação e no discurso, os homens mostram quem são, revelam ativamente suas identidades pessoais e singulares, e assim apresentam-se ao mundo humano, enquanto suas identidades físicas são reveladas, sem qualquer atividade própria, na conformação singular do corpo e no som singular da voz. Esta revelação de "quem" alguém é, em contraposição a "o que" alguém é – os dons, qualidades, talentos e defeitos que alguém pode ocultar – está implícita em tudo o que se diz ou faz.[47]

45 *A Vida do Espírito*, p. 31 (*LMT*, p. 38).
46 Como assinala D.R. Villa, Heidegger aqui justifica certa "continuidade entre a experiência de *physis,* tal qual uma aparência que autoemerge (*self-emergent appearance*) e a concepção grega de espaço político como o reino da aparência". Op. cit., p. 153. Embora, diferentemente de Arendt, Heidegger estabeleça uma descrição um tanto adversa em suas considerações sobre a noção de aparência, como, por exemplo, aparência como ocultamento da verdade (*aletheia*) do *Sein* em *Mitsein*; como *Verfallenheit* e como *Uneigentlichkeit*. Cf. E. Øverenget, Heidegger and Arendt: Against the Imperialism of Privacy, *Philosophy Today*, v. 39, n. 4-4, p. 430-444; A. Grossmann, Im Anfang liegt alles beschlossen: Hannah Arendts politisches Denken im Schatten eines Heideggerschen problems, *Man and World*, v. 30, p. 35-47; R.J. Bernstein, Provocation and Appropriation, *Constellations*, v. 4, n. 2, p. 153-171.
47 *A Condição Humana*, p. 192 (*HC*, p. 179). Elevar ontologicamente o estatuto da aparência não implica em dispor a aparência ao mesmo plano da interioridade (base mesma da distinção entre os âmbitos público e privado), mas tão somente privilegiar a noção arendtiana de *quem* alguém é, particularmente ▶

38 ÉTICA, RESPONSABILIDADE E JUÍZO EM HANNAH ARENDT

Essa singularidade manifesta-se necessariamente por meio de atos e palavras no espaço público da aparência, no modo de *it-seems-to-me*, (ou *it-appears-to-me*), a forma pela qual a percepção e a própria aparência são traçadas, e cuja condição é a interação com os outros. Assim sendo, a percepção se iguala ao seu sentido etimológico, ao pressupor a atenção requerida na ação sobre os objetos, a atenção demandada na "reflexão, o que significa a projeção exterior de uma imagem ativamente criada, idêntica ou semelhante ao objeto, e que vem moldar-se em seus contornos"[48]

Embora não refute o significado eloquente da vida interior, para Arendt a singularidade humana só se revela em *quem* (*who*) somos, por meio do discurso e da ação, no domínio da aparência. A singularidade de cada indivíduo não se dá de forma solipsista. É evidente em Arendt que quem somos (*who we are*) constitui-se no espaço público da aparência. Fazendo uso da terminologia heideggeriana contra Heidegger, a autenticidade só se manifesta na linguagem e no curso de nossos feitos no mundo por meio de uma percepção ativa, ou seja, da produção e manifestação de uma aparência. Em outras palavras, a singularidade se exprime pela forma como *escolhemos* aparecer no mundo, pelo que falamos e fazemos[49]. Somos dotados da capacidade de nos aproximar e nos alienar dos outros e dos objetos por meio das nossas afirmações e negações, isto é, a maneira como *aparecemos* no mundo, tal como descrito na "forma de um processo de regulação recíproca de afeto e atenção"[50], e que se desdobra no espaço público.

O vocábulo "singularidade" (*uniqueness*) também retoma a noção agostiniana de mundo tal como morada e amor (*diligere*), tendo em vista que ser *do* mundo (*of the world*) implica em

> ▷ a distinção desse último com o *que* alguém é (os dons, qualidades, talentos e defeitos que alguém pode ocultar).

48 H. Bergson, op. cit., p. 116 (*mm*, p. 248).

49 Ao deslocar a noção de verdade para a *aletheia*, isto é, à opinião, o parece-me (*it-seems-to-me*), *dokei moi*, Arendt posiciona a autenticidade em uma nova dimensão, a saber, a *uniqueness*, a distintividade assumida pelo indivíduo em público. O vocábulo "escolher" é aqui tomado no sentido do *dokei moi* arendtiano.

50 A. Honneth, op. cit., p. 17. Acerca das formas de regulação por meio do afeto e da atenção no contexto de uma ética da visibilidade, ver capítulos 5 e 6, em que discuto a noção de preferências em Arendt, tendo como fio condutor as suas apropriações do julgamento reflexivo kantiano.

PROLEGÔMENOS A UMA ÉTICA DA VISIBILIDADE

tornar-se parte dele (*fit into it*), transformá-lo "em morada autoevidente". Nesse sentido, "o mundo é *dilectores mundi*. O amor do
mundo constitui o mundo para cada um de nós, *a forma como
nos ajustamos no mundo*. Assim, das minhas afirmações e negações dependerá a *quem* e a *que* eu pertenço"[51]. Como será discutido mais detalhadamente adiante, nossa singularidade alcança
uma dimensão de *amor mundi*, por meio de *quem* somos e de
como agimos no domínio das aparências, da esfera pública.

Ao traçar um paralelo entre o mundo e o palco teatral,
Arendt elabora a noção de "parece-me" (*it-seems-to-me*). O estar
no mundo

responde à própria qualidade de aparecer de cada um. As coisas vivas
produzem sua aparência como atores em um palco montado para eles.
O palco é comum a todos os que estão vivos, mas *parece* diferente para
cada espécie, bem como para cada indivíduo da espécime. Parecer – o
parece-me (*the it-seems-to-me*), *dokei moi* – é o modo, talvez o único
possível, pelo qual um mundo que aparece é reconhecido e percebido.
Aparecer significa sempre parecer para outros, e esse parecer varia de
acordo com o ponto de vista e com a perspectiva dos espectadores.
Em outras palavras, tudo o que aparece adquire, em virtude de sua
fenomenalidade, uma espécie de disfarce que pode, de fato – embora
não necessariamente – ocultar ou desfigurar. Parecer corresponde à
circunstância de que toda aparência, não obstante sua identidade, é
percebida por uma pluralidade de espectadores[52].

Esse "parece-me" (*it-seems-to-me*) modela a singularidade
(*uniqueness*) de cada um de nós por meio de uma percepção
ativa, que se manifesta na forma como aparecemos no mundo.
Não se trata de tautologia. Verificam-se, na realidade, dois
movimentos, relacionados, porém distintos. Nós produzimos
o mundo dos artifícios, que entrementes cria as possibilidades
à nossa percepção ativa e singular neste mesmo mundo[53].

O mundo concreto da aparência é necessário para abri-
gar cada "parece-me" (*it-seems-to-me*). Contrário à clássica

---

51 *BMP*, p. 02456.
52 *A Vida do Espírito*, p. 18-19 (*LMT*, p. 21). No capítulo sobre julgamento, trato
   desse aspecto da atribuição da realidade aos espectadores.
53 Esse duplo atributo da razão comum, que garante a percepção comum e
   possibilita a percepção ativa pelo *it-seems-to-me* como opinião, derivado da
   faculdade de juízo, será discutido adiante. Percepção ativa em termos da
   faculdade de juízo figura como poder da imaginação.

40   ÉTICA, RESPONSABILIDADE E JUÍZO EM HANNAH ARENDT

adequation rei et intellectus do conhecimento puro, no qual a percepção se reduz basicamente ao passivo "pensamento de perceber" (*thought of perceiving*)[54], aqui se identifica uma virada epistemológica. Na descrição de Hannah Arendt sobre a percepção é possível reconhecer dois modos distintos de *affectedness*: afetar (*affecting*) e ser afetado (*being affected*) pelo mundo. Na forma mais passiva de ser afetado pelo mundo (*being affected by the world*), e mais próxima de sua concepção moderna, a percepção é a própria presença do espaço-entre (*in-between space*) do mundo dos artefatos construídos pelo sujeito, suprindo o mundo com durabilidade, sua "principal característica mundana, 'continuar e permanecer (*standing still and remaining*)'"[55]. Já a percepção na qualidade de afetar o mundo (*affecting the world*) consiste na forma como apreendemos o mundo ao nosso redor por meio de nossa *uniqueness*, não apenas como mero aparecer, tal qual *Schein* definido como semblante, mas também e consequentemente por meio da forma como se dá nossa aparência. Aparecer implica uma participação ativa tanto na forma como aparecemos, de certa forma a produção de *Schein* (*Erscheinung*), bem como no modo como nos encaixamos no mundo, como *it-seems-to-me*. Esse "parece-me" (*it-seems-to-me*), posteriormente associado por Arendt às noções de julgamento e opinião, necessariamente se configura no mundo plural e compartilhado. "Tudo o que nos diz respeito existencialmente, enquanto vivemos em um mundo de aparências, são as 'impressões' por meio das quais somos afetados. Se aquilo que nos afeta existe ou é mera ilusão depende de nossa decisão de reconhecê-lo como real."[56] O que Arendt, fazendo uso de Epiteto, denomina de impressões implica uma guinada na noção de percepção, que passa de uma operação passiva e receptiva do objeto a uma escolha ativa cujo foco, ao invés, está no *ato* de ver[57].

---

54   Arendt sublinha que "O que Merleau-Ponty tinha a dizer contra Descartes, disse-o de modo brilhante e correto: 'Reduzir a percepção ao pensamento de perceber [...] é fazer um seguro contra a dúvida, cujos prêmios são mais onerosos do que a perda pela qual eles devem nos indenizar; pois é [...] passar a um tipo de certeza que nunca nos trará de volta o 'há' do mundo". Citação de M. Merleau-Ponty, apud *A Vida do Espírito*, p. 38-99 (LMT, p. 48-49).

55   *A Vida do Espírito*, p. 32 (LMT, p. 40).

56   Ibidem, p. 117-118 (LMT, p. 155).

57   Como abordado mais adiante, vinculam à percepção as capacidades de imaginação e de memória, ambas atadas ao mundo da experiência.

A CONSISTÊNCIA DA APARÊNCIA:
DA AUTOEXPOSIÇÃO À AUTOAPRESENTAÇÃO

À capacidade de produção da própria aparência acrescenta-se outra distinção significativa para uma ética da aparência em Arendt: a diferenciação traçada pela autora entre autoexposição (*self-display)* e autoapresentação (*self-presentation*). Autoexposição pode ser definida como uma noção deflacionada de *Shein*, uma mera "urgência de aparecer", com as propriedades que qualquer criatura viva apresenta, demandando a noção simplificada de consciência tal qual compartilhada com o reino animal em geral. A noção de autoexposição é significativa somente na medida em que serve para reforçar a ideia de que a aparência não corresponde ao *inner self*. De acordo com Arendt, até mesmo o conceito alemão de *Selbstdarstellung* pode ser equívoco, já que na realidade ninguém se apresenta como um self e sim como uma pessoa ou criatura[58]. Autoapresentação, diferentemente, refere-se à decisão ativa e consciente de escolher a imagem que apresentamos por meio da fala e dos atos;

o que, em sua opinião, deve ser e não deve ser visto. Esse elemento de escolha deliberada sobre o que mostrar e o que ocultar parece ser especificamente humano. Até certo ponto podemos escolher como aparecer para os outros; e essa aparência não é de forma alguma a manifestação exterior de uma disposição interior[59].

A capacidade de decidir entre o que ocultamos e o que revelamos conduz à noção de *uniqueness*, fora do escopo do que a autora chama de talentos naturais, dons e habilidades que possuímos, ou seja, a partir do *que (what)* somos, para usar a terminologia de *A Condição Humana*. O fato de que escolhemos o que somos, isto é, aquilo que julgamos ser apropriado para ser apresentado publicamente – um mundo em que nunca figuramos solitariamente, um mundo intrinsecamente manufaturado –, produz uma ligação entre *uniqueness* e responsabilidade. É tentador afirmar que a singularidade (*uniqueness*) engloba muito mais do que as qualidades individuais do self;

---

58 *A Vida do Espírito*, p. 24 (*LMT*, p. 29).
59 Ibidem, p. 28 (*LMT*, p. 34).

42 ÉTICA, RESPONSABILIDADE E JUÍZO EM HANNAH ARENDT

ela também está intimamente ligada à comunidade. Em sintonia com os termos da teoria política de Arendt, a autoapresentação equivale à capacidade humana de ser livre[60].

A noção de autoapresentação, tal como concebida por Arendt, propicia uma realocação da aparência. Em vez de ser compreendida como a mera correspondência exterior de uma inclinação interna "natural", ela passa a significar a escolha de uma apresentação, cujo produto é uma aparência, constituída de forma relacional; em vez de ser uma condição interior do verdadeiro self, os critérios para o "sucesso e fracasso da iniciativa de autoapresentação dependem da consistência e da duração da imagem assim apresentada ao mundo"[61]. Observa-se aqui um deslocamento teórico da noção de durabilidade, que passa a estabelecer não apenas a realidade do *in-between*, do mundo manufaturado, mas também a influenciar a condição de *aletheia*, da opinião, que depende da capacidade de manter uma imagem consistente e durável no mundo plural – uma aparência confiável, em outras palavras. Entrementes, a aparência na forma de *it-appears-to-me* (doxa) traz em si a possibilidade latente do fracasso. Esta possibilidade se configura não apenas pelo fingimento, como faria um ator, mas também pelo erro ou pela ilusão, no qual poderia incorrer o espectador[62].

Ao destacar a aparência, Arendt assevera que o mundo comum vai além da correspondência externa de uma realidade interna, isto é, uma mera mudança – do interno para o externo – do ponto de vista da reflexão. Ao deslocar a *aletheia* para o campo da visibilidade, torna-se imperativo levar em conta a dissimulação e a ilusão e, logo, a necessidade de elaborar uma concepção da verdade como um "parece-me" (*it-appears-to-me*) baseada na visibilidade, durabilidade e consistência. A autoapresentação permite verificar verdade e realidade, uma vez que consistência e durabilidade servem como contraponto

---

60 K. Curtis, Aesthetic Foundations of Democratic Politics in the Work of Hannah Arendt, em C. Calhoun (ed.), *Hannah Arendt and the Meaning of Politics*, p. 20.

61 *A Vida do Espírito*, p. 28 (*LMT*, p. 36).

62 Ibidem. Ser capaz de sustentar uma imagem consistente abarca aspectos importantes de uma ética baseada na aparência.

PROLEGÔMENOS A UMA ÉTICA DA VISIBILIDADE

ao falso pretexto e à dissimulação[63]. Ações acarretam consequências imprevisíveis – a conhecida dimensão agonística da práxis. Contudo, a durabilidade e a consistência da nossa apresentação, a singularidade e a imagem que construímos de nós mesmos, desempenham um papel fundamental na ética. Durabilidade e consistência são ferramentas para uma abordagem ética que se aplica não apenas à *vita activa*, mas também à *vita contemplativa*[64].

Ao se justapor à racionalidade, a opinião permanece distinta daquilo que Arendt chamaria de "verdade fatual". Descreve esta última como a realidade autoevidente dos fatos e eventos que, apesar de seu caráter autoevidente, também são configurados pela opinião. Eventos e acontecimentos requerem o diálogo, a discussão e a persuasão – em outras palavras, a opinião – para que possam irromper na cena. A autoapresentação implica uma capacidade intrínseca ao caráter reflexivo das atividades mentais[65]. "Quando tomo uma decisão desse tipo, não estou apenas reagindo a quaisquer qualidades que me possam ter sido dadas; estou realizando um ato de escolha deliberada entre as várias potencialidades de conduta com as quais o mundo se apresentou a mim."[66] Tal ato de escolha e apresen-

63 Ibidem, p. 29-30 (*LMT*, p. 36): "Propriamente falando, somente a autoapresentação está aberta à hipocrisia e ao fingimento, e a única forma de diferenciar fingimento e simulação de realidade e verdade é a incapacidade que os primeiros desses elementos têm para perdurar guardando consistência." A hipocrisia serve como boa ilustração de como a falha na consistência e durabilidade das palavras e atos significa o rompimento de uma promessa com o mundo. "Já foi dito que a hipocrisia é o elogio que o vício faz à virtude, mas isso não é bem verdade. Toda virtude começa com um elogio feito a ela, pelo qual expresso a minha satisfação com relação a ela. O elogio implica uma promessa feita ao mundo, feita àqueles para os quais agradeço com uma promessa de agir de acordo com minha satisfação; a quebra dessa promessa implícita é que caracteriza o hipócrita. Em outras palavras, o hipócrita não é um vilão que se satisfaz com o vício e esconde, daqueles que o rodeiam, a satisfação."

64 Ver no capítulo 3 a discussão sobre o uso que Arendt faz do *daimōn* socrático acerca da noção de consistência como um dos principais critérios da atividade de pensar.

65 *A Vida do Espírito*, p. 24 (*LMT*, p. 29).

66 Ibidem, p. 30 (*LMT*, p. 37). Aqui, o termo "escolha" não remete às discussões da ciência política contemporânea norte-americana em torno da noção de *rational choice theory*. Esta última, em realidade, corrobora com o que Arendt denomina de atividades de meios e fins, típicas do *homo faber*. O termo "escolha" não se refere à noção de cognição pura que, correlata ao processo de fabricação por meio de instrumentos e ferramentas, desemboca em uma proposição quanto a meios e fins, cuja utilidade é demonstrável. Agradeço a Antonia Grunenberg por esse apontamento.

44   ÉTICA, RESPONSABILIDADE E JUÍZO EM HANNAH ARENDT

tação acarreta um tipo de reflexão característico das atividades mentais, tal como descritas por Arendt[67]. A ênfase da visibilidade nas faculdades mentais é possível em virtude do deslocamento da noção de verdade, de uma racionalidade lograda por nossas capacidades lógicas, bem como de uma concepção substantiva da verdade, para uma concepção da verdade como *aletheia*, tal como entendida pelos gregos – isto é, à medida que o mundo se revela a cada um –, a qual Arendt relaciona à noção de doxa, opinião. A autoapresentação é o meio pelo qual aparecemos no mundo.

ALETHEIA, APARÊNCIA E O STATUS DA DOXA

No seminário lecionado por Heidegger em Marburg (1924-1925), na época em que paralelamente elaborava sua *magnum opus*, *Ser e Tempo*, Arendt, assim como outros notórios intelectuais, se aproximaram de forma contundente de uma concepção não essencialista da verdade[68]. Em uma leitura um tanto platônica de Aristóteles, em *Platon: Sophistes*, Heidegger inicialmente examina o significado clássico da noção de verdade. Para os gregos a verdade refere-se a uma forma de negação: ἀλήθεια (*aletheia*), a palavra grega para a verdade é composta pelo sufixo privativo α. "Ἀλήθεια significa: cessar de estar oculto, ser desvelado [*nicht mehr verborgen sein, aufgedeckt sein*]"[69], aquilo que é revelado. Essa revelação, transposta

---

67   Há uma "relevância inegável dessas características escolhidas para nossa aparência e para nosso papel no mundo". Ibidem.

68   J. Taminiaux percebe esse sutil legado heideggeriano nas implicações da noção de vida ativa de Arendt: "Sabe-se que tão logo Arendt ensaiou tais demonstrações em *A Condição Humana* ela apropriou a seu modo o legado da tradição grega. Nesse ponto, vários especialistas em teoria política ficaram surpresos pela ênfase que Arendt dava a Homero ou Péricles e por sua argumentação a favor da doxa, ou por sua insistência em lidar com temas como imortalidade e *eudaimonia*. Isso, todavia, torna-se menos surpreendente se nos lembrarmos que, quase sempre, essas análises são de fato respostas às apropriações de Heidegger dos gregos, quando da gênese de sua ontologia fundamental e já contidas, mais especificamente, no seminário sobre *O Sofista*". *La Fille de Thrace et le penseur professionnel*, p. 24-25.

69   M. Heidegger, *Plato's Sophist*, p. 11. Publicado em alemão com o título *Platon: Sophistes. Gesamtausgabe*, p. 16. Como ainda não foi disponibilizada tradução para o português dessa obra de Heidegger, traduzirei para o português as ▶

PROLEGÔMENOS A UMA ÉTICA DA VISIBILIDADE 45

para o domínio da aparência, constitui seu próprio modo de aparência, já que ser e aparecer coincidem[70].

O aparecer é a potência [a força] (*aufgehend Walten*) que emerge. O aparecer traz à luz, manifesta. Isso implica que o Ser (*Sein*), o aparecer, proporciona a saída para fora da dimensão do velado (*aus der Verborgenheit heraustreten*). Sendo o ente (*Seiendes*) como tal, posiciona-se e situa-se no desvendamento (*Unverborgenheit*), *aletheia*. Traduzimos, e ao mesmo tempo irrefletidamente interpretamos mal, essa palavra por "verdade"[...] A potência [a força], que se automanifesta (*waltend sich Zeigende, o que vigorando se mostra*) situa-se na dimensão do desvendado. O desvendado como tal chega à sua consistência no e ao mostrar-se. A verdade como desvendamento não é um acréscimo ao Ser.[71]

Deve-se levar em conta que o projeto heideggeriano de uma ontologia fundamental (sob um viés platônico) converte a práxis aristotélica em uma ontologia solipsista e recusa conferir autenticidade ao domínio plural da doxa e da *lexis*. Motivo pelo qual, para Arendt, o *Platon: Sophistes* de Heidegger conduz a "um conjunto de problemas de importância imediata e urgente"[72]. Ao se apropriar da leitura heideggeriana da etimologia grega, Arendt vincula diretamente verdade e aparência, desmontando a tão conhecida dicotomia entre o ser autêntico e a mera aparência – a denominada teoria dos dois mundos. *Aletheia*, "aquilo que é revelado [*nicht mehr verborgen sein*]", manifesta-se pela aparência, desloca a noção de verdade do reino noumênico e a realoca no domínio dos *phenomena*, no domínio da visibilidade. Esse deslocamento reverbera nos principais temas de *A Condição Humana*, tais como trabalho, ação, fama, imortalidade, os domínios público e privado. "Essa verdade – *a-letheia*, o que é revelado (Heidegger) – pode ser concebida unicamente como

> ▷ citações no corpo do texto e na nota de rodapé manterei a tradução inglesa seguida do original, ambas utilizada na versão em inglês desse livro.

70 Heidegger pontua: "Disclosure, however, in relation to which there is a ἀλήθεια, is itself a mode of Being. [...] Insofar as disclosure and knowledge have for the Greeks the goal of ἀλήθεια, the Greeks designate them as ἀληθεύειν, i. e., designate them in terms of what is achieved in them, ἀλήθεια." (Das Erschlieβen aber, im Verhältnis wozu die ἀλήθεια ist, ist selbst ein Sein. [...] Sofern das Erschlieβen und Erkennen für sie gemäβ dem, was es leistet, der ἀλήθεια: ἀληθεύειν.) Heidegger, *Plato's Sophist*, p. 12 (PS, p. 17).

71 M. Heidegger, *Introdução à Metafísica*, p. 113 (EM, p. 109).

72 J. Taminiaux, *La Fille de Thrace et le penseur professionnel*, p. 21.

46 ÉTICA, RESPONSABILIDADE E JUÍZO EM HANNAH ARENDT

outra 'aparência', outro fenômeno originalmente oculto, mas de ordem supostamente mais elevada, o que indica a predominância última da aparência."[73] Aqui, o que está em jogo, na leitura que Arendt faz de Heidegger e sua concepção de *aletheia*, é a possibilidade de se atribuir à "predominância última da aparência" ascendência sobre a noção de verdade, a *aletheia*; o que significa dizer que ela pode ser definida em termos de doxa, de opinião.

Heidegger associa a *aletheia* à expressão oral, à fala, pois essa seria seu modo mais direto de manifestação: "ἀλήθεια [*aletheia*] se mostra de forma mais imediata em λέγειν [*sprechen, falar*]". A fala, em conjunto com a ação, constitui o domínio próprio do *ser do mundo* em Arendt. "Este λέγειν foi para os gregos tão preponderante e ordinário que eles adquiriam a definição de homem a partir da relação com tal fenômeno, e, por implicação, determinou o homem como ζῷον λόγον ἔχον [um modo de Ser do homem]"[74], no sentido de ser moldado pela fala e pela linguagem. Este modo relacional de ser – já que criaturas, enquanto *phenomena*, "se manifestam nas várias possibilidades em que se revelam" – requer λέγειν: falar[75]. Rejeitando a apologia de Heidegger ao *bios theōrētikos* e ao embate de Platão contra a doxa, Arendt faz da doxa a celebração da *aletheia*, retirando o domínio da verdade da singularidade noumênica, locando-a na pluralidade fenomênica.

---

73 *A Vida do Espírito*, p. 20 (*LMT*, p. 24).

74 "Thus ἀληθεύειν (*aletheia*) shows itself most immediately, in λέγειν, to Speak (Das ἀληθεύειν zeigt sich also zunächst, im λέγειν, Sprechen)." E continua: "This λέγειν was for the Greeks so preponderant and such an everyday affair that they acquired their definition of man in relation to this phenomenon and thereby determined man as ζῷον λόγον ἔχον (a mode of Being of man)." (Dieses λέγειν war für die Griechen etwas so Aufdringliches and Alltägliches, daß sie mit Bezug auf dieses Phänomen und von ihm her die Definition des Menschen gewannen und ihn bestimmten als ζῷον λόγον ἔχον.) M. Heidegger, *Plato's Sophist*, p. 12 (*PS*, p. 17). Em outro trecho na mesma página: "Λέγειν (to speak) is what most basically constitutes human Dasein", em *Speaking, Dasein Expresses Itself: By Speaking about Something, about the World*. (Das λέγειν, Sprechen, ist die Grundverfassung des menschlichen Daseins, em *Sprechen spricht es sich aus, in der Weise, daß es über etwas, über die Welt, spricht*.)

75 "Phenomena designates beings as they show themselves in the various possibilities of their becoming disclosed." (*Phänomen bezeichnet das Seiende, so wie es sich zeigt, in den verschiedenen Möglichkeiten seines Erschlossenwerdens*.) Heidegger, *Plato's Sophist*, p. 6 (*PS*, p. 8). Uma distinção crucial, como notada por Heidegger, é que nas *Logical Investigations*, de Husserl, os fenômenos estavam associados a tipos específicos de experiências vividas, juízos e atos de sabedoria.

PROLEGÔMENOS A UMA ÉTICA DA VISIBILIDADE   47

O deslocamento da verdade racional para a opinião implica uma mudança do homem no singular para os homens no plural, e isso significa um desvio de um domínio em que, como diz Madison, nada conta a não ser o "raciocínio sólido" de uma mente para uma esfera onde "a força da opinião" é determinada pela confiança do indivíduo "no número dos que ele supõe que nutram as mesmas opiniões" – um número, aliás, que não é necessariamente limitado ao dos próprios contemporâneos.[76]

A doxa é o próprio significado ontológico da pluralidade no domínio das aparências[77]. Arendt eleva o discurso (*lexis*) e a ação (práxis), pertencentes ao domínio da visibilidade, às categorias em que se dão a própria revelação do indivíduo por meio da doxa. Um dos mais significativos conceitos da filosofia grega, a doxa – reapropriado por Arendt e remoto na ontologia fundamental de Heidegger – teria papel de destaque na articulação entre a ação e as atividades da vida do espírito. De acordo com Arendt, Heidegger jamais considera a autenticidade como própria do domínio plural da aparência; a doxa, entendida por ele como *dokei* – "ao aparecer adquire um aspecto" – não ratifica a autenticidade, tampouco a verdade[78]. "Doxa é o aspecto [a vista, *Ansicht*; o olhar *Ansehen*, olhar-para, estima] que todo ser ao mesmo tempo oculta e revela em sua aparência [*Aussehen*] (*eidos, idea*)". Em meio à pluralidade de pontos de vista, "o aspecto [*Ansicht*] é sempre aquele que nós mesmos

76 *Entre o Passado e o Futuro*, p. 292. (Truth and Politics, *BPF*, p. 235.)
77 Como formulado por D.R. Villa: "Aqui observamos o hiato que separa a dialética de ocultamento e revelação de Heidegger da apropriação realizada por Arendt. O equacionamento feito por Heidegger entre revelação ou desocultamento e a verdade (*aletheia*) o leva a identificar a atividade iluminadora dos gregos não com a ação política conduzida pela doxa, mas com a atividade poética ou criativa que 'arranca' a verdade do Ser ocultado pelas aparências 'apagadas' [*dimmed down*] da seara pública", Op. cit., p. 154.
78 M. Heidegger, *Introdução à Metafísica*, p. 114 (*EM*, p. 110). (Tradução nossa, modificada.) Em outra passagem na mesma página: "Doxa significa aspecto (*Ansehen*), ou seja, o aspecto no qual se apresenta. (Doxa heißt Ansehem, nämlich, das Ansehen, in dem einer steht)", ibidem (Tradução modificada.); J. Taminiaux sublinha que ao apresentar a *aletheia* por meio da doxa Heidegger se posiciona em polo oposto a Arendt. "O que é desvelado, insiste Heidegger, sofre a ameaça de ser 'imediatamente acobertado pela opinião'. A opinião cristaliza-se em posições que são repetidas, de tal modo que aquilo que havia sido originalmente vislumbrado é novamente velado, recoberto"; cf. M. Heidegger, *Platon: Le Sophiste*, p. 16. "Daí a necessidade de se combater a doxa", J. Taminaux, *La Fille de Thrace et le penseur professionnel*, p. 116.

48 ÉTICA, RESPONSABILIDADE E JUÍZO EM HANNAH ARENDT

obtemos e construímos. Ao experienciar e lidar com os outros, estamos sempre formando perspectivas de suas aparências"[79]. A partir do *dokeō* heideggeriano, cuja acepção é "mostro-me, apareço, ponho-me na luz"[80], Arendt ressignifica a noção de doxa, dotando-a de uma "forte conotação de 'o que é visível'"[81], e restabelece o sentido decisivo da noção de opinião no formato de um "parece-me" (*it-appears-to-me*), constituído no duplo movimento de ver e ser visto.

Arendt conecta a noção heideggeriana da verdade como *Un-verborgenheit* (des-ocultamento) ao termo opinião, doxa, tomado por empréstimo de Sócrates. Tal atrelamento marca um deslocamento do conceito de verdade para o domínio fenomenológico da aparência – aquilo que se revela como *physis* [*Schein*] –, o qual se alcança na forma de opinião. A opinião constitui uma *dokei moi*, um "aquilo que me parece".

O pressuposto era de que o mundo se abre de modo diferente para cada homem, de acordo com a posição que ocupa nele; e que a propriedade do mundo de ser o "mesmo", o seu caráter comum (*koinon*, como diziam os gregos, qualidade de ser comum a todos), ou "objetividade" (como diríamos do ponto de vista subjetivo da filosofia moderna), reside no fato de que o mesmo mundo se abre para todos e que a despeito de todas as diferenças entre os homens e suas posições no mundo – e consequentemente de suas *doxai* (opiniões) –, "tanto você quanto eu somos humanos"[82].

---

79 M. Heidegger, *Introdução à Metafísica*, p. 115 (*EM*, p. 111). (Tradução nossa, modificada.)

80 Ibidem, p. 114 (*EM*, p. 111).

81 Filosofia e Política, p. 108 (*PP*, p. 94). Não se pode negar que a formulação teórica de Arendt em torno da doxa paga tributo à reconstituição do termo grego promovida por Heidegger em sua *Introdução à Metafísica*, de 1935. Nessa obra, Heidegger define doxa (δόξα), entendido como *Ansehen*, de múltiplas formas: "1. o aspecto (*Ansehen*) como glória; 2. o aspecto como a pura visão que alguma coisa oferece; 3. o aspecto como apenas aparece assim: a 'aparência' como mero semblante (*als bloßer Anschein*); 4. a visão que um homem forma, a opinião (*Meinung*)". Em *Introdução à Metafísica*, p. 116 (*EM*, p. 112). (Tradução modificada.) É importante assinalar que os textos de Arendt não oferecem uma abordagem sempre favorável e consensual a respeito da opinião e sua relação com a verdade. Em "Filosofia e Política", Arendt apresenta uma argumentação positiva da opinião com doxa. De fato, como abordado mais adiante, Arendt oscila, trata a doxa tanto como opinião quanto como fama e glória, ou como mero semblante.

82 Filosofia e Política, p. 96-97 (*PP*, p. 80).

PROLEGÔMENOS A UMA ÉTICA DA VISIBILIDADE 49

Ao ressaltar o valor da aparência, Arendt converte a linguagem metafísica de Heidegger em uma espécie de fenomenologia da ação política, em valorização ontológica da experiência visível. A concepção heideggeriana da aparência destaca a semblância, a aparência como distorção, como uma ilusão. Para Arendt, ao invés, a permanência e a consistência da imagem que aparece, constituída pela opinião, não obstante desvele ou oculte, é capaz de libertar o sujeito da mera semblância. Somos, em certa medida, tão responsáveis por aquilo que desvelamos como pelo que ocultamos[83].

Heidegger, ao contrário, atribui perversão e distorção à opinião[84]. Segundo a formulação de Villa, o filósofo "faz uma clara separação, colocando o autêntico, o cativante (*wresting*), '*bringing-into-the-light*' de um lado, e o caráter obscuro, não autêntico da opinião e do discurso cotidiano, de outro"[85]. Vale ressaltar que Arendt, à dessemelhança de Heidegger, interpreta o *páthos* da doxa como o triunfo da opinião, de modo a positivamente incrementar o domínio da aparência na política[86].

A epistemologia arendtiana da aparência comporta pelo menos duas implicações para a ética que aqui se pretende articular. Primeiro, ao conferir à aparência um valor ontológico positivo, Arendt encarrega à aparência – e não a um suposto autêntico self invisível – a medida exata de manifestação de uma opinião visível e consistente. A aparência não suporta a mesma medida externa de verdade interior, a mera atribuição de transpassá-la ao domínio da visibilidade. Encerra o dispositivo de ocultar, sendo assim possível identificar o fundamento de uma avaliação afirmativa do esconder: "também aqui não lidamos com um erro simplesmente arbitrário; a verdade é que não só as aparências nunca revelam espontaneamente o que se encontra por trás delas, mas também que, genericamente falando, elas não

---

83 Surpreendentemente, a autoapresentação oferece argumentos para a mentira. Ver A Mentira na Política, em *Crises da República* (Lying in Politics, em CR).

84 M. Heidegger, *Introdução à Metafísica*, p. 209 (*EM*, p. 201).

85 D.R. Villa, op. cit., p. 154.

86 Heidegger afirma que "O agora mencionado é o caminho da doxa (δόξα) no sentido de aparência. Ao longo deste caminho, o ser [*Seiende*] ora tem este ora tem outra aparência, aspecto. Aqui predominam respectivamente apenas pontos de vista, opiniões [*Ansichten*]. Os homens deslizam de um ponto de vista para o outro, de cá para lá e de lá para cá. Assim, confundem entre si o Ser e aparência." M. Heidegger, *Introdução à Metafísica*, p. 124 (*EM*, p. 120).

revelam apenas; elas também ocultam"[87]. Para Arendt, o ponto--chave é que a ética não pode ser enquadrada em termos do que significa *ser* uma boa pessoa, mas, sim, em termos do que significa *agir consistentemente* e de forma responsável, como alguém que pertence à humanidade, ao mundo comum. Consequentemente, em segundo lugar, ao aceitar o duplo significado de revelar e ocultar, a verdade enquanto doxa, tal qual desvelar, não conduz a uma adequação cognitiva do *inner self*; a verdade, com efeito, conduz à dimensão interpessoal de Arendt, na qual os sujeitos aparecem no mundo. A doxa conduz a *quem* somos[88]. A descrição feita por Arendt acerca da visibilidade do *who*, ao ter como fundamento a permanência e a consistência da fala e da ação, localiza a dimensão ética em um ponto externo, precisamente na figura do cidadão, visível no mundo público.

O *TOPOS NOĒTOS* DAS ATIVIDADES DO ESPÍRITO: "O ATO PRESENTE DE ATENÇÃO"

Em vez de se tomar a orientação espacial como a "atividade" da *vita activa*, é significativo antes considerar o tempo como o *topos*, como a localização das atividades do espírito. Ao projetar memórias e possibilidades futuras, a mente é capaz de mobilizar a temporalidade da mesma maneira como as atividades da *vita activa* são capazes de moldar a espacialidade. Em *A Condição Humana*, Arendt dá início às suas investigações acerca da *vita activa* com a narração de uma das conquistas do *homo faber*: o lançamento espacial do primeiro satélite fabricado por seres humanos[89]. No intuito tanto de preservação e continuidade como de criação, Arendt emprega expressões que privilegiam a *localização* de eventos humanos, tal como o espaço de

---

87 A Vida do Espírito, p. 21 (LMT, p. 25).

88 J. Taminiaux assinala o aspecto avaliativo da verdade na seguinte argumentação: "Ele [Husserl] havia também mostrado que a verdade – mais profundamente do que se pode depreender de sua definição como adequação ou correspondência entre objeto e intelecto – consiste em todo modo de intencionalidade que exiba (*aufweisen*) seu correlato específico", *La Fille de Thrace et le penseur professionnel*, p. 57.

89 Afinal, o alcance de algo fabricado pela espécie humana havia logrado "o primeiro passo para libertar o homem de sua prisão na terra". *A Condição Humana*, p. 9 (HC, p. 1).

PROLEGÔMENOS A UMA ÉTICA DA VISIBILIDADE

aparências, os domínios público e privado, a rede de relacionamentos, a pólis, entre outros[90]. Para as atividades da *vita activa*,
o espaço constitui uma dimensão crucial. Trata-se do lugar propriamente dito, onde se operam o labor, o trabalho, as ações e as
criações. A ação é a atividade política *par excellence*. Até mesmo
quando a temporalidade desempenha um papel de destaque
na *vita activa*, Arendt insiste em ressaltar critérios espaciais.
O ciclo da natureza temporal do *animal laborans* e seu pertencimento ao mundo biológico, a subsequente ruptura ocorrida
com o mundo dos artefatos do *homo faber*, trazendo à baila os
aspectos temporais de durabilidade e permanência [*enduring*],
e finalmente o domínio inusitado e imprevisível da ação e da
práxis: todas essas são atividades cujas dimensões temporais –
seja no âmbito da necessidade ou da liberdade – medem-se sob
o signo da espacialidade, uma vez que os movimentos do corpo
sempre podem ser espacialmente localizados[91].

Em *A Vida do Espírito*, Arendt alude à parábola de Kafka
acerca do tempo para ilustrar a experiência de suspensão da
temporalidade contínua e linear do cotidiano, afeitas às atividades do espírito[92]. O ingresso do sujeito nessas atividades invisíveis rompe o *continuum*, suspende o fluxo ininterrupto entre
o passado e o futuro como dimensões sucessivas e, portanto,
espacialmente impenetráveis[93]. Tal como experimentado pelas

90   P. Ricoeur Action, Story and History, em G. Reuben, *The Realm of Humani-
     ties*, p. 157.
91   Ver J. Taminiaux, Time and Inner Conflicts of the Mind, em J. Hermsen; D.R.
     Villa (eds.), *The Judge and the Spector*.
92   Aqui emprego o termo "pensamento" como equivalente às atividades mentais
     como um todo. A parábola de Kafka é apresentada numa coleção de aforismos
     intitulada HE: "ELE (HE) tem dois antagonistas; o primeiro empurra-o de trás
     a partir da origem. O segundo veda o caminho à frente. Ele luta com ambos.
     Na verdade, o primeiro lhe dá apoio na luta contra o segundo, pois quer
     empurrá-lo para frente; e, da mesma fora, o segundo apoia-o na luta contra
     o primeiro, pois empurra-o para trás. Mas isso é assim apenas teoricamente.
     Pois não são somente os dois antagonistas que estão lá, mas, também, ele;
     e quem conhece realmente suas intenções? Todavia, o seu sonho é que, em
     um momento de desatenção – e isto, é preciso admitir, exigiria uma noite
     tão escura como nenhuma já foi – ele pulasse de fora da linha de batalha e,
     graças à sua experiência em lutar, fosse promovido à posição de árbitro da
     luta de seus adversários entre si." (F. Kafka, *Gesammelte Schriften*, v. v, p. 287.
     Traduzido para o inglês por D.R. Villa e E. Muir, *The Great Wall of China*,
     p. 276-277. Cf. *A Vida do Espírito*, p. 153 (LMW, p. 202).
93   Arendt faz alusão a Bergson, que criticou a aplicação da terminologia do espaço
     à temporalidade, destacando que a terminologia do tempo foi "'tomada de ▶

52 ÉTICA, RESPONSABILIDADE E JUÍZO EM HANNAH ARENDT

atividades do espírito, o presente é uma ruptura, "um hiato entre o passado e o futuro", *"un présent qui dure"*, como disse Bergson, ou mesmo o *nunc stans* medieval de Duns Scotus[94]. Em suas atividades espirituais, o *Ele* da parábola de Kafka é impelido para fora, no sentido metafórico, de qualquer *topos noētos*, qualquer *espaço* mental, deslocando a ideia de passado-futuro de uma linguagem meramente espacial do tempo. O passado e o futuro são descritos como forças cuja clivagem localiza-se "no ponto onde 'ele' está; e a posição 'dele' não é o presente, na sua acepção usual, mas antes uma lacuna no tempo, cuja existência é conservada graças 'à sua' luta constante, à 'sua' tomada de posição contra o passado e o futuro"[95]. Este presente pode ser descrito como um "hoje duradouro" [*lasting todayness*] a absorver a espacialidade do tempo, em que a posição de cada novo indivíduo *move e posiciona* seu passado e futuro, o seu "não mais" e o seu "ainda não".

Ao desespacializar o *topos* da vida mental, Arendt enfatiza a capacidade do ser humano de se posicionar, movendo e reposicionando o "passado" por meio de lembranças e o futuro por meio de expectativas. O tempo torna-se o *topos* em que as atividades da mente ocorrem. Ao projetar memórias e possibilidades futuras, a mente é capaz de mover a própria temporalidade.

O *continuum*, a mudança incessante é partida nos tempos passados, presente e futuro, de modo que o passado e o futuro só se antagonizam

> ⊳ empréstimo à linguagem espacial. Se desejamos refletir sobre o tempo, é o espaço que responde'. Assim 'a duração é sempre expressa como extensão', e o passado é entendido como algo que fica atrás de nós, o futuro fica em algum lugar à nossa frente". *A Vida do Espírito*, p. 196, (*LMW* p. 12). "Essa aparente espacialidade de um fenômeno temporal é um erro causado pelas metáforas que usamos habitualmente na terminologia que trata do fenômeno do Tempo." Ibidem.

94 Ibidem. "Já que o tempo e o espaço da experiência comum não podem nem mesmo ser pensados sem um contínuo que se estende do próximo ao distante, do agora ao passado ou ao futuro, do *aqui* a qualquer ponto do espaço, esquerda ou direita, à frente e atrás, acima e abaixo, eu poderia dizer, com alguma razão, que não apenas as distâncias, mas também o tempo e o espaço são abolidos no processo de pensamento. No que diz respeito ao espaço, não conheço nenhum conceito filosófico ou metafísico que pudesse estar razoavelmente relacionado a essa experiência. Mas tenho certeza de que o *nunc stans*, o 'agora permanente', tornou-se o símbolo da eternidade – o '*nunc aeternitatis*' (Duns Scotus) – para a filosofia medieval porque era uma descrição convincente de experiências que ocorriam na meditação, bem como na contemplação, os dois modos de pensamento conhecidos pelo cristianismo"; idem, p. 67 (*LMT*, p. 86).

95 *Entre o Passado e Futuro*, p. 37 (*BPF*, p. 11).

PROLEGÔMENOS A UMA ÉTICA DA VISIBILIDADE 53

sob a forma do não mais e do ainda não, em virtude da presença do homem que tem, ele mesmo, uma "origem", seu nascimento, e um fim, sua morte; e, portanto, encontra-se em todos os momentos, entre o passado e o futuro; esse intervalo chama-se presente. É a inserção do homem, com seu limitado período de vida, que transforma em tempo, tal como o concebemos, o fluxo contínuo da pura mudança.[96]

Nessa inserção kafkiana ecoa a distinção feita por Agostinho entre o *principium* do mundo e o *initium* do sujeito, assim como as suas reflexões acerca da noção do tempo nas *Confissões*. O mundo de todas as outras criaturas vivas foi criado "em números" e ciclos correspondentes à *fabrica Dei*. Enquanto o sujeito exprime sua *uniqueness* pelo *initium*, inserindo-se nesse presente *in-between*, ele cinde, rompe, o *continuum*. "Por se focalizarem sobre a partícula ou corpo que lhes dá direção, começam a lutar entre si e a agir sobre o homem da maneira que Kafka descreve."[97] Aqui a definição de tempo é dada pela natureza das próprias atividades. No cotidiano do *animal laborans* e do *homo faber*, na medida em que o que ocorre é "a continuidade de nossas ocupações e atividades no mundo e ao fato de que *continuamos* o que ontem começamos e esperamos terminar amanhã", esse *continuum* determina e condiciona o tempo a incrementos espaciais e a estados temporais cíclicos[98]. São precisamente estes os termos, segundo os quais o tempo de nossas existências históricas e biográficas pode ser "entendido fazendo-se uma analogia com a sequência numérica, fixada pelo calendário, de acordo com o qual o presente é hoje, o passado começa ontem e o futuro amanhã"[99].

Nas *Confissões*, o filósofo de Hippo cunha uma notável expressão para ilustrar o tempo, a saber, "um ato presente de atenção", realocando as três dimensões temporais no ato de atenção: o passado por meio da memória, o futuro por meio da expectativa e o presente como o ato de lançar nossa atenção para as duas direções. O presente, portanto, não pode ser medido

96 *A Vida do Espírito*, p. 153 (*LMT*, p. 203). Cf. Laura Bazzicalupo, Il presente come tempo della politica in Hannah Arendt, em E. Parise (ed.), *La politica tra natalità e mortalita: Hannah Arendt*, p. 139-168.
97 *Entre o Passado e Futuro*, p. 37 (*BPF*, p. 11).
98 *A Vida do Espírito*, p. 155 (*LMT*, p. 205).
99 Ibidem.

54 ÉTICA, RESPONSABILIDADE E JUÍZO EM HANNAH ARENDT

pelo tempo, já que ele não possui um tempo (verbal) próprio que possa ser utilizado para descrever o que acaba de acontecer e o que virá a acontecer. O ato presente de atenção apenas pode ser descrito como a capacidade humana de escolha, de mover e direcionar a atenção da mente. Em vez de três tempos espacialmente localizados como um passado localizado "atrás" e um futuro "à frente", o tempo para as atividades da mente é o presente. "O presente das coisas passadas é a memória, o presente das coisas presentes é a visão, o presente das coisas futuras é a expectativa."[100] Agostinho ilustra da seguinte maneira:

Suponhamos que irei recitar um hino que aprendi de cor. Antes de principiar, a minha expectativa estende-se a todo ele. Porém, logo que o começar, a minha memória dilata-se, colhendo tudo o que passa de expectativa para o pretérito. A energia completa dessa ação divide-se em memória, por causa do que já recitei, e em expectativa, por causa do que hei de recitar. Mas, existe *um ato presente de atenção*, pelo qual aquilo que era futuro se torna pretérito. Quanto mais o hino se aproxima do fim, tanto mais a memória se alonga e a expectativa se abrevia, até que a expectativa esteja totalmente consumida, quando a ação, já finalizada, passa completamente para o domínio da memória.[101]

Nos termos de *A Condição Humana*, o "subjective in-between" de Arendt[102] está relacionado à capacidade mental de constituir um *in-between present*. Tais atividades mentais requerem um posicionamento, localizado na lacuna entre o

---

100 Agostinho, *Confissões*, p. 294.
101 "Suppose that I am about to recite a psalm that I know. Before I begin, my expectation is directed to the whole of it; but when I have begun, so much of it as I pluck off and drop away into the past becomes matter for my memory, and whole energy of the action is divided between my memory, in regard to what I have said, and my expectation, in regard to what I am still to say. But there is a present act of attention, by which what was future passes on its way to becoming past. The further I go in my recitation, the more my expectation is diminished and my memory lengthened, until the whole of my expectation is used up when the action is completed and has passed wholly into my memory". Tradução para este trecho da ed. bras. modificado por nós. Agustine, *Confessions*, p. 223. Agostinho acrescenta: "Isto mesmo sucede em toda a história dos filhos dos homens, da qual fazem parte todas as ações individuais." (Tradução modificada.) Agostinho, op. cit., p. 294. "Indeed it is the same for the whole file of man, of which all a man's actions are parts." Ibidem, p. 230.
102 Ver a distinção feita por Arendt entre o *espaço-entre* objetivo (*objective in-between*) e o *espaço-entre* subjetivo (*subjective in-between*), em *A Condição Humana* (HC).

PROLEGÔMENOS A UMA ÉTICA DA VISIBILIDADE 55

passado e o futuro. O ato presente de atenção, cuja atividade invisível implica na tomada de uma posição que, por sua vez, depende da busca por um significado, "de assumir o lugar do 'árbitro' das múltiplas e incessantes ocupações da existência humana no mundo, do juiz que nunca encontra uma solução definitiva para esses enigmas, mas sempre respostas novas à pergunta que está realmente em questão"[103].

Este posicionamento possui um duplo significado. Primeiro, a capacidade mental de se posicionar no tempo ocorre por meio da possibilidade de verificar um começo e um fim daquilo que a mente desloca para o presente. Isto equivale *à capacidade do sujeito de estabelecer um presente para si*[104]. Segundo, ao atribuir às atividades mentais a capacidade de romper a trilogia linear do tempo, revela-se outra forma de descrever o desmantelamento da tradição metafísica. Em vez de destruir o passado necessário ou o futuro imprevisível, esse modo orienta o sujeito em toda nova situação a posicionar-se, no sentido da responsabilidade de se reposicionar, o que, como todas as experiências ativas, somente se consubstancia pela prática.

O tempo do sujeito de ação – Achilles em *A Condição Humana* – que cria e age, e o tempo em que o *Ele*, de Kafka, se posiciona, estão imbricados no *in-between space* arendtiano. Assim, ao contrário de alguns comentadores de Arendt, que afirmam que há um hiato intransponível entre a vida do espírito e as noções de ética, ação e responsabilidade, acredito que, ainda que não seja possível preencher a lacuna entre o mundo e o self, entre a *vita activa* e a *vita contemplativa*, a ética pode dar um passo adiante na reconciliação entre o self e o mundo, a partir da obra de uma autora que se sentia à vontade tanto na vida ativa quanto na vida contemplativa.

---

103 *A Vida do Espírito*, p. 156 (LMT, p. 210).

104 Em *A Vida do Espírito* Arendt ressalta que: "[O] tempo que pode ser medido está no próprio espírito, isto é, 'do tempo em que comecei a ver ao tempo em que deixei de ver'. Pois 'medimos na verdade o intervalo entre o algo que começa até ter algum tipo de fim', e isso só é possível porque o espírito retém em seu próprio presente a expectativa daquilo que ainda não é, a que 'presta atenção e relembra quando passa'." *A Vida do Espírito*, p. 265 (LMW, p. 107). Ver F. Birulés, Poetica e política: Hannah Arendt, abitare il presente, em E. Parise (ed.), *La politica tra natalità e mortalita – Hannah Arendt*, p. 45-62.

3. A Atividade de Pensar

um parceiro para pensar, uma testemunha na ação

> *Pensar era sua paixão,*
> *e pensar com ela era uma atividade moral.*
> *Embora intensamente moral,*
> *era completamente não moralista.*
>
> HANS JONAS[1]

> *O pensamento é a única atividade que não precisa de*
> *nada além de si mesmo para seu exercício.*
>
> HANNAH ARENDT[2]

A VISION-IN-THOUGHT: A APARÊNCIA DO INVISÍVEL E A FRAÇÃO DO NÃO-TEMPO

A condição intrigante, até mesmo paradoxal, da faculdade de pensar permite "ao espírito retirar-se do mundo, sem jamais poder deixá-lo ou transcendê-lo"[3]. É assim que Hannah Arendt

---

1   "Thinking was her passion, and thinking with her was a moral activity. She was intensely moral, but completely unmoralistic." H. Jonas, "Hannah Arendt", em *Partisan Review*, v. 43, n. 1, p. 13. Palavras proferidas no funeral de Hannah Arendt na Capela Riverside Memorial em Nova York, segunda-feira, dia 8 de dezembro de 1975.

2   *A Vida do Espírito*, p. 123 (*LMT*, p. 162).

3   Ibidem, p. 39 (*LMT*, p. 45). J. Taminiaux chama atenção para essa simetria: "A maioria das palavras na linguagem comum não apenas referem-se às perspectivas (*outlooks*) e aspectos dos objetos que aparecem no mundo, mas até mesmo nossos modos mais abstratos de falar estão cheios de metáforas que deslocam para a atividade do espírito palavras cujas raízes encontram-se originalmente nas aparências. Originalmente uma ideia é uma perspectiva, o conceito, uma captação, a metáfora, um deslocamento, uma razão, um fundamento e assim por diante." Time and the Inner Conflicts of the Mind, em J. Hermsen; D.R. Villa (eds.), *The Judge and Spectator*, p. 46. Vale a pena observar que Arendt não está fazendo distinções conceituais rigorosas entre qualquer um desses termos. Ver também: J. Taminiaux, Événement, Monde et Jugement, *Esprit – Changer la culture et la politique: Hannah Arendt*, n. 42, p. 135-147.

58 ÉTICA, RESPONSABILIDADE E JUÍZO EM HANNAH ARENDT

justifica, de início, o uso da linguagem metafórica, da imaginação e da re-*presentação*, nos moldes empreendidos pela autora, para articular as imbricações entre o pensar, o julgar, o discurso e o mundo visível. Seja no pensamento crítico silencioso, seja no julgamento, o que está em jogo são as perspectivas e os eventos do mundo que aparecem transpostos numa linguagem ordinária[4]. No caso da atividade de pensar, opera-se um "discurso conceitual metafórico silencioso", pois pensar "deve preparar os particulares dados aos sentidos, de tal modo que o espírito seja capaz de lidar com eles na sua ausência; em suma, ele deve *de-sensorializá-los*"[5]. A atividade de pensar já está concebida no discurso antes mesmo de ser comunicado, falado e compreendido por outros. Ao recorrer a Merleau-Ponty, a autora menciona que, do mesmo modo, pensar requer uma visibilidade de ser ouvido e compreendido por outros "assim como a criatura dotada do sentido da visão é própria para ver e ser vista. É inconcebível pensamento sem discurso, 'pensamento e discurso antecipam um ao outro. Continuamente um toma o lugar do outro'"[6]. O pensamento é derivado das experiências vividas e por isso a elas permanece atrelado. Tais acepções atribuídas à atividade de pensar, até certo ponto, senso comum das chamadas filosofias pós-metafísicas, denota um aspecto relevante das derivações morais de *A Vida do Espírito*: a conexão

---

4   Arendt concordaria com o argumento proposto por Wittgenstein no que se refere à linguagem: "Em todas essas atividades reflexivas os homens movem-se fora do mundo das aparências e usam uma linguagem cheia de palavras abstratas que, é claro, são parte integrante da fala cotidiana bem antes de se tornarem moeda-corrente da filosofia." *A Vida do Espírito*, p. 60 (*LMT*, p. 78).

5   *A Vida do Espírito*, p. 60 (*LMT*, p. 77). Ainda em outro trecho: "O que fica manifesto quando falamos de experiências psíquicas nunca é a própria experiência, mas o que *pensamos* dela quando sobre ela refletimos." Ibidem, p. 26 (*LMT*, p. 31). Arendt faz um contraponto entre a vida da alma e a vida do espírito. "O discurso conceitual metafórico é de fato adequado para a atividade de pensar, para as operações do espírito, mas a vida da alma em sua própria intensidade é muito mais adequadamente expressa por um olhar, um gesto, um som do que pela fala". Ibidem.

6   Ibidem, p. 26 (*LMT*, p. 32). Para uma discussão genérica sobre a atividade mental e a política em Hannah Arendt, veja: J.G. Gray, The Winds of Thought, *Social Research*, v. 44, p. 40-62; E. Vollrath, Hannah Arendt and the Method of Political Thinking, *Social Research*, v. 44, n. 1, p. 160-182; P. Stern; J. Yarbrough, *Vita Activa* and *Vita Contemplativa*, *The Review of Politics*, v. 43, n. 3, p. 323-354; H. Jonas, Acting, Knowing, Thinking: Gleanings from Hannah Arendt's Philosophical Work, *Social Research*. v. 44, n. 1, p. 25-43.

A ATIVIDADE DE PENSAR 59

que a linguagem proporciona entre o mundo das aparências e
o domínio da invisibilidade do espírito:

Pensar é a atividade do espírito que dá realidade àqueles produtos do
espírito inerentes ao discurso e para os quais a linguagem, sem qualquer esforço especial, já encontrou uma morada adequada, ainda que
provisória, no mundo audível. Se falar e pensar nascem da mesma
fonte, então o próprio dom da linguagem poderia ser tomado como
uma espécie de prova, ou, talvez, mais como sinal de que o homem é
naturalmente dotado de um instrumento capaz de transformar o invisível em uma "aparência".[7]

Nesse contexto, metáfora e imaginação, termos cedidos pela
visualidade, e até a analogia, adquirem no vocabulário arendtiano o significado deflacionado de uma "linguagem do espírito," ou seja, inscrevem a atividade de pensar no mundo visível[8].
Elaboram o que pode ser dito pelo discurso, um "enxergar" por
meio de "ouvidos corpóreos". De fato, a metáfora clama pela primazia do mundo da aparência, mas ao mesmo tempo atribui à
atividade de pensar uma habilidade de compreender o mundo
visível para além dos eventos do cotidiano, cronologicamente
ordenados[9]. A atividade de pensar interrompe o espacialmente
estruturado binômio espaço-tempo na medida em que tanto
atualiza, com o auxílio da memória, um evento passado em
presente, como, ao prever um evento, antecipa o futuro.

Bem pode ser a região do espírito ou, antes, a trilha plainada pelo pensar, essa pequena picada de não-tempo aberta pela atividade do pensamento através de homens mortais e na qual o curso do pensamento, da

7   A Vida do Espírito, p. 84 (LMT, p. 109).
8   Ibidem, p. 79 (LMT, p. 103).
9   Num trecho mais longo, Arendt enfatiza que: "Se a linguagem do pensa-
    mento é essencialmente metafórica, o mundo das aparências insere-se no
    pensamento independentemente das necessidades de nosso corpo e das rei-
    vindicações de nossos semelhantes que de algum modo nos fazem retroceder.
    Por mais perto que estejam em pensamento daquilo que está longe, por mais
    ausentes que estejamos em relação àquilo que está à mão, obviamente o ego
    pensante jamais abandona de todo o mundo das aparências. A teoria dos dois
    mundos, como já disse, é uma falácia metafísica, mas não é totalmente arbi-
    trária ou acidental. É a falácia mais razoável que atormenta a experiência do
    pensamento. A linguagem, prestando-se ao uso metafórico, torna-nos capa-
    zes de pensar, isto é, de ter trânsito em assuntos não sensíveis, pois permite
    uma transferência, *metapherein*, de nossas experiências sensíveis. Não há dois
    mundos, pois a metáfora os une." Ibidem, p. 84 (LMT, p. 110).

60 ÉTICA, RESPONSABILIDADE E JUÍZO EM HANNAH ARENDT

recordação e da antecipação salvam o que quer que toquem da ruína do tempo histórico e biológico.[10]

A partir da parábola de Kafka, já mencionada no capítulo anterior, o pensamento, por possuir a capacidade de deslocar o próprio mundo da aparência, produz o que Arendt chama de "forças diagonais" –

seu próprio e autoinserido aparecimento [...] criado e delimitado pelas forças do passado e do futuro; teria encontrado um lugar no tempo suficientemente afastado do passado e do futuro para lhe oferecer a "posição de juiz", da qual poderia julgar com imparcialidade as forças que se digladiam[11].

Esse elemento de percepção ativa, próprio da atividade de pensar, desencadeia a habilidade reflexiva para localizar e posicionar seres humanos por meio de suas memórias e expectativas:

A faculdade do espírito de tornar presente o que está ausente naturalmente não é restrita às imagens espirituais de objetos ausentes; a memória quase sempre guarda e mantém à disposição da lembrança tudo o que *não é mais*; e a vontade antecipa o que o futuro poderá trazer, mas que *ainda não é*. Somente pela capacidade do espírito tornar presente o que está ausente é que podemos dizer "não mais", e constituir um passado para nós mesmos, ou dizer "ainda não", e nos preparar para um futuro.[12]

A capacidade da ação de pensar, de tornar presente aquilo que se apresenta temporalmente ou fisicamente ausente, pressupõe uma certa manifestação das atividades de querer e julgar, isto é, da habilidade de lidar com eventos, situações e pessoas que pertencem ao "não mais" ou ao "ainda não". Do ponto de vista de Arendt, a *a-presentação* (*presentation*) mental implica uma percepção ativa capaz de apreender aquilo que é insuficiente à mera percepção passiva dos sentidos. A percepção passiva está relacionada ao *senso comum*[13]; o senso que nos permite

---

10 *Entre o Passado e o Futuro*, p. 40 (*BPF*, p. 13). Cf. J.-C. Eslin, L'Événement de penser, *Esprit: Changer la culture et la politique*, n. 42, p. 7-18.

11 Ibidem, p. 39 (*BPF*, p. 12).

12 *A Vida do Espírito*, p. 60 (*LMT*, p. 76).

13 Este termo, entretanto, não é equivalente à expressão latina *sensus communis*, utilizada por Arendt na descrição da faculdade de julgar a partir da analítica do Belo Kantiana, como será abordada em capítulo posterior.

A ATIVIDADE DE PENSAR 61

ajustar-nos ao mundo comum dos artefactos, torna possível o reconhecimento do mundo como algo comum.

Ao se referir às considerações de Agostinho sobre a memória – por ele nomeado de "os campos e vastos palácios da memória"[14] –, Arendt distingue dois momentos distintos: "a imagem que permanece na memória" e a "visão em pensamento", para descrever a dupla operação executada pelo pensamento na apreensão do mundo da aparência:

"A visão, que era externa quando o sentido era formado por um corpo sensível, é seguida por uma visão similar interna" (Book XI, ch.3): a imagem que o representa. Essa imagem então é guardada na memória pronta para se tornar uma "visão em pensamento', no momento em que o espírito a agarra; o decisivo é que "o que fica na memória" – a mera imagem daquilo que era real – é diferente da "visão em pensamento" – o objeto deliberadamente relembrado.[15]

Reter uma imagem na memória é algo distinto do ato de lembrar e pensar: "o que é ocultado e mantido na memória é uma coisa, e o que é impresso por ela no pensamento que a relembra é outra"[16]. Arendt faz uso da terminologia agostiniana primeiro para distinguir o "objeto sensorial visível" (*visible sense-object*) de sua imagem retida na memória; e, segundo, para diferenciar ambos do que a autora nomeia de "objeto-de-pensamento" (*thought-object*), o ato deliberado de recordar e relembrar.

14 Na descrição dada pelo próprio Agostinho: "Chego aos campos e vastos palácios da memória, onde estão tesouros de inumeráveis imagens trazidas por percepções de toda a espécie. Aí está também escondido tudo o que pensamos, quer aumentando quer diminuindo ou até mesmo variando de qualquer modo os objetos que os sentidos atingiram. Enfim, jaz aí tudo o que se lhes entregou e depôs, se é que o esquecimento ainda não absorveu e sepultou." Agostinho, *Confissões*, p. 224. Conservo a tradução para o inglês de F.J. Sheed: "And so I come to the fields and vast palaces of memory, where are stored the innumerable images of material things brought to it by the senses. Further there is stored in the memory the thoughts we think, by adding to or taking from or otherwise modifying the things that sense has made contact with, and all other things that have been entrusted to an laid up in memory, save such as forgetfulness has swallowed in its grave." Augustine, *Confessions*, Book X, VIII, p. 178.

15 *A Vida do Espírito*, p. 60-61 (*LMT*, p. 77).

16 Ibiden. Ver também em Augustine, *The Trinity*, Book XI, chaps. III, VIII e X. "É por causa dessa dupla transformação que o pensamento 'de fato vai mais longe ainda', para além da esfera de toda imaginação possível, 'onde nossa razão proclama a infinidade numérica que nenhuma visão no pensamento de coisas corpóreas jamais alcançou', ou 'nos ensina que até mesmo os corpos mais minúsculos podem ser infinitamente divididos'."

62 ÉTICA, RESPONSABILIDADE E JUÍZO EM HANNAH ARENDT

A diferenciação entre a mera apreensão de uma imagem e o ato deliberativo de lembrar por meio da atividade de pensar, remete, por analogia, a reconsiderar a distinção entre percepção passiva e ativa.

A imaginação, portanto, que transforma um objeto visível em uma imagem invisível, apta a ser guardada no espírito, é a condição *sine qua non* para fornecer ao espírito objetos-de-pensamento (*thought-objects*) adequados: mas esses só passam a existir quando o espírito ativa e deliberadamente relembra, recorda e seleciona do arquivo da memória o que quer que venha atrair seu interesse, a ponto de induzir a concentração; nessas operações o espírito aprende a lidar com coisas ausentes e se prepara para "ir mais além", em direção ao entendimento das coisas sempre ausentes, e que não podem ser lembradas, porque nunca estiveram presentes para a experiência sensível.[17]

Logo, todo pensar é, de fato, um re-pensar, um *after-thought*, requer um "árbitro". Pensar é um ato de julgar a partir da imagem, portanto, requer uma *visão-em-pensamento* da imagem recolhida[18].

A capacidade de "de-sensorializar" (*de-sense*) um objeto sensorial (*sense-object*), ele mesmo nunca aparente ao espírito, transforma o objeto, aparente aos sentidos, em uma imagem que pertence à imaginação. Essa operação, executada pelo que Arendt denomina de "imaginação reprodutora", remete-nos a ideia de que o entreposto da memória reflete uma percepção passiva, ou seja, a "habilidade ainda mais elementar de de-sensorializar e de ter presente diante (e não apenas em) do seu espírito o que está fisicamente ausente"[19]. Por outro lado, apesar de diretamente dependente da imaginação reprodutiva, Arendt nomeia uma "imaginação produtiva", que promove a seleção

17 *A Vida do Espírito*, p. 60-61 (LMT, p. 77).
18 Ainda na discussão no Livro x sobre memória, Agostinho ressalta, "Todavia, não são os próprios objetos que entram, mas as suas imagens: imagens das coisas sensíveis sempre prestes a oferecer-se ao pensamento que as recorda. Agostinho, *Confissões*, p. 225. "Nor indeed do the things themselves enter: only the images of the things perceived by the senses are there for thought to remember them"; Augustine, *Confessions*, Book x, VIII, p. 179. Agostinho chama atenção ainda para o fato de como a lembrança se dá na memória; nós não somos perturbados pelas propriedades emocionais dos quatro movimentos (distrações) do espírito (*mens, soul*): desejo, alegria, medo e tristeza.
19 *A Vida do Espírito*, p. 66 (LMT, p. 86).

A ATIVIDADE DE PENSAR 63

deliberativa, a relocação e a atribuição de sentido a uma imagem[20]. Em meio à descrição da capacidade deliberativa de pensar, Arendt afiança a chave que ativa essa aptidão: "o problema, contudo, é que, ao que se percebe, não parecemos estar nem equipados nem preparados para a atividade de pensar"[21]. Na medida em que a capacidade de pensar da imaginação produtiva é uma atividade, ela deve ser exercida para ser realizada.

A descrição mais corrente do mundo da percepção sensível se limita à imaginação reprodutiva. Ao enfatizar o papel da imaginação produtiva na atividade de pensar, Arendt ressalta que decidimos não apenas o que recordar, mas também *como* recordar. Pensar é a capacidade de decidir quais impressões produzimos ao impregnarmos a imaginação reprodutiva dos vastos palácios da memória. "Em outras palavras, o pensamento tornou-se uma *techné*, um tipo particular de artesania, talvez merecedor da mais alta estima – certamente a mais urgentemente requerida, uma vez que o seu produto acabado é a conduta de nossa própria vida."[22] Logo, "o uso correto da imaginação", uma expressão que Arendt toma de empréstimo de Epíteto, é o único poder da atividade de pensar que é inteiramente nosso. Guarda-se um potencial criativo à imaginação[23].

PENSAR COM SÓCRATES:
ESPANTO (*WONDER*), CONSCIÊNCIA DE SI E DOXA

Sócrates é protagonista nas três discussões que considero preponderantes na atividade de pensar ao longo da obra da Arendt: espanto (*wonder*), consciência de si (*conscienceness*) e doxa. Primeiro, a atividade de pensar é descrita como espanto, uma atividade que suspende, interrompe a vida cotidiana. Segundo, a faculdade de pensar não deixa de ser um modo de ciência de si,

---

20 O papel da imaginação produtiva será analisado mais detalhadamente na discussão sobre a faculdade de julgar. A capacidade de imaginar implica necessariamente na ampliação do ponto de vista do outro. Acredito que a imaginação seja um dos aspectos-chave tanto da atividade de julgar quanto para formação de uma imaginação política.

21 *Entre o Passado e o Futuro*, p. 40 (BPF, p. 13).

22 *A Vida do Espírito*, p. 117 (LMT, p. 154).

23 Ibidem.

64 ÉTICA, RESPONSABILIDADE E JUÍZO EM HANNAH ARENDT

no sentido de "estar consciente de," de autoexame. E, por fim, guarda íntima relação com a atividade de julgar e com a doxa. Em todas as três interpretações, impera a ideia de que pensar é uma atividade que deve ser realizada na forma de exercício (áskesis), "um modo de vida" (*Lebensform*). Não é obra do acaso a escolha de Arendt por Sócrates[24] para ilustrar a atividade de pensar. Seus relatos sobre o pensar são permeados de premissas socráticas[25]. Para justificar a escolha por Sócrates[26], Arendt o caracteriza como alguém capaz de pensar sem ser um "pensador profissional" (*Denker von Gewerbe*)[27], para enfatizar que a faculdade de pensar não é a prerrogativa de alguns poucos ditos eruditos e especialistas, mas uma atividade acessível a todos, independente de sua condição cultural, educacional e social[28]. Além disso, Arendt esclarece que Sócrates encarna um modelo extinto na história da filosofia ocidental e da metafísica:

24 Aqui não é objeto de consideração o debate acadêmico em torno dos vários níveis de legitimidade atribuídos aos diálogos platônicos entre os escritos primeiros, intermediários e tardios do autor.

25 Minha abordagem da filosofia socrática em Arendt deve muito aos estudos sobre Sócrates realizados por Bruno Snell, Pierre Hadot e Alexander Nehamas, cujas análises iluminam diversos pontos que encontram um paralelo em Arendt. A semelhança entre as descrições de Sócrates encontradas em Arendt, em uma obra escrita por Snell em 1955, e por Hadot, é notável. B. Snell, *Die Entdeckung das Geistes*; P. Hadot, *Qu'est-ce que la philosophie antique?*; A. Nehamas, *The Art of Living*. Ver também: M.C. Nussbaum, *The Fragility of Goodness*.

26 Sobre a conversão de Sócrates, de figura histórica para um modelo, veja *A Vida do Espírito*, p. 126 (*LMT*, p. 167). Hannah Arendt estava ciente da dificuldade de utilizar uma figura histórica como modelo, mas acreditava que isso seria como utilizar "tipos ideais" weberianos. O modelo de Arendt é o Sócrates histórico em vez do Sócrates platônico. Sobre Arendt e seu uso de tipos ideais ver: T. Parvikko, *The Responsibility of the Pariah*.

27 Expressão tomada de empréstimo de Kant (*Kritik der reinen Vernunft* B871/A843). Cf. Pensamento e Considerações Morais, *Responsabilidade e Julgamento* (*RJ*).

28 Em *A Vida do Espírito*, fica claro que, de acordo com Arendt, "o pensamento em seu sentido não cognitivo e não especializado, como uma necessidade natural da vida humana, como a realização da diferença dada na consciência, não é uma prerrogativa de poucos, mas uma faculdade sempre presente em todo mundo; do mesmo modo, a inabilidade de pensar não é uma imperfeição daqueles muitos a quem falta inteligência, mas uma possibilidade sempre presente para todos – incluindo aí os cientistas, os eruditos e os outros especialistas em tarefas do espírito, *A Vida do Espírito*, p. 143 (*LMT*, p. 191). Em "Pensamento e Considerações Morais", Arendt destaca também que "a faculdade de pensar, em contraste com a sede de conhecimento, deve ser atribuída a todos; ela não pode ser considerada um privilégio de poucos". *Responsabilidade e Julgamento*, p. 243 (*RJ*, p. 425).

A ATIVIDADE DE PENSAR 65

O melhor, e na verdade o único modo que me ocorre para dar conta da pergunta, é procurar um modelo, um exemplo de pensador não profissional que unifique em sua pessoa duas paixões aparentemente contraditórias, a de pensar e a de agir. Essa união não deve ser entendida como a ânsia de aplicar seus pensamentos ou estabelecer padrões teóricos para a ação, mas tem o sentido muito mais relevante de estar à vontade nas duas esferas e ser capaz de passar de uma a outra aparentemente com a maior facilidade, do mesmo modo como nós avançamos e recuamos constantemente entre o mundo das aparências e a necessidade de refletir sobre ele.[29]

Sócrates personifica a mudança do clássico-arcaico para o pensamento moral helenístico pós-clássico. Para Arendt, o pensamento pós-clássico coincide com o começo de uma relação oblíqua entre filosofia e política, entre pensamento e ação. Sócrates é descrito como um "um cidadão entre cidadãos"[30], alguém que se sente à vontade nos dois âmbitos. Surge como um modelo que remete menos à tradição filosófica clássica do que a uma modalidade caracteristicamente pré-helênica de reflexão, descrita como um fluxo contínuo de perguntas e respostas, tornando possível a busca experimental pelo significado e pela compreensão diretamente relacionados à experiência. Arendt lança mão da metáfora da "tempestade de pensamento" de Heidegger para descrever Sócrates:

Durante toda a sua vida e até a hora da sua morte, Sócrates não fez mais do que se colocar no meio desta correnteza, desta ventania [do pensamento], e nela manter-se. Eis por que ele é o pensador mais puro do Ocidente. Eis por que ele não escreveu nada. Pois quem sai do pensamento e começa a escrever tem que se parecer com as pessoas que se refugiam, em um abrigo, de um vento muito forte para elas.[31]

A primeira acepção da faculdade de pensar é o espanto, melhor ilustrado por *Ménon*, que caracteriza Sócrates como uma *arraia-elétrica*[32], um peixe que paralisa e entorpece ao contato. A atividade de pensar socrática provoca perplexidade

29 *A Vida do Espírito*, p. 126 (*LMT*, p. 167).
30 *Responsabilidade e Julgamento*, p. 236 (*TMC*, p. 427).
31 Heidegger, *Was Heisst Denken?*, p. 52. Tradução citada em *A Vida do Espírito*, p. 131 (*LMT*, p. 174).
32 *A Vida do Espírito*, p. 129 (*LMT*, p. 172).

66   ÉTICA, RESPONSABILIDADE E JUÍZO EM HANNAH ARENDT

e desestabiliza padrões estabelecidos, como se o primeiro resultado do "*talking through*" socrático fosse suspender julgamentos quotidianos e ações diárias baseadas em valores e princípios sem inquirição[33]. Pensar desaloja os sujeitos de seus dogmas e regras cristalizadas de comportamento, deslocando-os da pura lógica epistêmica de meios e fins baseada em hábitos considerados como dados. É como se a faculdade de pensar capacitasse alocar-nos diante de uma *tabula rasa*, sem bem ou mal, sem certo ou errado, e ativasse as condições para reflexão independente, na forma de um diálogo consigo mesmo. Logo, o primeiro atributo do pensar é o espanto, provocar perplexidade, paralisar e interromper argumentos tidos como dados, particularmente a respeito de conceitos gerais como justiça, coragem e felicidade, que ganham outra intensidade quando suas descrições se atrelam obrigatoriamente às experiências concretas. Para Arendt, a dificuldade começa com o "nosso uso de substantivos, presumivelmente derivados daqueles adjetivos que aplicamos a casos particulares, assim como eles nos *aparecem* (*vemos* um homem feliz, *percebemos* o ato corajoso ou a decisão justa)", e batizamos em conceitos axiomáticos, que Sólon apelidou de "medida não aparente (*aphanes metron*)." Platão, posteriormente, titulou de "ideias perceptíveis apenas para os olhos do espírito"[34]. Arendt descreve esse empreendimento socrático como

---

33   Cf. D.R. Villa, *Politics, Philosophy, Terror*, p. 159.

34   *Responsabilidade e Julgamento*, p. 238, (*RJ*, p. 429). Nesse texto, publicado em 1971, Arendt não considera a noção de *doxa* e as suas implicações para sua distinção entre verdade como *aletheia* e doxa como um relato positivo da opinião. Aqui, a atividade de pensar é normalmente descrita pela autora como o espanto (*wonder*) que provoca perplexidade, uma atividade aporética. Arendt escreve "Ele [Sócrates] depurava as pessoas de suas 'opiniões', isto é, daqueles prejulgamentos não examinados que impedem o pensar [...], ajudando-os, como observa Platão, a se livrarem do que neles era ruim, as suas opiniões, sem, entretanto, torná-los bons, dando-lhes a verdade." Ibidem, p. 242 (*RJ*, p. 432). Esse parágrafo leva Villa a apontar uma contradição em Arendt acerca da noção de opinião entre "Thinking and Moral Considerations", de 1971, e "Philosophy and Politics", de 1954. Cf. D.R. Villa, Arendt and Socrates, *Philosophy, Politics, Terror*. Acredito que neste contexto, Arendt utiliza a noção de opinião no seu sentido mais comum, ou seja, como prejulgamento não examinado, o que também supõe a ideia de conceitos tidos como dados, doutrinas, definições etc. "Sócrates submetendo sua própria *doxa* às *opiniões* irresponsáveis" (grifo nosso). *Filosofia e Política*, p. 96-97 (*PP*, p. 74).

A ATIVIDADE DE PENSAR   67

Dialético e crítico porque ele se submete a esse processo de perguntas e respostas, ao diálogo do *dialegesthai*, o qual é, na verdade, uma "viagem através das palavras" (*poreuesthai dia tōn logōn*) em que constantemente levantamos a pergunta socrática básica: *o que você entende por...*? Só que este *legein*, este dizer é sem som e, portanto, é tão rápido que sua estrutura dialógica torna-se um tanto difícil de detectar.[35]

Antes de abordar de que forma a noção de consciência[36] contribui para a faculdade de pensar, é útil reconstruir a breve exegese que Arendt promove em *Basic Moral Propositions*. Nesse manuscrito de 1966, a autora apresenta quatro momentos recorrentes da noção de consciência: "consciência: como testemunha; como a minha faculdade de julgar, isto é, de distinguir o certo do errado; como aquilo que dentro de mim, e sobre mim, se submete a julgamento; e, finalmente, como uma voz interior, como, por exemplo, a voz bíblica de Deus que vem do exterior"[37]. A palavra consciência (*conscience*), empregada por Arendt, tem origem no grego *syn-eidenai*, cujo significado original remetia apenas à noção de consciência de si (*consciousness*), sem qualquer conotação particularmente moral, mas sim descrita como *con-scientia*: "Conheço comigo mesmo, ou, na medida em que conheço, estou consciente de que conheço."[38] Como tal, a consciência é retratada como confirmação da própria existência. Na sequência, Arendt aponta para o conceito de *conscientia* em Cícero, que lhe atribui uma conotação de

---

35 *A Vida do Espírito*, p. 139 (*LMT*, p. 185).
36 Uma nota sobre a tradução das terminologias. O termo *consciousness*, Arendt o distingue de *conscience*, e a distinção não tem equivalente em português, assim como também não o tem em outras línguas. *Consciousness* diz respeito ao fato de que, enquanto sou, sou consciente de ser eu mesmo, isto é, sou consciente de que sou, motivo pelo qual optou-se por traduzir o termo como "consciência de si". Ainda nesse sentido preciso, Arendt também emprega termos como "*aware of myself*", "*self-awareness*" e *self-consciousness*", traduzidos, respectivamente, como "estar ciente de mim mesmo", "ciência de si" e "autoconsciência". Já *conscience*, por sua vez, não diz respeito à consciência que acompanha todos os meus atos, mas está relacionada com o pensamento no sentido de ser um "subproduto" (*by-product*) ou efeito colateral derivado do exercício de minha capacidade de pensar. Em outras palavras, só tenho consciência *na medida* em que *exercito* minha capacidade de pensar.
37 "conscience: as witness; as my faculty of judging, i. e. of telling right from wrong; as what sits in judgment in myself over myself; and finally, as a voice in myself, an e. g.: the Biblical voice of God from without". *BMP*, p. 024608.
38 "I know with my self, or while I know I am aware that I know." Ibidem.

68 ÉTICA, RESPONSABILIDADE E JUÍZO EM HANNAH ARENDT

testemunha ao que está oculto, introduzindo o *dois-em-um* ou a *partilha de nós mesmos*. "Quanto estou sob juramento acerca de algo que está oculto a todos, devo relembrar que Deus é minha testemunha, e isso de acordo com Cícero significa '*my mind is my witness*' (In De Off. III, 44)."[39] Paulo reflete essa concepção ao apresentar a consciência como "testemunho e seus pensamentos que alternadamente 'se acusam ou se defendem' (Rm 2,15)"[40]. Ainda de acordo com Arendt, na Idade Média passa a existir uma distinção precisa entre a consciência como autotestemunha (*self-witness*) – "esse conhecimento de algo que ninguém sabe, exceto eu mesma"[41] – e a consciência como a faculdade de distinguir entre o certo e o errado, segundo a voz de Deus e da lei inata[42]. Aqui a consciência deixa de ser vista como *virtus operandi* e passa a ser considerada *iudicandi operandi*. A partir de Kant e Wolff, essa conotação moral-judicial se insere na filosofia alemã no séc. XVIII. Consciência "significa ambos: ser julgado e julgar, ou seja, distinguir o certo do errado. Daí a relevância da afirmação kantiana acerca de um 'duplo self', uma personalidade dupla no homem como pressuposto para julgar a si próprio – senão juiz e réu seriam uma única pessoa"[43]. Em *A Vida do Espírito*, Arendt avança o argumento ao assinalar que "essa consciência moral supostamente nos diz o que fazer e do que se arrepender, antes de se tornar o *lúmen naturale*, ou a razão prática de Kant"[44]. Com o autor de *Crítica da Razão Pura* se estabelece o papel da consciência em questões morais e legais, captada pela filosofia moral normativa do dever ser.

---

39 "When I am under oath for something that is hidden for all, I should remember that I have a God as witness, and this according to Cicero means: 'my mind is my witness'" (In the Off. III, 44). Ibidem.

40 *Bíblia de Jerusalém*, p. 1969 (Rm 2,14). Citado por Arendt, BMP, p. 024608.

41 "this knowledge of what no one knows except myself". Idem.

42 Aqui uma das referências mais significativas sobre lei inata (*innate law*) é John Lock.

43 "means both: to sit in judgment and to judge, to tell right from wrong. Whereby it is noteworthy that Kant speaks of a 'double self' a twofold personality in man as the presupposition for sitting in judgment over oneself – otherwise judge and defendant would be one." BMP, p. 024608.

44 *A Vida do Espírito*, p. 143 (LMT, p. 190). O *lúmen naturale* equivale ao *lumen naturalis rationis*.

A ATIVIDADE DE PENSAR

Arendt apenas se apropria do primeiro significado da noção de consciência, "conhecer consigo e para si mesmo", indicando que "muito tempo se passou antes que a língua separasse a palavra 'consciência' (*consciousness*) da 'consciência moral' (*conscience*); e em algumas línguas, como o francês, essa separação nunca foi feita"[45]. Se no vocabulário corrente a consciência tem um sentido legal e moral, a consciência de si é a palavra contemporânea para o antigo significado de consciência – "conhecer consigo e para si mesmo". É nesse sentido que Arendt recupera o legado socrático, ao descrever a consciência como sendo uma voz, antes conhecida como "a voz da consciência" – o *daimōn* socrático[46]. Diferentemente da *con-science*, o *daimōn* origina-se exteriormente e nunca nos dita o que fazer, supondo que não seja possível derivar um relato propositivo da moralidade. A consciência, nesse sentido, seria um subproduto (*by-product*), um produto da experiência de pensar. Os elementos-chave da discussão sobre a consciência em Arendt estão sujeitos ao fato de que a consciência é a testemunha daquilo que ninguém sabe, exceto nós mesmos. A característica primordial da consciência de si é a divisão de si mesma (*ego em auto*), o que transforma o indivíduo numa pluralidade. Mesmo ao adquirir um tom de obrigação moral e se converter em uma lei moral, como na filosofia normativa de Emmanuel Kant, a maior parte das conotações dadas à noção de consciência ainda preservam algum sentido de atividade reflexiva que se instaura no relacionamento do self com o self, um intercurso consigo mesmo.

De fato, na descrição da consciência baseada em Sócrates encontra-se o mais acabado retrato do self promovido por Arendt. O seu relato do pensamento socrático como autoexame é claramente exemplificado pela figura de Sócrates atuando como um moscardo (*gadfly*) na *Apologia* e cujo subproduto é a consciência. "A própria palavra *cons-sciência* (*con-science*), de qualquer modo, aponta nessa direção, na medida em que significa 'conhecer comigo mesma e por mim mesma', um tipo de

45 Ibidem.
46 O *daimōn* socrático ainda pode ser um caso de consciência, uma voz externa que só é capaz de dizer o que *não* fazer, criando obstáculos em vez de prescrições positivas. Na Idade Média, a consciência incluía declarações positivas, como a voz de Deus dentro de nós ou o *lumen naturale*, já incorporando regras e padrões morais e legais. Cf. *A Vida do Espírito*, p. 143, (*LMT*, p. 190).

70 ÉTICA, RESPONSABILIDADE E JUÍZO EM HANNAH ARENDT

conhecimento que se realiza em todo processo de pensamento"[47]. De certa maneira, a consciência nos faz aparecer *para* nós mesmos, introduz o elemento da pluralidade em nossa própria singularidade. É nesse sentido que Sócrates acreditava que aprender a pensar, e não apenas a aquisição de erudição, tornaria os atenienses melhores seres humanos. Daí a relevância política de Sócrates.

O terceiro elemento que identifico na análise da atividade socrática de pensar fomentada por Arendt conecta a experiência do pensamento à doxa, *dokei moi*, cuja principal figura metafórica é Sócrates como "parteiro" (*midwife*) em *Theatetus*. O ensaio escrito em 1954, "Filosofia e Política", relata de forma mais propositiva a atividade de pensar, ligando-a ao julgar e, consequentemente, à política. Arendt enfatiza a primazia da comunicabilidade e da pluralidade de diversos pontos de vista na construção de uma doxa própria, de uma visão particular e singular no mundo. A dialética socrática – aporética e dialógica de "discutir até o fim" (*talking something through*)[48] – não conduz o interlocutor a uma conclusão assertiva. Ao revés, o diálogo aporético cria a possibilidade de formular um ponto de vista derivado da própria prática dialética. Tanto em suas ilações socráticas quanto em sua leitura sobre a noção de imaginação (tanto a reprodutiva quanto a criativa) em Kant, a localização da racionalidade permanece crucial para Arendt, muito embora deixe de lado questões que versem sobre certeza e validade universal. Mesmo assim, a maneira como Arendt lida com a compreensão e com o significado não conflui em irracionalismo e nem em teorização abstrata[49]. Em *Theatetus*, Sócrates assume o papel de parteiro, cujas indagações e interrogatórios têm como intuito auxiliar seus interlocutores a formularem seus próprios pontos de vista, fazendo-os perceber que até então eles estavam apenas reproduzindo "autoevidências" não examinadas[50]. Sócrates reivindica "simplesmente o direito de

47 *Responsabilidade e Julgamento*, p. 228, (*RJ*, p. 418).
48 Cf. Filosofia e Política, p. 97 (PP, p. 80).
49 A. Nehamas nos alerta para a distinção grega entre o conhecimento derivado da prática dialética socrática e o "conhecimento como verdade verificável (*verifiable truth certain knowledge*), a partir de princípios autoevidentes, de dedução a partir de axiomas fundamentais. Isso requer necessidade e produz certeza." Op. cit., p. 74.
50 Cf. P. Hadot, op. cit., citando o *Theatetus* 150d.

A ATIVIDADE DE PENSAR 71

examinar as opiniões alheias, pensar sobre elas e pedir a seus interlocutores que fizessem o mesmo"[51].

De fato, com sua descrição de self, Arendt quer certificar nossa pluralidade interna. A atividade de pensar como ferramenta para construir o *doxai* provoca não apenas perplexidade, interrupção, mas também autoexame. Já abordado na discussão anterior sobre *aletheia*, para Arendt, Sócrates desvendou uma maneira de filosofar que não contrapõe a verdade à doxa – o que ela chama mais adiante de *dokei moi*, o que aparece para mim, o que a mim se revela. Vale a pena citar na íntegra a passagem na qual Arendt esclarece a doxa:

Essa doxa não tinha como tópico o que Aristóteles chamava de *eikos*, o provável, as muitas *verisimilia* (distintas de *unun verum*, a verdade única, por um lado, e das falsidades ilimitadas, as *falsa infinita*, por outro), mas compreendia o mundo como ele se abre para mim. Não era, portanto, fantasia subjetiva e arbitrariedade, e tampouco alguma coisa absoluta e válida para todos. O pressuposto era de que o mundo se abre de modo diferente para cada homem, de acordo com a posição que nele ocupa; e que a propriedade do mundo de ser o "mesmo", o seu caráter comum (*koinon*, como diziam os gregos, qualidade de ser comum a todos), ou "objetividade" (como diríamos do ponto de vista subjetivo da filosofia moderna), reside no fato de que o mesmo mundo se abre para todos e que a despeito de todas as diferenças entre os homens e suas posições no mundo – e, consequentemente, de suas *doxai* (opiniões) –, "tanto você quanto eu somos humanos".[52]

O fato é que para a autora o mundo comum não antagoniza com a singularidade do self. O espaço-entre objetivo do mundo dos artefatos, que garante comunalidade e objetividade, demonstra novamente que não é a certeza de uma racionalidade dada a priori que assegura a realidade. Logo, a dignidade do mundo aparente, que possui atributos políticos específicos, tais como pluralidade, comunicabilidade e diferença, não recusa a existência do campo da experiência do pensamento.

---

51 *A Vida do Espírito*, p. 127 (LMT, p. 168). Sobre a escolha de Sócrates por Arendt, veja M. Canovan, Socrates or Heidegger?, *Social Research*, v. 1, p. 135-165; J. Beatty, Thinking and Moral Considerations, *Journal of Value Inquiry*, n. 10; Catherine Vallée, *Hannah Arendt: Socrate et la Question du totalitarisme*; D.R. Villa, The Philosopher versus the Citizen, *Political Theory*, v. 26, n. 2, p. 147-172.

52 Filosofia e Política, p. 96-97 (PP, p. 80).

Acerca da imbricação entre verdade e opinião, a descrição arendtiana de Sócrates em "Filosofia e Política" não indica uma completa discrepância entre verdade e doxa e, consequentemente, entre a linguagem filosófica da dialética e a linguagem política da persuasão. Arendt contrasta a figura de Sócrates com a de Platão, particularmente o antagonismo entre a verdade e a opinião, para precisamente ilustrar dois possíveis diferentes papéis para a dialética. "A oposição entre verdade e opinião foi certamente a conclusão mais antissocrática extraída por Platão do julgamento de Sócrates". Ela continua:

No processo de reflexão sobre as implicações do julgamento de Sócrates, Platão chegou ao seu conceito de verdade, o oposto da opinião, e também à noção de uma forma de falar especificamente filosófica, *dialegesthai*, oposta à persuasão e à retórica [...] Embora seja mais do que provável que Sócrates tenha sido o primeiro a usar de forma sistemática a *dialegesthai* (discutir algo até o fim com alguém), ele provavelmente não a considerou o oposto ou mesmo a contrapartida da persuasão, e certamente não opôs os resultados de sua dialética à doxa, à opinião.[53]

Para Arendt, o abandono da certeza epistêmica é uma condição da filosofia socrática, embora permaneça ligada à busca do conhecimento e não ignore nem verdade material e fatual, nem responsabilidade de julgamento e opinião[54]. Essas características evocam a distinção grega entre conhecimento derivado da prática dialética socrática e o conhecimento derivado de princípios autoevidentes, conhecimento verificável deduzido a partir de axiomas fundamentais. Esse último tipo de conhecimento "requer necessidade e produz necessidade"[55]. Na formulação de Arendt sobre a atividade de pensar, a razão continua vital como o critério da consistência, como uma propriedade da lógica[56].

---

53 Ibidem. Cf. D.R. Villa, Arendt and Socrates, *Revue International de Philosophie*, v. 2, n. 208, p. 241-257; É. Tassin, *Le Trésor perdu*.

54 G. Vlastos, *Socrates: Ironist and Moral Philosopher*. Ver também *Socratic Studies*.

55 A. Nehamas, op. cit., p. 74. Discordo da afirmação de Nehamas de que a busca de Sócrates pelo conhecimento não foi teoricamente articulada e por isso é fraca e falível. Essa crítica seria válida se a experiência socrática de pensar alegasse possuir o mesmo tipo de certeza e validade universal do conhecimento baseado em axiomas sólidos, próprios de uma filosofia moderna pós-kantiana.

56 "Como sou um, para mim é melhor discordar de todos que estar em discórdia comigo mesmo." É a partir do pensamento contido na frase anterior, atribuída ▶

A ATIVIDADE DE PENSAR 73

O que Arendt rejeita é a certeza da razão e a lógica que reivindica a autoevidência, a autoridade universal e a aquiescência geral[57]. O modo de Arendt abordar compreensão e significado evita não apenas a irracionalidade e a abstração, mas também o subjetivismo arbitrariamente atomístico, pois a pluralidade, a publicidade e os pontos de vista dos outros permanecem no seu núcleo conceitual. "O método para fazê-lo é a *dialegesthai*, discutir até o fim; essa dialética, entretanto, não extrai a verdade pela destruição da doxa, ou opinião, mas, ao contrário, revela a doxa em sua própria verdade (*truthfulness*)."[58] A verdade como *aletheia* não é contrária à opinião; esta última não é senão a formulação discursiva de como o mundo aparece para cada um de nós, ou seja, uma experiência singular emergida de um mundo comum. Em "Filosofia e Política", Arendt descreve a *maiêutica* socrática como uma atividade política que conduz não a verdades gerais, mas à doxa do cidadão. É a fidelidade a esta revelação que a experiência do pensamento proporciona.

O *MODUS OPERANDI* DA ATIVIDADE DE PENSAR: UM DIÁLOGO CONTÍNUO COM OS OUTROS

É relevante esclarecer algumas dificuldades preliminares. Em muitos de seus textos de meados dos anos de 1960 sobre moral[59], Arendt descreve a atividade de pensar não apenas como espanto, mas também, e mais frequentemente, como consciência, fazendo do self uma referência central de uma ética que chama de "ética de emergências", ou uma ética da não participação. Nesses textos,

> ▷ a Sócrates em *Gorgias* (482), que Arendt nos diz que: "tanto a Ética ocidental, com seu acento no acordo com a própria consciência, como a Lógica, com sua ênfase no axioma da contradição, estabeleceram seus fundamentos". Ver *A Crise na Cultura, Entre o Passado e o Futuro*, p. 274 (*BPF*, p. 220).

57   Um exemplo que ilustra bem a relocação do papel da lógica na noção de verdade é a virada linguística promovida por Wittgenstein de seu *Tractatus Logico-Philosophicus* (identificação da verdade como a plena certeza lógica), para a linguagem, em *Philosophical Investigations*.

58   Filosofia e Política, p. 97 (*PP*, p. 81).

59   Cf. Personal Responsibility under Dictatorship, em 1964; Some Questions of Moral Philosophy, em 1965; Basic Moral Propositions, em 1966; Truth on Politics, em 1971. Em todos esses ensaios, a doxa como "o que parece para mim", a base da opinião, não é mencionada como um atributo do pensamento socrático mas sim relacionada à faculdade de julgar.

74   ÉTICA, RESPONSABILIDADE E JUÍZO EM HANNAH ARENDT

nas passagens nas quais Sócrates é mencionado, Arendt não descreve a doxa como sendo um atributo da atividade de pensar, tal como no ensaio de 1954 "Filosofia e Política", nem discute a verdade como *aletheia*, como "aquilo que é revelado". Tais apropriações da atividade de pensar passam a operar na autora por meio da noção de aparência, na qual Arendt desloca a noção da verdade do campo da *noumena* para o campo *doxic* da ação. A autora parece oscilar entre uma figura de Sócrates capaz de preservar a relação ainda intacta entre a política e a experiência especificamente filosófica, na qual localiza a opinião no núcleo da noção de verdade como *aletheia*, e, por outro, a imagem de Sócrates como protagonista de "conselhos da consciência" marcadamente antipolítico, delimitando assim uma fronteira bem nítida entre o sujeito e a comunidade política.

Creio que, em seus ensaios mais tardios sobre a moral, Arendt passa a atribuir a noção de doxa à faculdade de julgar. Desta forma, nas próximas seções irei analisar o self como referência à atividade de pensar, deixando a discussão da doxa para o capítulo sobre julgamento, sem perder de vista o texto de 1954. A intrigante relação entre self e doxa faz suscitar qual seria o papel do self atribuído por Arendt na faculdade de pensar que não remeta à tão aclamada crítica promovida pela própria autora, ou seja, que não remeta a uma noção de self baseada em padrões morais. E, por consequência, a indagação sobre de que forma o self da atividade de pensar arendtiano contribuiria para uma compreensão da moral na autora.

Arendt toma de empréstimo de Sócrates duas proposições que acabam por revelar as propriedades-chave de seu relato sobre a atividade de pensar: consistência e pluralidade. A primeira proposição é: "é melhor sofrer o mal do que o cometer"; e a segunda: "Eu preferiria que minha lira, ou que um coro por mim dirigido, desafinasse e produzisse ruído desarmônico e [preferiria] que multidões de homens discordassem de mim do que eu, *sendo um*, viesse a entrar em desacordo comigo mesmo e contradizer-me."[60] Arendt então esclarece: "Se há algo no pensamento que possa impedir os homens de fazer o mal, esse algo deve ser alguma propriedade *inerente*

---

60   As citações de Arendt são extraídas de *The Collected Dialogues of Plato*, (*Gorgias*, 474b, 482c). *A Vida do Espírito*, p. 136 (*LMT*, p. 181).

à *própria atividade*, independentemente dos seus objetos."[61]
Logo, pluralidade e consistência, os principais atributos da
análise socrática de Arendt sobre a faculdade de pensar, derivam necessariamente do próprio *ato* de pensar.

Não se pode negar que, ao usar as proposições socráticas,
Arendt faz do self uma plataforma significativa para suas considerações sobre a atividade de pensar. Absorve a noção socrática de um self baseado em pluralidade e consistência. Sócrates
figura como fonte de um novo veículo conceitual para a personalidade do sujeito ocidental, na qual o self suporta "a medula
da consciência"[62]. Para a autora, Sócrates fora representativo do
último cidadão da polis grega na qual ética remetia a uma práxis da vida coletiva. Ao contrário de suas concepções moder-
nas, o self socrático é descrito por Arendt como a transposição
do ideal público político para a dimensão da singularidade. O
self socrático abrange as noções de vida pública, alteridade,
publicidade e ponto de vista dos outros.

O fato de Sócrates ser descrito ao mesmo tempo como cidadão da *polis* e como precursor de uma consciência ética é determinante para elucidar o interesse, nos anos de 1960, de Arendt
sobre o self; a começar pela própria noção de pluralidade. O
método dialógico é o *modus operandi* da faculdade de pensar,
traduzido para uma linguagem conceitual como o diálogo mudo
eme emauto – entre o eu e o eu mesmo (*me and myself*) – o qual
Platão concebeu como o *dois-em-um* (*two-in-one*). Na forma
de um "diálogo sem palavras," a atividade de pensar hipotetica-
mente pressupõe uma espécie de pluralidade potencial, renovada
em cada estágio do diálogo, no qual todos os pontos de vista
estão suscetíveis ao escrutínio. "O fato de que o estar-só [*solitude*], enquanto dura a atividade de pensar, transforma a mera
consciência de si [...] em uma dualidade é talvez a indicação
mais convincente de que o sujeito existe no plural."[63] Para Arendt,
é exatamente essa dualidade que faz da faculdade de pensar
uma atividade de fato, uma atividade dialética e crítica na qual

---

61 *A Vida do Espírito*, p. 135 (LMT, p. 180). (Grifo nosso.)
62 Cf. Werner Jaeger, *Paideia: Die Formung des griechischen Menschen*. Traduzido para o inglês por Gilbert Highet, *Paideia: The Ideals of Greek Culture –
Volume II. In Search of the Divine Centre*.
63 *A Vida do Espírito*, p. 139 (LMT, p. 185).

estamos constantemente submetidos a processos de questionamento, antecipando uma variedade de perguntas e respostas.

Esse pensar dialógico implica na experiência de imaginar o ponto de vista dos outros para a disposição do próprio ponto de vista, o que enuncia que o nosso ponto de vista não pode ser considerado independente de outros em nenhum modo de diálogo[64]. Muito embora o diálogo com si mesmo fosse comum na Antiguidade[65], Arendt atribui particularmente a Sócrates a correlação entre o relacionamento com nós mesmos e o relacionamento com os outros. Como o modo mais elevado de discurso é o diálogo, pensar é uma forma de reflexão dialógica por meio do qual o *eu* examina o *eu mesmo*. Logo, a pluralidade é um aspecto comum tanto do discurso como do pensamento[66]. Ao se referir à faculdade de pensar em Arendt, Parekh menciona que pensar é falar consigo mesmo, e falar é pensar com outros[67]. Chama a atenção que a pluralidade do self arendtiano de ser outro para si mesmo implica necessariamente que a minha própria singularidade se forma a partir da internalização do ponto de vista dos outros, da internalização da diferença.

Chamamos de consciência (literalmente, "conhecer comigo mesmo", como vimos) o fato curioso de que, em certo sentido, eu também sou para mim mesmo, embora quase não apareça para mim – o que indica que o "sendo um" socrático não é tão pouco problemático quanto parece; eu não sou apenas para os outros, mas também para mim mesmo; e, nesse último caso, claramente eu não sou apenas um. Uma diferença se instala na minha Unicidade.[68]

A consciência de Sócrates, atualizada no estado de *solitude*[69], pressupõe necessariamente alteridade. Não sugere, todavia, uma consciência kantiana, um estado de alerta que acompanhe e garanta a continuidade das nossas representações e nos permite permanecer abstraídos de nós mesmos. Por meio da alteridade dialógica, apareço para mim mesmo; logo, posso ser *outro* para

---

64 P. Hadot, op. cit., p. 100.
65 Ibidem. Como foi indicado por Hadot, Pirro, Horácio e Epiteto são exemplos dessa prática de diálogo com si mesmo.
66 Cf. BMP, p. 024619.
67 B. Parekh, *Hannah Arendt and the Search for a New Political Philosophy*, p. 94.
68 *A Vida do Espírito*, p. 137 (LMT, p. 183).
69 Ver ainda neste capítulo, no próximo tópico, a distinção entre solitude e solidão.

A ATIVIDADE DE PENSAR 77

mim. Na atividade de pensar socrática, Arendt esclarece que a antecipação de um diálogo com os outros é pressuposta, pois ainda que descrito como uma atividade interna, nunca exclui a externalidade do mundo da experiência:

A realização, especificamente humana, da consciência no diálogo pensante de mim comigo mesmo, sugere que a diferença e a alteridade, características tão destacadas do mundo das aparências tal como é dado ao homem, seu habitat em meio a uma pluralidade de coisas, são também as mesmas condições da existência do ego mental do homem, já que ele só existe na dualidade.[70]

Mas, até que ponto essa chamada pluralidade do self, atribuída à atividade de pensar, de fato inclui a pluralidade do ponto de vista do outro? Decerto, a pluralidade continua sendo crucial à experiência da alteridade, da mesma forma que diferença não poder ser experimentada na identidade. O self não experiencia a diferença exclusivamente por meio de uma relação interna, mesmo que seja uma distintividade que acessa representações, experiências ou memórias. Indica, no mínimo, que a pluralidade do self carece de um nível mais concreto de alteridade. "O que o pensamento torna real, no meio desse processo infinito, é a diferença na consciência, diferença dada como um simples fato bruto (*factum brutum*) na consciência."[71] Preponderante é ressaltar que tal descrição arendtiana permite que a atividade de pensar opere uma internalização constante da diferença sem necessária substancialização, e, por conseguinte, sem objetificação dos pontos de vista dos outros. O processo mesmo de unificação do sujeito passa pelo exercício constante de desobjetificação do outro[72].

A pluralidade dialógica socrática interna realiza a mediação entre a natureza solitária do pensar com a "infinita pluralidade que é a lei da Terra"[73]. Uma versão mais arejada desse tipo de

70 *A Vida do Espírito*, p. 140 (*LMT*, p. 187).
71 Ibidem.
72 Este aspecto será melhor explorado no capítulo sobre julgamento e imaginação criativa.
73 *A Vida do Espírito*, p. 140 (*LMT*, p. 187). Em outra passagem: "A vida do espírito na qual faço companhia a mim mesmo pode ser sem som; mas nunca é silenciosa; e jamais pode se esquecer completamente de si, pela natureza reflexiva de todas suas atividades." p. 59, (*LMT*, p. 75).

78 ÉTICA, RESPONSABILIDADE E JUÍZO EM HANNAH ARENDT

self baseado na pluralidade e alteridade pode ser encontrada no pensamento de George Herbert Mead, que indica que a tradição filosófica ocidental condenou o self a ser "um elemento independente e mais ou menos isolado, uma espécie de entidade que poderia concebivelmente existir por si só"[74]. O modo pelo qual Arendt aborda a atividade de pensar se aproxima de uma espécie de "self reflexivo"[75], para usar a expressão cunhada por Mead – um self coletivo que não é dado desde a nascença, mas que surge e se desenvolve por meio de relações interpessoais, atividades e experiências sociais. Nesse contexto, reflexão significa o oposto de solipsismo, ser visto somente por si mesmo. Ao contrário, é a base sobre a qual o sujeito pode se tornar um outro para si mesmo e não somente um si de si mesmo,

assim como outros indivíduos são objetos para ele ou para suas experiências; ele se torna um objeto também para si próprio apenas apreendendo para si os comportamentos de outros indivíduos dentro de um ambiente social ou um contexto de experiência e comportamento nos quais ambos, ele e os outros, estão envolvidos[76].

Tornar-se uma alteridade para si mesmo – um self reflexivo – sugere uma comunicabilidade que envolve tanto a si mesmo quanto aos outros[77].

Aludindo a Lessing, Arendt relaciona o self pensante diretamente ao self engendrado na ação. "Para Lessing, o pensamento

---

74   G.H. Mead, *Mind, Self, & Society*, p. 165. Veja também: J. Habermas, Individuation Through Socialization, *Postmetaphysical Thinking*, p. 149-204. Agradeço a Jay Bernstein por ter chamado atenção para a similaridade entre o relato de Arendt sobre o self e a noção do self reflexivo de Mead. Contudo, ressalto uma diferença substancial entre Mead e Arendt. Em Mead a internalização das regras do jogo remete à própria internalização de um horizonte normativo. Em Arendt, embora o mundo comum cumpra um papel de comunalidade fenomenológica, ele não apresenta elementos suficientes para se afirmar como um horizonte normativo. Daí se poder falar de um self arendtiano que desobjetifica o outro.

75   "O self é algo que possui um desenvolvimento, não é algo que está lá desde o início, com o nascimento, mas que surge no processo de experiência social e atividade, isto é, que se desenvolve em dado indivíduo como o resultado de suas relações com aquele processo como um todo e com outros indivíduos inseridos naquele processo." G.H Mead, op. cit., p. 135.

76   Ibidem, p. 138.

77   *Consciousness* aqui significa o simples uso de certos mecanismos, organismos e poderes físicos. Ibidem, p. 165.

A ATIVIDADE DE PENSAR 79

não brota do indivíduo e não é a manifestação de um eu (self). Antes, o indivíduo – que Lessing diria criado para a ação, não para o raciocínio – escolhe tal pensamento porque descobre no pensar um outro modo de se mover em liberdade no mundo."[78] A alteridade do self promove uma nova forma de abertura para a relação entre atividade de pensar e experiência do mundo. É nesse sentido que pluralidade e alteridade de pensar pressupõem o espaço-entre subjetivo (*subjetive in-between space*), a complexa teia de relacionamento entre os atores, ressaltados por Arendt em *A Condição Humana*. Existe também uma teia, um espaço relacional interno no qual, na medida em que interpelo a mim mesmo, crio em mim um espaço para o outro. Parekh estabelece uma boa analogia: "Arendt acentua que ao mesmo tempo em que o discurso estabelece um espaço *entre* os homens, também cria um espaço *no* homem. Não sou capaz de me engajar em uma comunicação razoável com você sem que nós dois pensemos e, como vimos, pensar é criar espaço *em* nós mesmos."[79] À descrição de Pareck acrescentaria que esse espaço pode ser criado somente sob os auspícios da pluralidade e da alteridade, por meio da introdução da diferença no próprio self, e não somente a partir da identidade. De modo que a pergunta-chave aqui não é o que tenho em comum com o outro, mas como, no experimento do pensamento, me aproximo do outro em sua alteridade. A partir dos apontamentos de Hannah Arendt sobre o self, inerente à atividade de pensar, é possível reivindicar um processo de subjetivação, no qual a experiência contínua de alteridade seja vital à constituição do próprio sujeito.

O PRINCÍPIO SOCRÁTICO DA CONSISTÊNCIA: A REFLEXÃO QUE OBSTACULIZA A AÇÃO

Arendt menciona o segundo predicado do pensar, a consistência, como o único critério que Sócrates atribui à faculdade de

---

78 *Homens em Tempos Sombrios*, p. 16 (MDT, p. 9).
79 B. Parekh, op. cit., p. 90-91. "Até mesmo tal atividade pouco mundana, o pensar, é necessariamente pública em caráter e requer tanto um público espectador como um espaço onde eu possa aparecer para mim mesmo." Nesse texto, Parekh discute em termos de uma "pluralidade interna".

pensar: "o ser consistente consigo mesmo, (*homologein autos heauto*)". E, por conseguinte, "o estar em contradição consigo mesmo, (*enantia legein heauto*), de fato significa tornar-se seu próprio adversário"[80]. A consistência, um atributo que se aplica principalmente à certeza lógica, não é a única condição necessária do pensar *per se*. Figura também como necessária para a formação da doxa de cada um de nós[81]. Ao desalojar a consistência da epistemologia lógica e redirecioná-la ao domínio da experiência, Arendt deflaciona os argumentos de Sócrates de suas deliberações puramente teóricas aplicadas à moral e os reinterpreta como os melhores subprodutos (*by-product*) da atividade de pensar[82]. "Chega a parecer que aquilo que somos tentados a compreender como uma proposição puramente moral, na verdade tem origem na experiência do pensar enquanto tal."[83]

---

80 *Protagoras*, 339c.; *A Vida do Espírito*. p. 139 (*LMT*, p. 186)

81 Estou de acordo com a opinião de Gregory Vlastos sobre a ausência de uma teoria epistemológica no *elenchus* socrático, mesmo considerando que a consistência pode funcionar como uma base confiável da verdade socrática, ou seja, da doxa de Sócrates. Donald Davidson defende esse argumento de Vastos na sua teoria do conhecimento. O autor simpatiza com a ideia de Vlastos de que a consistência é suficiente para se estabelecer a verdade. Davidson nos diz: "Como Vlastos nos explica, o mundo *elenchus* cria a verdade simplesmente assegurando a coerência dentro de um conjunto de crenças; se pudéssemos pressupor que em cada um de nós há sempre crenças verdadeiras inconsistentes com o falso [...] acredito que há bons motivos para crer que a suposição seja verdadeira – verdadeira o suficiente, de todo modo, para que quando nossas crenças sejam consistentes seja possível garantir que nas questões mais amplas elas sejam verdadeiras." Plato's Philosopher, *London Review of Books*, ago. I, 1985:16, p. 15-16, apud G. Vlastos, *Socrates: Ironist and Moral Philosopher*, p. 15.

82 Aqui não está sendo levado em consideração se e até que ponto trata-se de lidar com noções universais, previamente dadas, de certo e errado. Mesmo assim, vale a pena enfatizar que essas duas declarações tiradas de *Gorgias* nos conduzem a duas direções, ambas salientando o self. Primeiramente, no sentido moral, *é melhor para mim* sofrer o mal do que cometê-lo porque já foi estabelecido que existe um compromisso para fazer o bem (por escolha própria ou por dever universal). Em segundo lugar, ela evita discutir a existência ou inexistência de uma noção universalmente válida do bem. Arendt estava chamando atenção ao *para mim* nas duas declarações, "Quanto à primeira, trata-se de uma afirmação subjetiva que significa ser melhor *para mim* sofrer o mal do que fazer o mal, a qual é contestada pela afirmação oposta, igualmente subjetiva, mas que obviamente soa muito mais plausível." *Responsabilidade e Julgamento*, p. 250, (*RJ*, p. 440).

83 *A Vida do Espírito*, p. 137 (*LMT*, p. 183). "Como sou um, para mim é melhor discordar de todos que estar em discórdia comigo mesmo." A partir desta ▶

A ATIVIDADE DE PENSAR 81

O receio de se contradizer surge de um testemunho antecipado, da previsão de que os outros estarão esperando por nós. Como Hadot explica referindo-se a Marco Aurélio, "ele se encoraja a 'abandonar a si próprio', o que equivale, diz ele, a 'abandonar seus pensamentos', aquilo que as pessoas dizem ou fazem, tudo aquilo que ele fez ou disse no passado"[84]. Para evitar essa situação, o que se tem que fazer, de acordo com Arendt, é de fato nunca dar início ao diálogo silencioso da atividade de pensar, no qual literalmente voltamos para casa e avaliamos nossas ações e pronunciamentos. "Uma pessoa que não conhece essa interação silenciosa (na qual examinamos o que dizemos e fazemos) não se importa em contradizer-se, e isso significa que ela jamais quererá ou poderá prestar contas do que faz ou diz; nem se importará em cometer um crime, já que pode estar certa de esquecê-lo no momento seguinte."[85]

Para a autora, na atividade de pensar o sujeito se defronta com o que Kant chamou de "tribunal da consciência"[86]. A possibilidade de discordar de nós mesmos já implica em pluralidade quando ativamos essa faculdade, sugerindo que nós não somos *Um* quando estamos na companhia de nós mesmos. Em outras palavras, somos capazes de "estar consigo mesmo na alteridade" (*being with oneself in another*), na medida em que somos dotados de um self constituído na pluralidade das interações sociais. A capacidade de criar um espaço de "aparência",

▷ frase, atribuída a Sócrates em *Gorgias*, Arendt salienta que "tanto a ética ocidental, com seu acento no acordo com a própria consciência, como a Lógica, com sua ênfase no axioma da contradição, estabeleceram seus fundamentos". A crise na cultura, em: *Entre o Passado e o Futuro*, p. 274 (*BPF*, p. 220).

84 "Il s'exhorte lui-même à 'séparer de lui-même', c'est-à-dire, dit-il, de 'sa pensée', ce que les autres font ou disent, ce qu'il a lui-même fait ou dit dans le passé." P. Hadot, op. cit., p. 293.

85 *A Vida do Espírito*, p. 143 (*LMT*, p. 191). Em outra passagem, "No fundo, é essa consideração bastante simples sobre a importância do acordo de uma pessoa consigo mesma que o Imperativo Categórico de Kant recorre. Subjacente ao imperativo 'aja apenas segundo uma máxima tal que você possa ao mesmo tempo *querer* que ela se torne uma lei universal' está a ordem: 'não se contradiga'. Um assassino ou um ladrão não podem querer que mandamentos como 'tu matarás' ou 'tu roubarás' se tornem leis válidas para todos, já que eles temem, evidentemente, pela própria vida e pela propriedade. Quem abre uma exceção para si mesmo se contradiz"; ibidem, p. 141 (*LMT*, p. 188).

86 "Épocas posteriores deram ao sujeito que espera Sócrates em casa o nome de 'consciência moral'. Perante o tribunal, para adotar a linguagem kantiana, temos que comparecer e explicar-nos." Ibidem, p. 142 (*LMT*, p. 190).

82 ÉTICA, RESPONSABILIDADE E JUÍZO EM HANNAH ARENDT

de alteridade dentro de e para si mesmo, assume a forma de diálogo. Nesse sentido,

> não é a atividade de pensar que constitui a unidade, que unifica o dois--em-um; ao contrário, o dois-em-um torna-se novamente *Um* quando o mundo exterior impõe-se ao pensador e interrompe bruscamente o processo do pensamento. Quando o pensador é chamado de volta ao mundo das aparências, onde ele é sempre *Um*, é como se a dualidade em que tinha sido dividido pelo pensamento se unisse, violentamente, voltando de novo à unidade[87].

Ao assumir a premissa de que o ato de contradizer-se a si mesmo implica no confronto com um adversário, Arendt elabora uma versão intricada do princípio da não contradição. "E embora possamos sempre levantar objeções contra a palavra externa, nem sempre podemos fazê-la contra o *discurso interior*, porque o parceiro é a própria pessoa, e é impossível que eu queira tornar-me meu próprio adversário."[88] A autora advoga como um dos poucos critérios da atividade de pensar a não contradição no diálogo interno[89]. Apesar da condição para o exercício de pensar ser o dois-em-um, Arendt argumenta que a harmonia é a condição desse diálogo: os dois têm que ser amigáveis. Se o *modus operandi* do processo de pensar é um diálogo, estar em contradição consigo mesmo – *enantia legin heauto*[90] – implica na aquisição de um adversário. Seguindo essa linha de raciocínio, Arendt enfatiza que o critério do diálogo, de acordo com a sua natureza, é uma certa simetria que permite a continuação do processo dialético, do mesmo modo quando se discorda do seu parceiro, até o ponto no qual o nível de discordância literalmente interrompe o diálogo. Ao pensar nos tornamos nosso próprio parceiro e também nossos potenciais adversários. Interromper este diálogo implica em interromper a atividade de pensar. Como Taminiaux esclarece:

---

87   Ibidem, p. 139 (*LMT*, p. 186). Para mais detalhes sobre o processo de pensar dois-em-um, veja também "Filosofia e Política" e "Desobediência Civil", em *Crises of the Republic*.

88   A Vida do Espírito, p. 139 (*LMT*, p. 186).

89   Arendt também cita o axioma de Aristóteles de não contradição para argumentar em favor do mesmo critério, i.e., que o indivíduo não pode se tornar o próprio adversário.

90   *Protagoras*, 339b, 340b.

A ATIVIDADE DE PENSAR   83

Pensar significa agir de tal modo que os interlocutores do *dois-em-um* cheguem a um acordo e sejam amigos. Pois quem seria amigo de um assassino? O imperativo categórico de Kant reivindica nada mais que a obtenção do acordo com nós mesmos. Tal acordo, segundo Arendt, pressuporia a atividade de pensar. A banalidade do mal está ligada ao fato de que aqueles que se permitem levar por ele não se importam em entrar em acordo ou desacordo consigo mesmos, isto porque são incapazes de fazer companhia a si próprios.[91]

À primeira vista, a ênfase no princípio da não contradição como critério basilar da atividade de pensar alude a uma definição rudimentar e fácil de ser contestada. A crítica mais

---

91 J. Taminiaux, *The Thracian Maid and the Professional Thinker*, p. 138. Arendt utiliza Ricardo III como a figura representativa do *eu-sou-eu* e Eichmann como o modelo da ausência do *dois-em-um*. Num exemplo surpreendente da "tentativa" de dialogar com o self, Ricardo III diz para si mesmo: "De que estou com medo? De mim mesmo? Não há mais ninguém aqui: / Ricardo ama Ricardo: isto é, eu sou eu./ Há um assassino aqui? Não. Sim, eu: Então fujamos! Como? De mim mesmo? Boa razão essa:/ Por medo de que me vingue. Como? Eu de mim mesmo? Ora! Eu me amo. Por quê? Por algum bem / Que possa ter feito a mim mesmo? / Mas não, ai de mim! Eu deveria me odiar / Pelos atos execráveis cometidos por mim! / Sou um canalha. Não, minto; eu não sou? Idiota, falas bem de ti mesmo: idiota, não adules" (Tradução livre de Antônio Abranches e Cesar Augusto R. de Almeida). *A Vida do Espírito*, p. 142 (*LMT*, p. 189). Ricardo III se pergunta se está com medo de estar sozinho, na companhia de si mesmo. Como pode ele estar com medo de si mesmo se ele gosta de si mesmo e se ele é amigo de si mesmo? Mas se há um assassino dentro dele, ele deve se odiar. De acordo com Arendt, a discordância no diálogo interno de um indivíduo interrompe o processo de pensar. "O diálogo do pensamento só pode ser levado adiante entre amigos, e seu critério básico, sua lei suprema, diz: *não se contradiga*." (Grifo nosso.) *A Vida do Espírito*, p. 142, (*LMT*, p. 189). No caso de Ricardo III, o amigo que ele ama e o adversário que ele odeia são a mesma pessoa: ele mesmo. Arendt então cita o diálogo subsequente, no qual Ricardo III escapa de sua própria companhia. Ela utiliza a palavra consciência – palavra também utilizada por Shakespeare no trecho abaixo – no sentido muito preciso de conhecer consigo e para si mesmo. Ricardo III se justifica dizendo: "Consciência é apenas uma palavra que os covardes usam,/ Inventada antes de mais nada para infundir temor nos fortes." (Tradução livre de A. Abranches e C.A.R. de Almeida.) De acordo com Arendt, Ricardo III exemplifica o indivíduo que se crê ser estritamente Um, *eu-sou-eu*, no qual nenhum obstáculo vindo da consciência requer a divisão da alteridade e um self plural e comunicativo. Se a não contradição implica uma relação sistemática de fins-meios dirigida à ausência do pensar e do mal, à conexão central entre a moralidade e o pensar, pode se dizer que, no caso de Ricardo III, a capacidade ilimitada para o mal vem do *eu-sou-eu*, cuja ambição egoísta para atingir seus objetivos não tem limites ou obstáculos pois ela nunca se torna o *dois-em-um*. Ele nunca inicia o processo no qual a consciência é atualizada. Ibidem.

84 ÉTICA, RESPONSABILIDADE E JUÍZO EM HANNAH ARENDT

frequente a essa inflexão arendtiana tem sido apontar a possibilidade de conviver consigo mesmo, manter o diálogo interior e ser um assassino, de forma a justificar as circunstâncias e necessidades do ato. Contudo, a própria autora está ciente desta possibilidade quando, no texto de 1970, *Desobediência Civil*, esclarece que

a validade das proposições socráticas depende da espécie de homem que as profere e da espécie de homem a quem é dirigida. São verdades autoevidentes para os homens enquanto seres pensantes; para os que não pensam, os que não se comunicam consigo mesmos, elas não são autoevidentes, tampouco podem ser provadas[92].

Ou seja, na concepção de Arendt, tal exercício de ciência de si nunca pode ser generalizado, sua validade é sempre subjetiva. Ao citar o exemplo de Camus, que enfaticamente recomenda a necessidade da resistência diante da injustiça "em nome da própria saúde do indivíduo resistente", fica claro que não resistir à injustiça só adoeceria o sujeito cuja injustiça molesta a consciência. Daí o problema, para a autora, de se estabelecer critérios morais e políticos a partir da experiência da atividade de pensar. Todavia, ainda no mesmo texto, em uma nota de rodapé, chama atenção a clara distinção que a autora estabelece entre verdade e qualidade de argumentos. Alerta para a requintada armadilha que a capacidade de argumentar dispõe sobre a verdade. Ou seja, a verdade não pode tampouco ser "provada" pela sofisticação e habilidade dos argumentos. É mais do que provável que se possa advogar causas de injustiça com grande oratória, nas quais, por vezes, nem o próprio argumentador esteja convencido, mas convença os outros com aprimorada eloquência[93]. Ao enfatizar a pluralidade e a consistência como atributos da atividade de pensar, Arendt questiona como essa faculdade pode prevenir os sujeitos a aderirem de forma aleatória a qualquer padrão moral, social ou legal. Como pensar não conduz nem a princípios morais nem a pressuposições lógicas, mas sim à capacitação de uma atividade, o que está em jogo é o próprio exercício da atividade de pensar de forma independente.

92 *Crises da República*, p. 60 (CR, p. 63). (Tradução nossa, modificada.)
93 Na contramão das populares teorias da argumentação, cuja construção e legitimação da verdade se dá com base na força do melhor argumento.

UM PARCEIRO PARA PENSAR,
UMA TESTEMUNHA NA AÇÃO

Ainda assim, em última instância, não seria suficientemente convincente afirmar que a consistência é uma "condição *sine qua non*" da atividade de pensar, e menos plausível ainda deduzir que aquele que pensa necessariamente não seria capaz de fazer o mal. Acredito que Arendt faz um uso deflacionado da noção de não contradição, ou seja, não é uma condição necessária (*necessarily enforced condition*) que invariavelmente evita a má conduta. O que me parece estar em jogo aqui são algumas implicações notáveis desse princípio socrático de consistência para localizar a atividade de pensar no projeto político-filosófico de Hannah Arendt. Pressupõe que a consistência é a chave para "filling out man with obstacles". A consistência é justamente uma condição da memória, de forma a garantir a lembrança das formas de agir. Para a autora, a atividade de pensar atualiza o dois-em-um (*two-in-one*) socrático, ou seja, se atualiza nesse ato *de ciência de si* (*conscience*). Mas como esse *dois-em-um* é, de fato, uma estrutura mental, se atualiza implicitamente na forma *o eu-sou-eu* (*I-am-I*). "Esta consciência é um pressuposto da memória, com a qual Agostinho chega a identificá-la. Na medida em que a memória é realizada, ela já é um processo de pensamento – um processo de lembrança."[94]

Ao traçar um paralelo entre o sentimento de dor e a atividade de pensar, Arendt infere que se nós não fôssemos dotados de memória e consciência, a dor seria completamente esquecida, assim que a experiência de dor cessasse. Pela mesma razão, "seríamos absolutamente desastrosos em todas as nossas atividades se não tivéssemos a capacidade de pensar – isto é, se depois de ter feito qualquer coisa não tivéssemos que retornar a nós mesmos"[95]. Isto demanda a *atividade* de pensar, um *insight* da *experiência fatual do ego pensante*, pois o que está em jogo não é a aquisição de um princípio ou saber específico, mas sim a aquisição permanente de uma performance, de uma atividade. "De certo modo, podemos dizer: assim como a memória, e, portanto, o medo da dor ou da morte, estabelece

94 *BMP*, p. 024618.
95 Ibidem.

um limite para nossa coragem, constitui um obstáculo para aquilo que possamos vir a ousar fazer; assim também, o processo de pensamento coloca um obstáculo no nosso caminho daquilo que vamos fazer."[96] Arendt ressalta que é em tempos de colapso moral, em "situações limítrofes" (*border situations*), que o sujeito é compelido a, de fato, exercitar a capacidade de pensar. Aqui a conexão entre o pensar e a moralidade é negativa[97], no sentido de que a atividade de pensar não estabelece padrões morais de comportamento universalmente válidos; em vez disso, pensar nos impede de agir de certas maneiras. Vale a pena citar Arendt na íntegra no manuscrito de 1966:

> Pensar pode ser uma atividade, não uma ação. Os filósofos falam da "ação interior", o que é uma contradição em termos. Os limites da proposição: uma atividade que alcança seu ponto mais alto enquanto forma de solidão, formulada de acordo com o modelo dialógico, pode e de fato estabelece obstáculos para nosso modo de agir, mas não conduz necessariamente à ação. *Trata-se de algo inteiramente negativo, que não nos diz o que fazer, mas somente onde parar.* Dito de outra forma: trata-se de uma ética da impotência em dois sentidos. No sentido de que o indivíduo é destituído de poder, poder que adquiro pela companhia com os muitos outros. Isto é verdade se supomos que não quero agir. E, no segundo: no sentido de que há situações de emergência em que eu me distancio dos muitos outros e não quero participar daquilo que estes estão fazendo, renuncio a todo poder. Pode dizer quando esse ponto foi alcançado, a saber, quando seres pensantes não podem mais continuar.[98]

Arendt aposta na capacidade que a atividade de pensar possui de provocar perplexidade e espanto, a ponto de, ao menos nas chamadas "situações limítrofes," deslocar pré-juízos e impulsionar a própria doxa. Nesta chave de compreensão, pensar pode ser um obstáculo à ação, na medida em que torna o sujeito ciente de contradições entre seu discurso e suas ações, assim como de suas próprias contradições internas. A consistência depende da

---

96 Ibidem. Em outra passagem, no manuscrito publicado Some Questions of Moral Philosophy, Arendt adiciona: "Dentro do reino das palavras, todo o pensamento como processo é um processo de fala, nunca encontraremos uma regra de ferro rígida pela qual poderemos determinar o que é certo e o que é errado"; *Responsabilidade e Julgamento*, p. 151 (*RJ*, p. 86).

97 "A desvantagem dessa completa adequação da alegada autoevidência ou verdades morais é que ela deve permanecer inteiramente negativa". Ibidem, p. (*RJ*, 79).

98 *BMP*, p. 024619.

A ATIVIDADE DE PENSAR 87

própria personalidade do indivíduo, da síntese das suas várias perspectivas[99]. Arendt argumenta que aquele que exerce a faculdade de pensar será testemunha dos seus próprios atos e palavras: "assim como sou meu parceiro quando estou pensando, sou minha própria testemunha quando estou agindo. Conheço o agente e estou condenado a viver junto a ele"[100].

"Estar condenado a viver consigo mesmo" parece ser o resultado de uma escolha deliberada, de uma demanda ética. Aqui vale abordar outra significativa característica da consistência nas ilações promovidas por Arendt. A atividade de pensar resulta na seguinte afirmação primária: "com quem desejo ou suportaria viver junto?"[101] Segundo Arendt, a experiência básica do pensamento dialógico é a comunidade, e não o individualismo solipsista. "Antes de conversar comigo mesmo, converso com os outros, examinando qualquer que seja o assunto da conversa; e então descubro que eu posso conduzir um diálogo não apenas com os outros, mas também comigo mesmo."[102] A força motriz da atividade do self não é o egoísmo. Requer uma experiência de si mesmo que só ocorre "entre amigos" e só é possível quando se leva em conta "o maior número e a maior variedade possível de realidades – não de pontos de vista subjetivos, que naturalmente também existem, mas que, aqui, não dizem respeito –, o modo como essas realidades se abrem às várias opiniões dos cidadãos"[103]. Traçando um paralelo com a ideia de Aristóteles de que o amigo é outro self, na leitura arendtiana de Sócrates, o self também é uma espécie de amigo, pois o diálogo demanda uma certa *philia*, sem a qual todo intercâmbio seria difícil. Arendt intitula uma das seções do texto *Filosofia e Política* como: "O diálogo entre amigos," no qual se infere que a comunalidade dialógica do self na atividade do pensar designa um diálogo antecipado (ou *a posteriori*) com os

99 P. Hadot, op. cit., p. 55.
100 *Responsabilidade e Julgamento*, p. 155 (*RJ*, p. 90). Também em *A Vida do Espírito*: "Seu critério de ação não será o das regras usuais, reconhecidas pelas multidões e acordadas pela sociedade, mas a possibilidade de eu viver ou não em paz comigo mesmo quando chegar a hora de pensar sobre meus atos e palavras." Cf. *A Vida do Espírito*, p. 144 (*LMT*, p. 191).
101 A expressão no original: "With whom do I wish or can bear to live together?". Cf. *BMP*, p. 024619.
102 *A Vida do Espírito*, p. 141-142 (*LMT*, p. 189).
103 Filosofia e Política, p. 99 (*PP*, p. 84).

88 ÉTICA, RESPONSABILIDADE E JUÍZO EM HANNAH ARENDT

membros da coletividade. Do ponto de vista do self arendtiano, no que tange à formação da subjetividade, pode-se inferir que a ontologia do sentido de comunidade, no exercício reflexivo da interioridade, se origina no exercício mesmo de igualar-se (*isasthénai*) na diferença.

É a partir desse ponto que a amizade, vista através dos olhos de um cidadão comum, promove igualdade política no sentido de que cada amigo faz um esforço para levar em consideração a opinião do outro[104]. Apesar de Arendt ter enfatizado que as ideias de Sócrates partem do ponto de vista de alguém dedicado a pensar e examinar tudo, o self socrático sugere o ponto de vista do cidadão comum[105]. Isto de modo algum sugere que amigos (ou outros *selves*) se tornam iguais ou idênticos. Em vez disso,

um amigo compreende como e em que forma específica de articulação o mundo comum aparece para o outro, o qual, como pessoa será sempre desigual ou diferente. Esse tipo de compreensão – de enxergar o mundo (como trivialmente dizemos hoje em dia) do ponto de vista do outro – é o tipo de *insight* político por excelência[106].

O próprio exercício do pensar baseado na amizade pode ser descrito como uma prática que fomenta uma disposição constante para a alteridade.

SOLITUDE *VERSUS* SOLIDÃO

Arendt faz uma distinção sistemática e abrangente entre solitude (*solitude*) e solidão (*loneliness*). A atividade de pensar ocorre em solitude, na qual o sujeito é capaz de fazer companhia a si mesmo, ao passo que na solidão a atividade de pensar é menos provável, pois o ser humano não parece capaz de fazer companhia nem a si mesmo. Citando Jaspers, Arendt escreve:

Existencialmente falando, o pensamento é um estar-só (*solitary*), mas não é solidão; solitude é a situação em que me faço companhia. A

---

104 Ver o belo trabalho sobre amizade em Hannah Arendt de: F. Ortega, *Para uma Política da Amizade*.
105 Cf. P. Hadot, op. cit.; A. Nehamas, op. cit.; B. Snell, op. cit. O tema da amizade será propriamente abordado no capítulo sobre a faculdade de julgar.
106 Filosofia e Política, p. 99 (PP, p. 84).

A ATIVIDADE DE PENSAR

solidão ocorre quando estou sozinho, mas incapaz de dividir-me no *dois-em-um*, incapaz de fazer-me companhia, quando, como Jaspers dizia, "eu falto a mim mesmo" (*ich bleibe mir aus*) ou, em outras palavras, quando sou um sem companhia.[107]

Em solitude, ao fazermos companhia a nós mesmos, somos capazes da experiência do pensamento. A matéria-prima que é modelada pelo pensar é a experiência. A solitude de quem pensa, de forma alguma, é desconectada de experiências, sejam elas pessoais, históricas, culturais ou fictícias. Isto fica claro já nos últimos parágrafos de *Origens do Totalitarismo*, obra em que Hannah Arendt antecipa o pensamento dialógico ao estabelecer a distinção entre solidão e o estar-só. O indivíduo solitário

está desacompanhado (*alone*) e, portanto, "pode estar em companhia de si mesmo" já que os homens têm a capacidade de "falar consigo mesmos". Em solitude (*solitude*), em outras palavras, estou "comigo mesmo", em companhia do meu próprio eu, e sou, portanto, dois-em-um; enquanto na solidão (*loneliness*) sou realmente apenas um, desertado por todos os outros. A rigor, todo ato de pensar é exercido em solitude e constitui um diálogo entre eu e eu mesmo; mas esse diálogo do *dois-em-um* não perde o contato com o mundo dos meus semelhantes, pois que eles são representados no meu eu, com o qual estabeleço o diálogo do pensamento.[108]

No que Arendt caracteriza como fenômeno da solidão, os outros não se "tornam presentes"[109], pois esse fenômeno carece

---

107 *A Vida do Espírito*, p. 139, (*LMT*, p. 185). Ver também *Crises da República* (*CR*, p. 199). (Tradução nossa, modificada.) Arendt distingue entre *loneliness* e *solitude*, termos que, no uso corrente da língua portuguesa, poderiam ser tomados como sinônimos. Mas não o são para a autora. Vou manter a tradução entre *solitude* e *loneliness* como entre solitude e solidão, respectivamente. As vezes Arendt ainda usa o termo *solitary*. Quando se tratar da relação do termo *solitaty* com o estado de solitude, traduzirei *solitary* como *estar-só*. Em *Origens do Totalitarismo*, Arendt utiliza ainda o termo *alone*, (aqui traduzido como *desacompanhado*), como sinônimo de *solitary*. *Loneliness* traduzido como "solidão" diz respeito à condição de quem, estando "desacompanhado" (*alone*), encontra-se propriamente "solitário" (*lonely*), pois incapaz de fazer companhia a si mesmo; trata-se, portanto, de alguém que foi "abandonado por si mesmo" (*being deserted by oneself*). Nesse sentido, pode-se estar solitário ou em solidão mesmo estando rodeado por multidões. Por outro lado, Arendt afirma que faço companhia a mim mesmo quando, estando "só" (*solitude*), instauro um diálogo ou uma "interação" (*intercourse*) silenciosa entre mim e mim mesmo.

108 *Origens do Totalitarismo*, p. 528-529 (*OT2*, p. 476). (Tradução nossa, modificada.)

109 Uma pequena nota quanto a discussão sobre teorias da representação. Infelizmente não cabe aqui incorporar a discussão encabeçada por toda uma ▶

90 ÉTICA, RESPONSABILIDADE E JUÍZO EM HANNAH ARENDT

exatamente de um diálogo pluralizado pelas múltiplas experiências que a atividade de pensar é capaz de projetar. Na solidão, "eu falto a mim mesmo", na medida em que não acesso o material que me constitui como ser pensante, ou seja, as experiências nas quais sou submetido e me submeto; e que significa me pôr em contato permanente com a alteridade do outro. Arendt acentua que essa dinâmica mantém um paralelo direto com o processo mesmo de privatização da esfera pública moderna, na qual o privado se constitui em grande parte pela privação dos outros na constituição do próprio sujeito, privação das relações sociais, privação da imbricação entre nossas histórias, mas sobretudo, privação imaginativa, privação de um imaginário público, no qual me imaginar implica em imaginar o outro. Arendt ressalta que "essa privação de relações 'objetivas' com os outros e de uma realidade garantida por intermédio destes últimos tornou-se o fenômeno de massa da solidão, no qual assumiu sua forma mais extrema e mais anti-humana"[110]. Nos privamos do que Arendt considera mais significativo na vida, ser privado da realidade que possibilita ser visto e ouvido pelos outros. Aqui, mais especificamente, eu diria que em solidão nos privamos também de realidade subjetiva, na qual os outros, a alteridade, também perde realidade na forma como nos constituímos como sujeito.

RAZÃO (*VERNUNFT*) E INTELECTO (*VERSTAND*)

Ao reinterpretar a distinção kantiana entre razão (*Vernunft*) e intelecto, (*Verstand*)[111], Arendt fornece mais uma chave de

> ▷ tradição antirrepresentacional conduzidas por vários autores da filosofia política contemporânea continental. Contudo, seria interessante indagar qual o lugar que as faculdades de *A Vida do Espírito*, tais quais descritas por Arendt, ocupariam na divisão clássica da teoria política contemporânea entre os autores da representação (desde neokantianos a comunitaristas) e autores antirrepresentacionais em suas diversas variações (lacanianos, imanentistas, desconstrutivistas etc). Claramente não se pode denominar de forma canônica as variações da noção de pluralidade em Hannah Arendt, nem de pensamento representacional nem de antirrepresentacional.

110 *A Condição Humana*, p. 68 (*HC*, p. 59).

111 É importante enfatizar que só nos interessa nesse contexto a interpretação arendtiana da filosofia de Emmanuel Kant. Não está em discussão nem a autenticidade das apropriações de Hannah Arendt, nem o próprio pensamento do autor.

A ATIVIDADE DE PENSAR 91

compreensão à faculdade de pensar. Genericamente falando, a razão equivale à faculdade de pensar, cujos critérios são o significado e a compreensão. Nesse caso, os conceitos são concebidos (*begriffen*, compreendidos). Já o intelecto equivale à faculdade de conhecer, cujos critérios mais elevados são verdade e cognição, nos quais os conceitos devem ser apreendidos por meio de percepções que são fornecidas pelos sentidos e objetificadas por conhecimento verificável:

A atividade de conhecer não é menos uma atividade de construção de mundo do que a construção de casas. A inclinação ou a necessidade de pensar, ao contrário, mesmo que não provocada por nenhuma das veneráveis "questões supremas", metafísicas e irrespondíveis, não deixa nada de tão tangível atrás de si, nem pode ser saciada por intuições supostamente definitivas "dos sábios". A necessidade de pensar só pode ser satisfeita pelo pensar, e os pensamentos que tive ontem somente satisfarão essa necessidade hoje, à medida que eu possa pensá-los de uma nova maneira.[112]

Há outro paralelo significativo que Arendt estabelece entre pensar e conhecer, principalmente para o tipo de ética que tento articular a partir das atividades de *A Vida do Espírito*. Enquanto conhecer é principalmente uma prerrogativa do chamado erudito – cientistas, acadêmicos e todo tipo de especialista das atividades cognitivas – pensar, "em seu sentido não cognitivo e não especializado, como uma necessidade natural da vida humana, como a realização da diferença dada na consciência"[113], pertence de forma inerente a todos os seres humanos. Arendt argumenta que "se a capacidade de distinguir o certo do errado tiver alguma coisa a ver com a capacidade de pensar, então devemos ser capazes de 'exigir' (*demand*) o seu exercício de toda pessoa sã, não importa o quão erudita ou ignorante, inteligente ou estúpida ela se mostre"[114]. Essa demanda não é, entretanto, coercitiva nem da ordem normativa do *dever-ser*. É, no entanto, ética, na medida em que é um exercício que requer engajamento. O ponto crucial é aproximar a faculdade de pensar de uma atividade que se exercita. Em certa

112 *Responsabilidade e Julgamento*, p. 230-231 (TMC, p. 420-421).
113 *A Vida do Espírito*, p. 143 (LMT, p. 191). Ver também Filosofia e Política, (PP).
114 *Responsabilidade e Julgamento*, p. 231 (TMC, p. 422).

medida, o que se exercita pode ser descrito como uma habilidade que se adquire, ou seja, a capacidade de desalojamento de ideias pré-concebidas. Embora pouco elaborado por Arendt, essa questão tem um potencial descritivo das faculdades mentais bastante original[115].

Arendt afirma que a faculdade de pensar está relacionada à busca de sentido, à necessidade de compreensão.

O homem tem uma inclinação e, a menos que seja pressionado por necessidades mais urgentes da vida, até uma necessidade (a "necessidade da razão" de Kant) de pensar além das limitações do conhecimento, de realizar mais com suas capacidades intelectuais, com o poder de seu cérebro, do que usá-las como um instrumento para conhecer e fazer.[116]

Pensar não conduz à verdade, cuja evidência é fornecida pelos sentidos e, consequentemente, remete ao conhecimento[117]. Esta faculdade cognitiva se mantém inabalável, a não ser quando corrigida por outra evidência. Cito na íntegra a seguinte passagem, na qual Arendt, de forma bastante original, diferencia conhecimento verificável, e mesmo verdade, da capacidade de pensar:

O conhecimento sempre busca a verdade, mesmo se essa verdade, como nas ciências, nunca é permanente, mas uma veracidade provisória que esperamos trocar por outras mais acuradas à medida que o conhecimento progride. Esperar que a verdade derive do pensamento significa confundir a necessidade de pensar com o impulso de conhecer. O pensamento pode e deve ser empregado na busca do conhecimento; mas no exercício dessa função, ele nunca é ele mesmo; ele é apenas servo de um empreendimento inteiramente diverso.[118]

No conhecimento, as regras lógicas da não contradição e da consistência interna estão a serviço da lógica, da formação de conceitos, dos processos de dedução e indução – todos meios a um fim. Em *A Condição Humana*, Arendt nota uma tendência similar da instrumentalização na práxis do *homo*

---

115 De fato, todo projeto de *A Vida do Espírito*, pelo advento da própria morte da autora, permaneceu um tanto rudimentar, uma espécie de esboço prescritivo.
116 Ibidem, p. 230 (*TMC*, p. 421).
117 Ibidem, p. 231 (*TMC*, p. 422).
118 *A Vida do Espírito*, p. 48 (*LMT*, p. 61).

A ATIVIDADE DE PENSAR 93

faber, que se dá paralelamente à ação e à faculdade de pensar. A instrumentalização não só *contamina* a ação, na sua reiterada forma de inscrição como atividade fadada a *meios e fins*, mas também se dá no vocabulário empregado à atividade de pensar: as categorias do conhecimento verificável[119]. Para a autora, na faculdade de pensar,

> o critério do diálogo espiritual não é mais a verdade, que exigiria respostas para as perguntas que me coloco, esteja ela sob a forma da intuição que compele com a força da evidência sensorial, ou sob a forma das conclusões necessárias de um cálculo de consequências, como o raciocínio matemático ou lógico, cuja força de coerção repousa sobre a estrutura do nosso cérebro com seu poder natural[120].

De acordo com Arendt, nos primeiros tratados lógicos de Aristóteles, a lógica na dialética de Sócrates era descrita "como a ciência de falar e dialogar corretamente quando estamos tentando convencer os outros, ou explicar o que afirmamos, partindo sempre, como Sócrates, de premissas mais fáceis de serem aceitas pela maioria dos homens ou pela maioria dos considerados como os mais sábios entre eles"[121]. O atributo da consistência na faculdade de pensar, em Arendt, retrata o exercício de uma alteridade dialógica na qual os sujeitos se tornam capazes de relatar os seus atos e discursos a si mesmos e aos outros.

Ao traçar uma linha divisória entre verdade e significado, ela não está negando a "conexão entre a busca de significado do pensamento e a busca da verdade do conhecimento"[122]. O que está em jogo é ressaltar que, na atividade de pensar, o conhecimento está a serviço da imaginação criativa e da memória, essas capacidades que nos dão a habilidade de aceitar o novo, de nos afirmar como seres inquisitivos, capazes de, continuamente, questionar o inquestionável, de interromper o hábito da representação e de, incessantemente, pôr em questão nossos atos e palavras.

---

119 Ver *A Condição Humana*, p. 317-318 (*HC*, p. 305). Ver também: *Entre o Passado e o Futuro*, p. 40-41 (*BPF*, p. 14); ver também: Desobediência Civil, em *Crises da República*, (*CR*).

120 *A Vida do Espírito* p. 139 (*LMT*, p. 186).

121 Ibidem, p. 140 (*LMT*, p. 186). Arendt cita o *Organon* de Aristóteles, que vem sendo chamado desde o século VI de o "Instrumento".

122 Ibidem, p. 48 (*LMT*, p. 62).

94 ÉTICA, RESPONSABILIDADE E JUÍZO EM HANNAH ARENDT

A NATUREZA MANUFATURADA DO HÁBITO: A *EPISTĒMĒ POĒTIKĒ* DO *HOMO FABER*

Em certa medida, o sentir-se em casa (*to feel at home*) no mundo nos é dado pela segurança proporcionada pelos hábitos. A notável descrição de Agostinho da chamada "violência do hábito (*consuetudo*)" aparece na tese de Hannah Arendt, *Der Liebesbegriff bei Augustin*, como "uma espécie de natureza fabricada"[123], cujo resultado imediato consiste em submeter o sujeito aos objetos manufaturados. O hábito é então descrito como "manufaturado": uma forma de vida fabricada, que destina os seres humanos pelo trabalho de suas mãos à produção do mundo comum. Já em 1929, Arendt antecipa o argumento embrionário de que o conhecimento cognitivo triunfa como a filosofia *par excellence* do *homo faber*, que a autora aperfeiçoa em *A Condição Humana*, trinta anos depois.

Arendt estabelece um paralelo entre cognição e os processos de fabricação do *homo faber*. A cognição, inscrita sob a égide da clareza epistemológica, incorpora um tipo de conhecimento que, tal como a atividade do *homo faber*, pode ser abordada em termos de utilidade, de um "para que" (*in order to*). Ela se opõe ao "em prol de, em nome de" (*for the sake of*), cuja apreensão se dá em termos de significado, de sentido[124]. "A cognição sempre tem um fim definido, que pode resultar de considerações práticas ou de 'mera curiosidade'; mas, uma vez atingido esse fim, o processo cognitivo termina."[125] A cognição, tal qual a manufatura com seus instrumentos e ferramentas, é um processo que resulta em algum tipo de proposição. Possui um começo e um fim, e a sua utilidade epistêmica pode ser demonstrada. Aqui

---

123 *O Conceito de Amor em Santo Agostinho*, p. 100, (*LSA*, p. 82). (Tradução nossa, modificada, seguindo o original.) Ver também *De Musica*, VI, 19.

124 Vale ressaltar que o vocábulo *cognição* só é instrumento de análise na medida do uso que Hannah Arendt faz do termo e não uma rigorosa discussão epistemológico-semântica propriamente dita. Em *A Condição Humana* Arendt enfatiza: "Esta perplexidade, intrínseca a todo utilitarismo sistemático, a filosofia *par excellence* do *homo faber*, pode ser diagnosticada teoricamente como a capacidade inata de perceber a distinção entre utilidade e significado, sentido (*meaningfulness*), que podemos expressar linguisticamente pela distinção entre 'para que' (*in order to*) e 'em nome de quê' (*for the sake of*)". *A Condição Humana*, p. 167 (*HC*, p. 154). (Tradução nossa, modificada.)

125 Ibidem, p. 184 (*HC*, p. 170).

A ATIVIDADE DE PENSAR 95

é interessante observar como, em geral, os resultados científicos produzidos por intermédio da cognição são adicionados aos artefatos humanos, quase com a mesma prova de verdade material que os objetos materiais propriamente ditos. Arendt traça mesmo um paralelismo entre o processo cognitivo na ciência e sua correspondência na manufatura[126].

Retomo então o tema do hábito com o qual iniciei este tópico. Sem muita margem de erro, poderia atribuir à cognição, ao contribuir de fato para a fabricação do mundo, a função de uma espécie de mão invisível do mundo manufaturado. Ela produz em nós uma espécie de natureza manufaturada também, uma natureza manufaturada material e imaterial, ou seja, objetiva em se tratando do mundo, subjetiva em se tratando das faculdades mentais. É evidente que não se pode negar que parte de nossa segurança recai sobre a durabilidade do mundo habitual artificial, em contraposição ao mundo de contingência e imprevisibilidade. O que, em certa medida, assegura a realidade é a presença regular do que Arendt nomeia de o mundo dos artefatos e seus *objective in-between spaces*; da mesma forma como os hábitos da cognição, dão forma ao que chamamos anteriormente de percepção passiva. Assim como no domínio do *homo faber*, nossos hábitos fabricados fornecem a durabilidade do mundo. Nesse sentido é que se pode dizer que "o hábito já tem entregue o homem ao mundo"[127]. Entregar-nos *ao* mundo se constitui no silencioso ato de compormos e constituirmos nossa vida por meio dos hábitos. É significativo ressaltar alguns resultados desse longo processo modernizador, não só sob a instrumentalização quase material do *homo faber*,

126 Em *A Condição Humana*, Arendt ainda distingue raciocínio lógico, tanto da faculdade de pensar quanto da cognição. Nas operações do raciocínio lógico, "estamos de fato diante de uma espécie de força intelectual (*brain power*) que, em vários aspectos, mais se assemelha à força de trabalho desenvolvida pelo animal humano em seu metabolismo com a natureza". Ibidem, p. 185 (*HC*, p. 171). Esse tipo de inteligência, que de acordo com Arendt era confundido com a razão, é um mero substituto para a força de trabalho humana. É "mera função do próprio processo vital [...] É obvio que essa força intelectual (*brain power*) e os irreversíveis processos de lógica que dela resultam não são capazes de construir um mundo; são tão alheios ao mundo quanto os igualmente processos compulsivos da vida, do labor e do consumo". Ibidem, p. 185-186 (*HC*, p. 172).

127 *O Conceito de Amor em Santo Agostinho*, p. 100 (*LSA*, p. 82). (Tradução nossa, modificada.) "Habit has already delivered him [man] to the world."

96   ÉTICA, RESPONSABILIDADE E JUÍZO EM HANNAH ARENDT

já tão bem retratado ao longo de *A Condição Humana*, mas também, particularmente, sob a instrumentalização imaterial da habilidade de pensar e julgar.

Abordar o sujeito como um criador de ferramentas e fabricador, ou seja, como a autoridade encarnada da ciência da fabricação, a *epistēmē poētikē*, é creditar ao domínio da fabricação como o avalista da realidade. A tendência do uso recorrente dessa epistemologia é negligenciar, e mesmo negar, o valor positivo às experiências da ordem do imprevisível, cujo resultado é nos tornar despreparados, para não dizer incapazes, de pensar e agir em situações imprevisíveis, em circunstâncias que não se situam no habitual previamente representável e não se enquadram claramente em categorias cognitivas de um conhecimento verificável[128]. Em termos de filosofia política, essa tendência à tecnificação coincide com a criação de um tipo de vocabulário político moderno, no qual, por exemplo, o uso de terminologias como "fabricação", "ferramentas", "instrumentos" e "criação do homem artificial" simbolizam a figura do Estado, o Leviatã de Hobbes. Aqui é importante ressaltar dois inevitáveis derivados desse processo. Primeiro, promover a hipervalorização de um sentido de realidade mental e material, baseado sobretudo na mecanização e previsibilidade; e segundo, fomentar o que se pode chamar de a "segurança de um ontem perdurável". Ao mesmo tempo que essa inscrição favorece a manutenção e criação de hábitos, contribuindo em certa medida para os sentidos de durabilidade e segurança do mundo, cria perversamente uma falsa confiança da realidade. Como já tinha sido notavelmente anunciado por Arendt em 1929: "O hábito é o eterno ontem e não possui futuro. Seu amanhã é idêntico a hoje."[129] A ideia de que a realidade se domestica por meio de um certo conjunto de atos racionais, derivados alegóricos das atividades de fabricar e prever, no sentido mesmo de agir de forma a "prever as consequências", tão bem enfatizado por Arendt na descrição da domesticação das categorias de ação política, apesar de conferir uma necessária estabilidade propositiva, potencialmente logra

---

128 *A Condição Humana*, p. 312-313 (HC, p. 300).
129 *O Conceito de Amor em Santo Agostinho*, p. 101 (LSA, p. 83). (Tradução nossa, modificada.) "Habit is the eternal yesterday and has no future. Its tomorrow is identical with today."

A ATIVIDADE DE PENSAR

97

usurpar da experiência do real sua realidade mais plausível: o próprio evento e sua dinâmica de improbabilidade infinita. E como afiança Arendt, "o evento constitui a própria textura da realidade no âmbito dos negócios humanos"[130]. O evento é a realidade sempre imprevisível do agora, que nem sempre se decifra por meio de um conjunto plausível, racionalmente bem articulado e logicamente fundamentado de regras e princípios[131].

Inverso à segurança do hábito revela-se o *thaumadzein*, o espanto sem palavras (*speechless wonder*) identificado com o início do *páthos* filosófico – e um dos sentidos socráticos que Arendt atribui à atividade de pensar[132]. Em termos socráticos, espanto (*wonder*) revela a capacidade de nos deslocar dos nossos cotidianos, tanto em ato quanto em palavra, daquilo que ocupa o lugar confortável de ser "daquilo que é como é". A fim de enfrentar "dogmatismo da mera opinião"[133], Arendt argumenta que Platão faz desse espanto (*wonder*) um modo de vida (o *bios theôrétikos*) – o estado de contemplação da filosofia, no qual *theōria* tornou-se "apenas outra palavra para *thaumadzein*; a contemplação da verdade à qual o filósofo chega finalmente é o espanto silencioso (*speechless wonder*), purificado filosoficamente, com o qual começou"[134]. Convertido em *theōria*, no entanto, esse espanto é reduzido à cognição, ao aparato mental do *homo faber*[135]. Prolongar o espanto – no caso do cartesianismo, a dúvida – é cristalizar o futuro, pois não há mais espaço para a perplexidade. Foi, dentre outros

---

130 *A Condição Humana*, p. 313 (*HC*, p. 300).

131 Aqui vale a pena chamar a atenção para a relação entre a política do extraordinário em Hannah Arendt e a filosofia contemporânea do evento. Acredito que uma ponte necessária de conexão entre Arendt e os autores contemporâneos do evento é a historiografia judaica dos filósofos judeus na Europa Central dos anos de 1920. Ver: B. Assy, Hannah Arendt and the Jewish Messianic Tradition, *Trumah: Zeitschrift der Hochschule für jüdische Studien Heidelberg*, p. 50-68.

132 De acordo com Arendt, *thaumadzein* foi inicialmente equacionado com a perplexidade frente ao milagre da existência humana, da vida e do cosmos, tal qual descrito por Platão, em *Theaetetus* (155D) e Aristóteles em sua *Metafísica* (982b12 ff). Ver: Filosofia e Política, p. 110-111 (*PP*, p. 96-97).

133 Notar que aqui Arendt usa a noção de "mera opinião" em um sentido negativo de fala não refletida.

134 *A Condição Humana*, p. 315 (*HC*, p. 302).

135 Uma substituição do *thaumadzein* grego pela dúvida cartesiana. Ibidem, p. 315-317 (*HC*, p. 273, 302-304).

98   ÉTICA, RESPONSABILIDADE E JUÍZO EM HANNAH ARENDT

fatores, sobre a salvaguarda desse processo mental de fabricação que, para Arendt, o totalitarismo conseguiu mecanizar o real; por meio do poder do raciocínio lógico cognitivo, seus instrumentos e ferramentas foram capazes de construir um retrato autoexplicativo do real.

Essa perturbação calada que se experiencia diante do improvável, do inverossímil, ou do mais puro aterrorizador, tem a durabilidade de um instante, o tempo de paralisia necessária para a perplexidade nos conduzir a um novo *páthos* de reflexão. O espanto, a indignação, acontece na forma de um necessário estranhamento, desconforto, com algo que se passa inclusive dentro da vida cotidiana dos assuntos humanos. Em sua tese de doutorado, Arendt chama a atenção à descrição agostiniana de que tornar-se estranho ao mundo (*die Entfremdung von der Welt*) implica essencialmente em sair do hábito (*eine Entfremdung*)[136]. É nesse espanto, "ou, tomando a própria metáfora de Platão, a faísca que resulta do atrito entre duas pedras"[137], o breve e original momento de estranhamento com a vida habitual, que a consciência é incitada a pensar. "A consciência acusa justamente momentos nos quais tendemos a nos refugiar ou a nos habituar ao mundo. Para a consciência, o mundo é novamente um deserto. A consciência direciona o homem para além desse mundo e para fora do habituar-se."[138] Contra a segurança do hábito, o espanto evoca a consciência, o ato de conscientização ativado "em prol de" (*for the sake*) de algo significativo. Diferentemente da cognição,

o pensamento, ao contrário, não tem outro fim ou propósito além de si mesmo, e não chega sequer a produzir resultados; não só a filosofia utilitária do *homo faber* como também os homens de ação e os amantes por resultado nas ciências jamais se cansaram de dizer o quão "inútil" é o pensamento – realmente, tão inútil quanto as obras de arte que inspira[139].

136 *O Conceito de Amor em Santo Agostinho*, p. 103 (*LSA*, p. 84).
137 Filosofia e Política, p. 113, (*PP*, p. 101).
138 *O Conceito de Amor em Santo Agostinho*, p. 103 (*LSA*, p. 84). (Tradução nossa, modificada.) "For the world to which we could flee and our habituation to it are the very things of which are accused by conscience. To conscience, the world is again a desert. Conscience directs man beyond this world and away from habituation."
139 *A Condição Humana*, p. 184 (*HC*, p. 170). Em outro trecho, dando sequência ao argumento, "O pensamento não pode sequer alegar que fez estas obras de

À primeira vista, ao mobilizar *desta* forma o modelo socrático, Arendt promove um tipo de habilidade do pensar que, direta ou indiretamente, pode promover destruição e deslocamento de regras e princípios de dado comportamento social, pactuadas tanto de forma hipotética como de forma política deliberativamente acordada. Não é difícil chegar à conclusão de que a atividade de pensar nos termos arendtianos não constitui um novo padrão ou regra comportamental. Tem-se ainda uma segunda consequência mais incisiva, que Esposito chama a atenção: mesmo a experiência mais "real" de pensar, do ponto de vista do mundo compartilhado, pode se dissolver quando aplicados à vida cotidiana[140]. Ambas as reivindicações são mais do que legítimas. A própria Arendt adverte que o arquétipo socrático de pensar representa um perigo a nos impelir para fora do hábito.

E uma vez que qualquer coisa impede o pensar de pertencer ao mundo das aparências e às experiências do senso comum que partilho com meus semelhantes e que automaticamente asseguram o sentido de realidade (*realness*) que tenho do meu próprio ser, é como se, de fato, o pensar me paralisasse, do mesmo modo que o excesso de consciência pode paralisar o automatismo de minhas funções corporais.[141]

Todavia, de acordo com Arendt, o resultado do processo de pensar não é niilismo; pelo contrário, a descrença absoluta pode ser descrita como o resultado do desejo de encontrar resultados, independentemente da atividade de pensar.

Pelo menos, quando as *cartas estão abertas sobre a mesa* (*the chips are down*), em situações-limites, a ausência da atividade

> arte, pois elas, como os grandes sistemas filosóficos, não podem ser propriamente chamadas de resultados do pensamento puro, estritamente falando, uma vez que é precisamente o processo de pensar que o artista ou filósofo que escreve deve interromper e transformar para edificar sua obra." Ibidem. A atividade de pensar possui o mesmo caráter de inexorabilidade e recorrência que a própria vida; "A atividade de pensar é tão incessante e repetitiva quanto a própria vida; perguntar se o pensamento tem algum significado equivale a recair no mesmo enigma irrespondível do significado da vida; os processos do pensamento permeiam tão intimamente toda a existência humana que o seu começo e seu fim coincidem com o começo e o fim da própria existência humana." Ibidem, p. 184 (*HC*, p. 171).

140 Não estou de acordo, entretanto, com a conclusão de R. Esposito, de localizar a faculdade de pensar arendtiana *fora* do mundo. Ver *L'origine della politica*: *Hannah Arendt o Simone Weil?*

141 *A Vida do Espírito*, p. 62, (*LMT*, p. 78-79).

100 ÉTICA, RESPONSABILIDADE E JUÍZO EM HANNAH ARENDT

de pensar pode ser muito nociva. Se, por um lado, pensar nos termos arendtianos apresenta a potencialidade de desorganização de crenças e padrões estabelecidos; por outro lado, o não exercício dessa faculdade pode resultar na aceitação regular de padrões instituídos, não importa qual o seu conteúdo, desde que bem fundamentados e legitimados. Essa lição se torna evidente quando observamos a naturalidade com a qual podemos aderir a regras prescritas, novas ou antigas, mesmo quando a regra ordena "matarás" em vez de "não matarás". Essa lição nos foi dada pela banalidade do mal, a experiência por excelência de naturalização do aterrorizador[142].

A FACULDADE DE PENSAR: ENTRE ATIVIDADE APORÉTICA E *ÁSKESIS*

O Sócrates arendtiano provoca seus interlocutores ao exercício do autoexame. Na *Apologia*, a única promessa dialógica do moscardo é, de fato, deslocar o sujeito de suas certezas, constrangê-lo à dúvida, ao enfrentamento consigo mesmo, ao cuidado de si[143]. Não é apenas uma questão de indagar a validade do conhecimento pré-estabelecido, mas sobretudo de demandar a si mesmo como escolhemos viver. A atividade de pensar não conduz, em Arendt, a uma teoria moral, como a autora insistentemente menciona. Parte substancial das discussões sobre ética na filosofia continental contemporânea se divide, *grosso modo*, em duas perspectivas. A primeira, procedimentalista, de vertente predominantemente neokantiana, recorre às práticas argumentativas com pretensão de produção de princípios universais[144]. A segunda, comunitarista, aposta no relativismo valorativo, de diferentes situações históricas, de

---

142 Ver artigo devastador escrito por Arendt já em 1948: The Concentration Camps, *Partisan Review*, v. xv, n. 7, p. 743-763.

143 *Apologia*, 29 d-e e 30e. P. Hadot, op. cit., p. 55. Vale ressaltar aqui a remissão constante a Pierre Habot nos trabalhos de Michel Foucault sobre uma ética do cuidado de si e o tema da ascese.

144 Dentre os representantes mais expressivos do procedimentalismo, algumas obras: J. Rawls, *A Theory of Justice*; J. Habermas, em J. Habermas; C. Cronin e P. De Greiff (eds.) *The Inclusion of the Other*; S. Benhabib, *Democracy and Difference*.

modo a constituir comunidades de valores (*Sittlichkeit*)[145]. No primeiro caso se encontram as demandas de igualdade formal e inclusão por pretensão abstrata, universal; e no segundo caso, demandas valorativas, a partir da construção de minorias identitárias. A discussão sobre ética, que o exercício desta faculdade arendtiana suscita, não remete ao antagonismo teórico que focaliza o debate sobre ética entre princípios universais ou relativistas. O ponto crucial para a autora não é termos que optar entre valores universais ou substanciais, mas sim a constante não acomodação a um *habitus* regulatório. A espécie de vigília que essa faculdade demanda desencadeia a ciência de uma decisão; torna urgente a necessidade de "saber-que-é--necessário-escolher"[146]. Como tal, a consciência pode ser definida por esta constante atividade de estar ciente de si mesmo como uma *áskesis* socrática, um exercício de reflexão, um constante reconciliar-se consigo mesmo (*coming to terms*) como um *modus vivendi*. Arendt não chega a detalhar como a atividade de pensar implementaria um "modo de vida"[147], muito embora parte significativa de seu relato socrático da atividade de pensar possa ser creditado a essa terminologia. Acredito que uma das razões pelas quais ela não se detém a uma descrição direta da atividade de pensar como *áskesis* pode estar relacionada ao fato de que normalmente esse *bioi* (modo de vida) é descrito na Antiguidade clássica para enfatizar o *bios theōrētikos* em detrimento *do bios politicos*. Depois de Sócrates, o *bios theōrētikos* tornou-se o modo de vida filosófico, baseado principalmente no valor interno do sujeito. Sócrates devotou considerável atenção à atividade de pensar como "uma ginástica do pensar", como uma nova forma de *paideia*[148]. Já o *bios theōrētikos*, traduzido no início da Idade Média como a *vita contemplativa*, permaneceu como o "verdadeiro" modo de vida[149].

---

145 Entre os autores que mais têm contribuído ao debate comunitarista estão: A. Macintyre, *After Virtue*; M. Walzer, *Spheres of Justice*; C. Taylor, *The Ethics of Authenticity*. Para a referência a *Sittlichkeit* ver diretamente: G.W.F. Hegel, The Ethical Order, *Phenomenology of Spirit*, p. 267-289 (*Phänomenologie des Geistes*).

146 P. Hadot, op. cit., p. 62.

147 Tomei emprestada essa expressão de J. Mittelstrass, Versuch über den sokratischen Dialog, *Der Gespräch*, p. 26. Ver também: P. Hadot, op. cit., p. 102. Na exegese de Heidegger em *Sofistas*, *aletheia* também significa "um modo de vida".

148 Ver W. Jaeger, op. cit.

149 *A Condição Humana*, p. 22 (*HC*, p. 14).

Em *Basic Moral Propositions*, Arendt certifica que em *Gorgias* (506a) Sócrates reitera que o aspecto preponderante da atividade de pensar não é a aquisição de um conhecimento, mas sua forma: uma atividade. "Politicamente, Sócrates parece ter acreditado que nenhum conhecimento senão aquele de como pensar seria melhor para os atenienses, os tornaria mais resistentes a tiranos." Aquele que ativa essa faculdade, em tese, ao menos, não será capaz de simplesmente se conformar ou sujeitar-se. E Arendt conclui por que: "não por se tratar de um espírito rebelde e sim da virtude do hábito de *examinar* tudo"[150]. A atividade de pensar é um exercício, uma prática de investigação e interrogação que lança constantemente o sujeito em uma jornada singular. Implica em dizer que pensar nos impõe uma contínua demanda. Pensar reflete uma certa atitude perante a questão de como decidimos viver nossas vidas. Essa escolha-da-vida socrática implica em adesão a "uma ética do diálogo" – para usar uma expressão de Pierre Hadot que é aplicável a Arendt. Um exercício que, na medida em que me coloco como objeto de minhas próprias indagações, me permite superar meus pontos de vista individualistas, ou seja, aqueles que só refletem o sujeito em estado de solidão. A *experiência de pensar*, a *áskesis* dialógica socrática, é o atributo constitutivo do pensar, e não uma mera e secundária esfera metodológica, ou diletantismo. A questão primária é a "prática do diálogo e a transformação que provoca"[151]. É, no entanto, ética, na medida em que é um exercício que requer uma contínua tomada de posição diante dos eventos, experiências e histórias que constituem a realidade. O ponto crucial é aproximar a faculdade de pensar de uma atividade que se exercita. Em certa medida, o que se exercita pode ser descrito como uma habilidade que se adquire. Arendt restaura um ponto de interseção entre o self e o cidadão: a ideia de que o cuidado com o self, como um poder sobre si próprio, recai sobre a condição do cidadão. Não seria inapropriado chamar isso de um certo processo educativo, no qual a habilidade de governar o self implica na habilidade de

---

150 *BMP*, p. 024617.

151 É notável a semelhança entre as abordagens de Arendt e de Hadot acerca do pensamento socrático. Ver P. Hadot, op. cit., p. 102 e 256. Hadot insiste em chamar o pensamento socrático de experiência moral e existencial.

A ATIVIDADE DE PENSAR 103

governar o cidadão. Tal implicação política da *áskesis* permite aproximar a filosofia de Sócrates a uma filosofia da ação[152].

COM QUE OUTRO(S) SELF(SELVES) DESEJO OU CONSIGO VIVER?

Retomo novamente a demanda arendtiana acerca de com quem se deseja ou se suportaria viver. Na faculdade de pensar, a pergunta sofre sua primeira variação decisiva: com que outro(s) self (*selves*) eu desejo ou consigo compartilhar a vida? Aqui a responsabilidade pessoal corresponde à responsabilidade de escolher a si mesmo, e, portanto, guarda uma conexão mais direta com a atividade de pensar. Identifico três disposições da responsabilidade na atividade de pensar. Primeiro, a faculdade de pensar implica o espanto, capaz de paralisar, interromper e ressignificar as atividades do cotidiano. Segundo, pensar significa tomar consciência, tanto no sentido de "estar ciente de" (*be aware of*), quanto no sentido de autoexame. Por fim, se dá na imbricação entre as atividades de pensar e julgar. Os predicados de pluralidade e consistência, vitais à faculdade socrática de pensar descrita por Arendt, derivam do próprio *ato* de pensar. O self socrático é constituído por propriedades da vida pública, tais como alteridade, publicidade e ponto de vista dos outros. Apenas por meio da alteridade sou capaz de aparecer para mim mesmo, de ser um *outro* para mim mesmo. Nesse ponto, a ética arendtiana, atrelada unicamente à atividade de pensar, conduz ao que ela chama de uma ética da impotência, uma ética desprovida de prescrição. Não aponta o que fazer; apenas indica quando parar ou o que não fazer. "Eles não enunciam determinados princípios para orientar a ação; eles estabelecem limites que nenhum ato deverá transgredir. Eles dizem: Não faça errado, senão terá que viver na companhia de um malfeitor."[153] A autora esclarece: "O teste que se aplica ao hipócrita é, de fato, a velha máxima socrática: '*seja* como quer

---

152 Cf. Concerning with Politics in Recent European Philosophical Thought, em *EU*, Ver também W. Jaeger, op. cit.

153 *Crises da República*, p. 60 (*CR*, p. 63). (Tradução nossa, modificada de acordo com o original.)

104 ÉTICA, RESPONSABILIDADE E JUÍZO EM HANNAH ARENDT

aparecer' – o que significa, apareça *sempre* como quer aparecer para os outros, mesmo quando você estiver sozinho e aparecer apenas para si mesmo."[154] O ditame de aparecer para si mesmo da mesma forma como se quer aparecer para os outros não quer dizer supervalorização da transparência da interioridade (*inner life*), antes resulta da valorização da esfera da aparência, mesmo quando aparecemos apenas para nós mesmos.

Daí duas implicações éticas. Primeiro, o fato de que a noção de consistência implica uma maneira significativa de "preencher o sujeito com obstáculos", assim como o elemento central da memória faz o mesmo ao nos assegurar a lembrança de como agimos. Isso conduz a um segundo aspecto relevante à ideia de consistência. Pela pluralidade e consistência, pensar, em última instância, alude à adoção de um critério primário: "com quem desejo ou com quem suporto viver"[155], ou seja, com qual (ou quais) outro(s) self (selves) escolho viver. À responsabilidade pessoal de pensar sucede a responsabilidade de viver consigo mesmo. A precondição para esse tipo de julgamento "não é uma inteligência altamente desenvolvida ou uma sofisticação em questões morais, *mas antes a disposição para viver explicitamente consigo mesmo*"[156]. O pleno exercício da capacidade de pensar (*thoughtfulness*) está no cerne de uma "personalidade ética".

PERSONALIDADE, SINGULARIDADE E O PLENO EXERCÍCIO DA CAPACIDADE DE PENSAR (*THOUGHTFULNESS*)

As reflexões de Arendt em torno da atividade de pensar permitem traçar uma correlação entre pensamento e moralidade negativa, uma abordagem ética não principialista que tampouco prescreve concepção alguma do bem ou obrigações *dictamen rationis*. Entretanto, potencialmente pode evitar um determinado feito, na medida em que estabelece obstáculos a determinados tipos de ação. Em "Responsabilidade Coletiva",

---

154 *A Vida do Espírito*, p. 30 (*LMT*, p. 37).
155 *BMP*, p. 024619.
156 *Responsabilidade e Julgamento*, p. 107 (*RJ*, p. 44-45).

A ATIVIDADE DE PENSAR

Arendt refere-se à atividade de pensar na esfera do político como uma espécie de ética da impotência. Desde o advento do totalitarismo, estaríamos condenados de forma permanente a submeter a escrutínio os eventos e acontecimentos com os quais nos confrontamos – "os melhores de todos serão aqueles que têm apenas uma certeza: independentemente dos fatos que aconteçam enquanto vivemos, estaremos condenados a viver conosco mesmos"[157]. Ou seja, a atividade de pensar, embora exiba implicações morais, permanece uma atividade completamente amoral[158], no sentido de que não conduz nem a criação de axiomas ou dogmas morais e nem a regras de comportamento ético[159].

Em um dos manuscritos inéditos, dedicados à relação entre ética e a vida do espírito, Arendt reitera que por meio da atividade de pensar se realizaria "nossa diferença especificamente humana", por meio da qual se constitui nossa singularidade. Em uma passagem longa, reveladora, que me permito citar na íntegra, a autora esclarece:

De acordo com Sócrates, a forma mais elevada de discurso é o diálogo em que eu examino as coisas, e no pensamento, a forma mais elevada é o mesmo diálogo, que levo a cabo comigo mesmo, ainda que não seja a forma primária dessa exame dialógico. Nesse sentido, podemos dizer que: ao pensar, *eu realizo a diferença especificamente humana, me constituo explicitamente como ser humano e continuarei assim na medida em que for capaz de fazê-lo diversas vezes. Ou: eu me constituo como alguém (não meramente um membro da espécie), uma personalidade: pois ainda que meu objetivo seja investigar e testar argumentos,* "o resultado pode ser que eu que pergunto e você que responde; ambos podemos ser testados" (Protágoras 333c). Por vezes falamos de uma "responsabilidade moral": seguindo a indicação de Sócrates, isto seria redundante. Ser capaz de testar é o que geralmente chamamos de uma personalidade. *A personalidade é o resultado automático desse processo; não tem nada*

---

157 Ibidem, p. 108 (*RJ*, p. 45). Na passagem original do manuscrito em inglês a sentença é: "we are condemned to live together with ourselves" (somos *condenados* a viver com nós mesmos). Jerome Kohn optou por editar essa versão original por "we shall have to live together with ourselves". Parece-me que *condemened*, expressão utilizada por Arendt, é ainda mais forte do que *shall have*, editada por Kohn. Ver: Personal Responsibility under Dictatorship, *Hannah Arendt's Papers*, The Manuscript Division, Library of Congress, container 76, p. 023315).

158 Ver H. Jonas, "Hannah Arendt", *Partisan Review*, v. 43, n. 1, p. 13.

159 *A Vida do Espírito*, p. 132-133 (*LMT*, p. 176).

106 ÉTICA, RESPONSABILIDADE E JUÍZO EM HANNAH ARENDT

a ver com dons e talentos, ela é o pleno exercício da capacidade de pensar (thoughtfulness).[160]

É significativo o uso que Arendt atribui ao termo "personalidade", tal qual constituição, diferenciação do sujeito. Lança mão da atividade de pensar, em que o sujeito se submete a permanente escrutínio. E, por consequência, nesses termos, a personalidade seria uma espécie de efeito, produto (ou efeito- -colateral) da atividade de pensar, do que chama de "pleno exercício da capacidade de pensar" (*thoughtfulness*). A alusão à ideia de que o sujeito que exerce a atividade de pensar é testemunha de seus próprios atos, uma coincidência entre o agente e aquele "condenado a viver consigo mesmo", não parece acidental. No mínimo, reflete a indagação ética arendtiana já mencionada: "com quem desejo ou suportaria viver junto"[161] e, especialmente, com quais outros *selves* conseguiria conviver? Por meio desta *thoughtfulness*, a personalidade remete a um modo de realização contínua da singularidade e de autoconstituição compartilhada. Nos termos de *A Condição Humana*, o *que* (*what*) somos é descrito como a variedade de atributos que possuímos durante a vida (dons, talentos, habilidades etc.), mas que nada revela a respeito de *quem* (*who*) somos como atores políticos no domínio público. A personalidade parece atuar como o *locus* de uma atividade ética, reiterada em cada nova situação concreta e particular[162]. Não parece ocasional que ao relacionar a personalidade

160 No original: According to Socrates the highest form of speech is the dialogue in which I examine things, and thinking, the same dialogue pursued with myself is again the highest, though not the primary form of this dialoguing examination. In this sense we can say: *In thinking I actualize the specifically human difference, I constitute myself explicitly as being human, and I shall remain so to the extent that I am capable of doing it again and again.* Or: *I constitute myself as a somebody* (*not merely the member of a species*), *a personality*: For even though my object is to investigate and test arguments, 'the result may be that I who ask and you who answer may both be tested' (Protagoras 333c). We sometimes speak of a 'moral personality': taking our cue from Socrates, this is redundant. To be able to test is what we commonly call a personality. *Personality is the automatic result of this process; it has nothing to do with gifts and talents, it is thoughtfulness.* BMP, p. 024619. (Grifos nossos.)

161 Ibidem, p. 024619.

162 Arendt insiste em utilizar o termo *thoughtfulness* em oposição a *thoughtlessness*. O uso do sufixo *–ful* no lugar de *–less* enfatiza as implicações éticas do pensar, não somente no que diz respeito à sua ausência – como no caso de Adolf Eichmann – mas também à sua operação contínua, isto é, conceber a

A ATIVIDADE DE PENSAR 107

à faculdade de pensar, Arendt empregue a mesma terminologia atribuída ao pronome *quem* utilizado em *A Condição Humana* para caracterizar o sujeito como ator político:

Na ação e no discurso, os homens mostram quem são, revelam ativa-mente suas identidades pessoais e singulares, e assim apresentam-se ao mundo humano, enquanto suas identidades físicas são reveladas, sem qualquer atividade própria, na conformação singular do corpo e no som singular da voz. Esssa revelação de "quem", em contraposição a "o que" alguém é – os dons, qualidades, talentos e defeitos que alguém pode exibir ou ocultar – está implícita em tudo o que se diz ou faz.[163]

A alusão de que a personalidade remete à noção de singu-laridade (*uniqueness*) nos termos de *A Condição Humana* não é aleatória. É por meio da contínua realização da personalidade, o exercício contínuo de se autossubmeter a exame, que somos capazes de reafirmar nossa *doxai,* a formulação discursiva do *dokei moi,* aquilo que aparece para mim, a minha opinião. Esta formulação discursiva revela *quem* eu sou, um *quem* que só emerge no espaço fenomenológico da aparência. Arendt assinala:

Se existe relação tão estreita entre ação e discurso é que o ato primordial e especificamente humano deve, ao mesmo tempo, conter a resposta à pergunta que se faz a todo recém-chegado: "Quem és?". Esta revelação de *quem* alguém é, está implícita tanto em suas palavras quanto em seus atos [...] desacompanhada do discurso, a ação perderia não só o seu caráter revelador como, e pelo mesmo motivo, o seu sujeito, por assim dizer: em lugar de homens que agem teríamos robôs mecânicos a reali-zar coisas que seriam humanamente incompreensíveis. Sem o discurso, a ação deixaria de ser ação, pois não haveria autor; e o ator, o agente do ato, só é possível se for, ao mesmo tempo, o autor das palavras.[164]

Ao considerar que não apenas a distintividade do *quem* alguém é, mas também a realização da própria pluralidade na comunidade política, ocorre na forma de ato e fala, o self aren-dtiano da atividade de pensar pode ser inscrito como parte da distintividade da personalidade de cada um. Assim, se poderia

personalidade por afirmação contínua da singularidade do sujeito, por pleno exercício da capacidade de pensar (*thoughtfulness*).
163 *A Condição Humana,* p. 192 (*HC,* p. 179).
164 Ibidem, p. 191 (*HC,* p. 178).

108 ÉTICA, RESPONSABILIDADE E JUÍZO EM HANNAH ARENDT

conjecturar que o pleno exercício da capacidade de pensar realizaria na personalidade o mesmo que a ação política realizaria na constituição de *quem* (*who*) somos no espaço público. Ainda que a personalidade e a atividade de pensar impliquem em interioridade e autoconstituição, não são redutíveis aos nossos predicados e qualidades atribuídos por Arendt ao *que* (*what*) somos. Estão, ao invés, relacionadas à nossa singularidade, em que o fluxo constante de autoexame revela um caráter ético. Nossos talentos, habilidade e dons, atributos de o *que* (*what*) somos, não figuram como *lócus* de nossas vidas éticas. Em sua *laudatio* a Karl Jaspers, Arendt compara a personalidade ao *Daimon* grego:

esse elemento pessoal [a personalidade] em um homem somente pode aparecer onde existe um espaço público; é este o significado mais profundo do domínio público, que se estende muito além daquilo que entendemos comumente por vida política. [...] É precisamente isto o que Kant, e depois Jaspers, entende por *Humanität*, a personalidade válida que, uma vez adquirida, nunca abandona um homem, ainda que todos os outros dons do corpo e da mente possam sucumbir à destrutividade do tempo[165].

Qualidades e talentos individuais não revelam atributos éticos substantivos no espaço público. A constante atividade de autoconstituição tem caráter de revelação ético-política dos atores, capaz de nos transmitir um senso de *Humanität*[166].

Não obstante, trazer a própria personalidade e o pleno exercício da capacidade de pensar à luminosidade do mundo

---

165 *Homens em Tempos Sombrios*, p. 82 (MDT, p. 73-74).
166 Arendt assinala a tendência de se recorrer ao vocabulário do o *que* (*what*) alguém é ao se descrever *quem* (*who*) alguém de não. "Embora plenamente visível, a manifestação da identidade impermutável de quem fala e age retém certa curiosa intangibilidade, que frustra toda tentativa de expressão verbal inequívoca. No momento em que desejamos dizer *quem* alguém é, nosso próprio vocabulário nos induz ao equívoco de dizer *o que* esse alguém é; enleamo-nos numa descrição de qualidades que a pessoa necessariamente partilha com outras que lhe são semelhantes; passamos a descrever um tipo ou 'personagem', na antiga acepção da palavra, e acabamos perdendo de vista o que ela tem de singular e específico." *A Condição Humana*, p. 194 (HC, p. 181). Na sequência, Arendt continua: "a notória impossibilidade filosófica de se chegar a uma definição do homem, uma vez que todas as definições são determinações ou interpretações do *que* o homem é e, portanto, de qualidades que eles possa ter em comum com outros seres vivos, enquanto sua diferença específica teria que ser encontrada determinando-se que tipo de 'quem' ele é".

só "pode ser alcançada por alguém que lançou sua vida e sua pessoa na 'aventura do domínio público' – em cujo transcurso arrisca-se a revelar algo que não é 'subjetivo' e que por essa própria razão não pode reconhecer nem controlar"[167]. E é precisamente pela opinião, por meio da nossa capacidade de julgar, que nos lançamos no domínio público. Citando o exemplo de Jaspers, Arendt clarifica que "o pensamento desse gênero, sempre 'relacionado intimamente ao pensamento dos outros,' está fadado a ser político mesmo quando trata de coisas que não são minimamente políticas; pois ele sempre confirma aquela 'mentalidade alargada' de Kant, que é a mentalidade política *par excellence*"[168].

---

167 *Homens em Tempos Sombrios*, p. 82 (MDT, p. 73-74). (Tradução nossa, modificada.)
168 Ibidem, p. 88 (MDT, p. 79). (Tradução nossa, modificada.)

4. A Atividade da Vontade

a ação no self – para um éthos
da singularidade (haecceitas) e da ação

> *O que estará em jogo aqui é a vontade
> como fonte da ação, isto é, como um
> "poder para começar espontaneamente
> uma série de coisas ou estados sucessivos".*
>
> HANNAH ARENDT[1]
>
> *Resta verdadeiro, todavia, que as nossas ações são
> seguidas por uma consciência (consciousness)
> da nossa própria potência e originalidade, a qual
> devemos o reconhecimento dessas ações como esforços
> próprios, assim como a sensação de que somos todos
> os verdadeiros deflagradores da ação, e, por esse
> motivo, moralmente* responsáveis *por eles. Contudo,
> aqui a responsabilidade pressupõe a possibilidade
> de ter agido diferentemente e, com isso, a liberdade;
> portanto, a liberdade repousa também indiretamente
> na consciência (consciousness) da responsabilidade.*
>
> A. SCHOPENHAUER[2]

No conjunto de ensaios incluídos em *A Vida do Espírito*, o volume dedicado à vontade possui o caráter mais experimental. Notando a interrupção causada por sua morte, os escritos de Arendt sobre a vontade são manuscritos redigidos inicialmente para ministrar um conjunto de seminários, de forma que mantém o formato de uma exegese preliminar histórico-conceitual em torno do tema[3]. Por consequência, tem-se de imediato duas

---

1   *A Vida do Espírito*, p. 191 (*LMW*, p. 6). Arendt cita Emanuel Kant, sem fornecer referência.

2   A. Schopenhauer, Die beiden Grundproblem der Ethik, *Kleinere Schriften*, p. 532. "Dabei bleibt es jedoch wahr, daß unsere Handlungen von einem Bewußtsein der Eigenmächtigkeit und Ursprünglichkeit begleitet sind, vermöge dessen wir sie als unser Werk erkennen und jeder, mit untrüglicher Gewißheit, sich als den wirklichen Thäter seiner Thanten und für diselben moralisch verantwortlich fühlt. Da nun aber die Verantwortlichkeit eine Möglichkeit anders gehandelt zu haben, mithin Freiheit, auf irgend eine Weise, voraussetzt; so liegt im Bewußtsein der Verantwortlichkeit mittelbar auch das der Freiheit." (Tradução nossa.)

3   Como já mencionado, Arendt ofereceu dois cursos nas Gifford Lectures na Universidade de Aberdeen. Em 1973, ministrou um seminário intitulado

112   ÉTICA, RESPONSABILIDADE E JUÍZO EM HANNAH ARENDT

implicações, a primeira, mais óbvia, trata-se de obra póstuma, não acabada nem autorizada pela autora; e a segunda, menos evidente, trata-se de um estudo preliminar e um tanto embrionário que restringe o próprio escopo investigativo e interpretativo do texto. Acrescenta-se ainda a essa última dificuldade o fato de Hannah Arendt ter escrito um longo e significativo texto sobre a liberdade, no qual, utilizando fontes semelhantes, distingue criticamente a liberdade como experiência política da ação, da faculdade da vontade como livre-arbítrio da vida do espírito. Fica claro em "O Que É Liberdade?" o esforço teórico da autora em ofertar uma noção de liberdade própria da teoria política, cujo vocabulário fosse da ordem da experiência da ação, e não como atributo da autonomia da vontade, na gramática normativa que combina vontade e intelecto. Um dos pontos altos do texto é apontar para o que chama de consequências fatais à teoria política, ao equacionar liberdade com a capacidade humana da vontade[4].

Não é acanhada sua exposição dos motivos em defesa tanto da liberdade como do domínio concreto da ação política, da ordem fenomênica da externalidade, a tal ponto que leva a autora a literalmente equacionar ser livre e agir[5]. A liberdade é para Arendt inerente à própria ação, ou seja, a liberdade é um fenômeno cuja existência está condicionada a sua própria realização, que se dá exclusivamente na forma de ação, no seu próprio desempenho, no caso, na ação política. Daí a afirmação genuinamente arendtiana de que a *raison d'être* do político é justamente estabelecer e manter a existência de um espaço, no qual a liberdade possa, de fato, *aparecer,* o que para a autora seria o mesmo que afirmar um espaço em que a ação política

"Thinking" e no ano seguinte, na mesma instituição, outro seminário intitulado "Thinking and Willing". Nos anos de 1974-1975, ambos foram ministrados como *Lecture courses* na New School for Social Research, Nova York. No segundo semestre de 1971, Arendt já havia fornecido um curso sobre a Vontade, na New School for Social Research, que se intitulava precisamente "The History of the Will", *Hannah Arendt's Papers,* The Manuscript Division, Library of Congress , container 44.9, p. 024653. Hannah Arendt Archiv, Hannah Arendt Forschungszentrum. .

4   Cf. O Que É Liberdade?, *Entre o Passado e o Futuro,* p. 210 (BPF, p. 162). Arendt critica ainda a equação de "fácil trato" na modernidade entre liberdade e soberania. Ibidem, p. 212, (BPF, p. 164).

5   Ibidem, p. 199 (BPF, p. 153).

A ATIVIDADE DA VONTADE 113

possa existir. E, portanto, a liberdade política não pode ser identificada como um fenômeno da ordem interna do uso dialético da autonomia da vontade. Essa é uma das razões pelas quais uma fatia significativa dos estudiosos da obra de Hannah Arendt afiançam um alentado antagonismo na autora entre as noções de vontade e liberdade política, e, por consequência, entre vontade e ação. Essa pá de cal na noção de vontade possivelmente teria sepultado em definitivo qualquer reflexão maior dessa faculdade no conjunto de especulações em torno da obra arendtiana, se a própria autora não tivesse que retomar a noção da vontade no conjunto de sua obra com a série de manuscritos dedicados à vida do espírito, e particularmente à faculdade da vontade, em sua última meia década de vida. Independentemente da discussão em torno das motivações, consistências ou contradições com escritos anteriores, é fato que Hannah Arendt se ocupou do tema da vontade nos seus derradeiros escritos e seminários.

Não é objeto de análise os antagonismos entre as noções de liberdade política e vontade, já suficientemente evidentes pelos autores que discutem a noção de liberdade política na autora. Ao invés, o principal intuito deste capítulo é investigar de que forma dimensões tais como o futuro (este "ainda-não", "not-yet"), a imprevisibilidade, a capacidade de engendrar algo novo, a natalidade, este *initium* agostiniano, operam como metáforas utilizadas por Arendt não só na sua elaborada teoria da ação, mas também na descrição tardia de seus escritos sobre a vontade. O espaço onde o sujeito de ação, o Aquiles de *A Condição Humana*, cria e atua, e o tempo no qual o "Ele" kafkiano se posiciona tecem-se nesse espaço-entre da ágora arendtiana. Ainda que insuficientemente elaborada pela autora, essa exegese da noção de vontade possui vários *insights* significativos que serão especulados neste capítulo com o intuito de identificar algumas engrenagens pelas quais a faculdade da vontade pode ser articulada no projeto geral de uma ética da responsabilidade em Hannah Arendt. A primeira parte deste capítulo trata da herança medieval da concepção arendtiana de vontade. A ênfase teórica é creditada particularmente à filosofia de Duns Scotus acerca do primado da vontade e das dimensões de contingência e liberdade. Na segunda parte do capítulo, examino a

114   ÉTICA, RESPONSABILIDADE E JUÍZO EM HANNAH ARENDT

relação propriamente dita entre vontade e ação. O ponto crucial aqui é elucidar uma certa correspondência entre o querer e a ação, nas atividades do espírito, como parte do processo de constituição de nossa singularidade (*principium individuationis*). Esse processo atrela-se ainda à noção de responsabilidade, tanto por meio da capacidade de prometer quanto pela noção arendtiana de *amor mundi*.

Vale a pena notar que Arendt dedicou um volume inteiro à discussão da atividade do querer sem mencionar Kant ou sua *Segunda Crítica*. Em *A Vida do Espírito*, ela não estabelece qualquer associação direta da vontade com as dimensões noumênicas, universalistas ou moralistas da teoria kantiana. A autora recorre a Agostinho e a Duns Scotus para lançar as bases de sua reflexão acerca da vontade. Em "O Que É Liberdade?", texto mais significativo na abordagem da vontade como dimensão antipolítica, como antagônica à liberdade política, Arendt critica a concepção kantiana da vontade. Primeiro, precisamente por esse último restringir o conceito de liberdade ao conceito de vontade; segundo, por sua concepção de universalização autônoma, na medida em que a vontade livre é assimilada – como razão prática – ao domínio da razão e não ao "mundo fenomênico, quer no mundo exterior de nossos cinco sentidos, quer no campo da percepção interior mediante a qual eu percebo a mim mesmo"[6]. A autora rejeita a filosofia prática de Kant baseada na verdade moral e na vontade racional. Para a autora, a concepção kantiana de uma "'boa vontade' (*good will*) [é] incapaz de ação, por ser baseada na razão"[7]. Ademais, nesse mesmo texto, ao considerar a vontade como antipolítica, a autora está tomando como referência mais uma vez Kant, e também Rousseau[8]. Em *A Vida do Espírito*, seu único texto

6   Ibidem, p. 190 (*BPF*, p. 145).
7   Karl Jaspers: Cidadão do Mundo? *Homens em Tempos Sombrios*, p. 103. (*MDT*, p. 93). Arendt volta a sublinhar aqui que a vontade geral está fundada na razão.
8   "O Que É Liberdade?", em *Entre o Passado e o Futuro*, p. 242 (*BPF*, p. 164). Nesse capítulo cabe ainda ressaltar que na distinção entre liberdade política e autonomia da vontade, de forma a evitar qualquer superposição entre esses dois conceitos, Arendt, no trato com a noção de liberdade política moderna, não faz qualquer referência a Agostinho ou a Scotus. Em vez disso, a autora critica a concepção kantiana da vontade como uma vontade racional unificada, assim como as compreensões de Hobbes e Rousseau acerca da autonomia da vontade livre, na qual a vontade individual coincidiria com a liberdade política. ▶

A ATIVIDADE DA VONTADE   115

dedicado a uma investigação positiva da noção de vontade, suas principais fontes são Agostinho, Paulo e Duns Scotus. Aqui a faculdade da vontade está relacionada à faculdade de julgar e não recorre a fundamento solipsista ou universalista. Se o relato da vontade proposto em *A Vida do Espírito* guarda qualquer traço de semelhança com uma vertente de vontade deliberativa, deve ser resguardada da teoria kantiana, no que diz respeito tanto à universalidade quanto à razão prática e à faculdade do intelecto. Na terminologia de Arendt, tais premissas de base categórica são antipolíticas e antipluralistas. Ao contrário, os *insights* dos ensaios póstumos sobre a vontade consistem na conexão dessa noção com o processo de subjetivação de nossa "identidade específica", na sua íntima relação com a contingência e com a ação, com a faculdade de julgar e, portanto, com as noções de responsabilidade e promessa.

A HERANÇA MEDIEVAL DA VONTADE: A DESCOBERTA DO "CORRESPONDENTE INTERNO DA AÇÃO"

Do De Libero Arbitrio *à Livre Vontade*

Em nenhum outro momento de sua obra, Arendt, tal qual *storyteller*[9], adquirira tanta vitalidade quanto em suas investigações sobre a faculdade da vontade. Tais escritos revelam o poder descritivo da autora não apenas de desvelar fenomenologicamente, mas de dar significado à vontade na história da filosofia, ao ponto de situar o surgimento desta faculdade em um período histórico datado. "Tenho que aceitar o que Ryle rejeita, a saber, que essa faculdade foi, de fato, 'descoberta' e que pode ser datada."[10] Arendt categoricamente apregoa que

> ▷Ver, por exemplo, "What is Freedom?" em distinção à obra *A Vida do Espírito*. Em *Entre o Passado e o Futuro*, Arendt aborda a liberdade política recorrendo a Hobbes e a Rousseau. Arendt cita Emanuel Kant, sem fornecer referência Ver: S. Forti, *Vita della mente e tempo della polis*, p. 151-177.

9   Cf. S. Benhabib, *The Reluctant Modernism of Hannah Arendt*.

10 *A Vida do Espírito*, p. 190 (LMW, p. 05). É importante enfatizar a importância conferida à vontade na Idade Média e sua ligação íntima com a "descoberta da interioridade humana". Arendt diz que a vontade "coincide com a descoberta da ▶

116 ÉTICA, RESPONSABILIDADE E JUÍZO EM HANNAH ARENDT

a faculdade da vontade fora desconhecida durante a Antiguidade grega, tão somente descoberta por meio das experiências advindas no século I da Era Cristã.

Antes do surgimento do cristianismo jamais encontramos qualquer noção de uma faculdade do espírito correspondente à "ideia" de liberdade, assim como a faculdade do intelecto que correspondia à verdade e à faculdade da razão, para coisas que estão além do conhecimento humano, ou, como dissemos aqui, ao significado.[11]

De fato, a "descoberta" da vontade para Arendt estaria inevitavelmente conectada a duas questões centrais da modernidade: liberdade e contingência[12].

No cristianismo medievo, a faculdade da vontade se refere às noções de *Eu-quero-e-não-posso* em Paulo, e *Eu-quero-e-não-quero* em Agostinho. Em ambos os autores, a vontade é engendrada não apenas como propulsora da ação e da capacidade de iniciar algo radicalmente novo, mas também como livre-arbítrio da própria vontade. Arendt faz o deslocamento da ideia de livre-arbítrio como liberdade de escolha do meio mais adequado a uma finalidade já predeterminada, ou seja, tal qual no *liberium arbitrium* da filosofia cristã, para a noção de vontade livre. Em *Basic Moral Propositions*, acentua "a noção de vontade como arbítrio, cuja escolha é livre, fora inteiramente perdida"[13].

> ▷ 'interioridade' humana como uma região especial de nossa vida"; ibidem, p. 161, (*LMT*, p. 214). De acordo com Agostinho, *mens* é o homem interior. Em seus exercícios de *soliloquiorum*, o autor afirma estar em busca de si. "When I describe this confession, I do not search for my past, I search for myself." (Ao descrever esta confissão, não busco meu passado, eu busco a mim mesmo.) Augustine, *Confessions*, Book x. Cf. P. Brown, *Augustine of Hippo*. De igual modo, John Duns Scotus, sustentando a primazia da vontade sobre o intelecto, faz a vontade coincidir com o primeiro uso do termo *haecceitas* (individualidade) dentro da tradição da filosofia. Scotus introduziu esse termo em sua teoria da individualidade. *Reportation parissiensis* II v. 12. Cf. C. Balic, The Life and Works of John Duns Scotus, em J. Ryan; B.M. Bonansea (eds.), *John Duns Scotus, 1265-1965*, p. 01-27; F. Copleston S.J., *A History of Philosophy. Volume II: Augustine to Scotus*.
>
> 11 *A Vida do Espírito*, p. 191 (*LMW*, p. 06). De acordo com Arendt, uma das dificuldades em lidar com a questão da vontade e da liberdade é em decorrência de sua base teológica.
>
> 12 Argumenta Arendt: "O segundo volume de *A Vida do Espírito* será dedicado à faculdade da Vontade e, por conseguinte, ao problema da Liberdade, o qual, como disse Bergson, 'foi para os modernos o que os paradoxos dos Eleatas foram para os antigos'". *A Vida do Espírito*, p. 189 (*LMW*, p. 3).
>
> 13 What We Have Lost Sight of entirely is the Will as Arbiter. *BMP*, p. 024559.

A ATIVIDADE DA VONTADE   117

Na Idade Média, sobretudo com Tomás de Aquino, o *liberium arbitrium*[14] guarda a função de eleição entre fins pré-definidos – portanto, uma função puramente deliberativa. Por essa razão, a autora justifica que Paulo, Agostinho e Scotus procuraram claramente estabelecer uma distinção entre vontade livre (*free will*) e *liberium arbitrium*. O *liberium arbitrium* se limita à eleição de meios para fins já pré-designados. A vontade livre figura como a capacidade humana apta a originar ações espontâneas sem precedentes, ações que a cada instante estamos cientes de que poderíamos também deixar de tê-las realizado[15].

Ainda que Paulo e Agostinho tenham desvelado o poder originário e autônomo da vontade, de acordo com Arendt, coube a Duns Scotus e Nietzsche a reafirmação de sua potencialidade positiva, o resgate do potencial mobilizador da vontade, salvaguardando-a de uma certa impotência. No primeiro, ao aclarar que figura um *eu-posso* em cada *eu-quero*; e no segundo, com a secularização da vontade. Para a autora, Nietzsche recuperou "a pura potência do ato de querer [...] definida como um fenômeno da abundância, como uma indicação de um vigor que vai além da força necessária para enfrentar as exigências da vida diária", a saber, "eu-quero-e-eu-posso" (*I-will-and-I-can*)[16]. Tanto Scotus como Nietzsche

entendiam a vontade como uma espécie de poder – "*voluntas est potentia quia ipsa aliquid potest*". Ou seja, o ego volitivo compraz-se consigo mesmo – "*condenlectari sibi* " – a ponto de o "eu-quero" (*I-will*) antecipar um "eu-posso"(*I-can*); o "eu-quero-e-eu-posso" (*I-will-and-I-can*) é o prazer (*delight*) da vontade[17].

14   Cf. Walter Hoeres, *Der Wille als reine Vollkommenheit nach Duns Scotus*, p. 151. Cf. *A Vida do Espírito*, p. 285 (LMW, p. 133).
15   J.G. Gray, The Abyss of Freedom, em M.A. Hill (ed.), *Hannah Arendt: The Recovery of the Public World*, p. 227.
16   *Responsabilidade e Julgamento*, p. 200 (RJ, p. 134). Apesar da profunda influência de Nietzsche, a leitura de Arendt da noção de vontade sofre várias modulações, as quais ora se distanciam ora se aproximam do relato nietzscheano da vontade. Em *A Vida do Espírito*, ao tratar diretamente da noção de Nietzsche da vontade, Arendt discute a noção de recorrência eterna, insistindo que Nietzsche fora culpado de aprisionar a vontade ao convertê-la em mero experimento mental. Cf. *The Life of the Mind: Willing* (LMW). Acerca da influência de Nietzsche sobre a teoria política de Arendt ver: D.R. Villa, Democratizing the Agon: Nietzsche, Arendt, and the Agonistic Tendency in Recent Political Theory, *Politics, Philosophy, Terror*, p. 107-127.
17   *A Vida do Espírito*, p. 214 (LMW, p. 37).

118 ÉTICA, RESPONSABILIDADE E JUÍZO EM HANNAH ARENDT

A Vontade Comanda Apenas a Si Própria:
"Eu-quero" (I will) e "Eu-não-quero" (I-nill): Velle e Nolle

Ao menos dois atributos podem ser destacados na abordagem arendtiana da faculdade da vontade: tanto a capacidade de iniciar algo novo, de pura espontaneidade, quanto a capacidade de decidir, o poder da livre escolha (*free choice*). A chave da noção de liberdade em ambos predicados reside no fato de que "nada além da vontade é a causa total da volição [*nihil aliud a voluntate est causa totalis volotionis in voluntate*]"[18].

> Posso decidir contra o conselho deliberado da razão, bem como contra a mera atração de meu apetite aos objetos. E, de fato, é a vontade, e não a razão ou o apetite, que decide o desfecho final de minha ação. [...] A vontade é o árbitro entre a razão e o desejo, e apenas desse modo a vontade é livre.[19]

Todavia, não implica em afirmar que a vontade *comanda* o apetite ou a razão. A vontade *comanda a si própria*. Nas palavras de Agostinho, citadas por Arendt: "O espírito não é posto em movimento até querer ser posto em movimento (*De libero arbitrio voluntatus*, III 1.2)"[20], nem sendo determinado por uma causa externa, nem sendo, todavia, meramente arbitrário, pois "o árbitro não deve arbitrar arbitrariamente"[21]. A volição agostiniana, sendo um atributo essencialmente livre, não só controla a ação ou a inação, como também constitui-se em um poder de autocriação (*a self-creative power*).

Já em se tratando da noção escotiana de vontade, Arendt distingue dois tipos de vontade no autor: uma "vontade natural" (*ut natura*), que diz respeito às inclinações naturais, conduzidas pela razão ou pelo desejo; e uma "vontade livre" (*ut libera*)[22]. A "vontade natural" assemelha-se à "gravidade dos corpos". Scotus

---

18 A *Vida do Espírito*, p. 284 (LMW, p. 131). Encontramos em outra parte afirmação similar de Scotus: "Dico ergo ad quaestionem quod nihil aliud a voluntate est causa totalis volitionis in voluntate". (*Opus Oxoniense Vivès* ed., II, d. 25, q.un., n. 22). B.M. Bonansea, "Duns Scotus" Voluntarism, em J. Ryan; B.M. Bonansea (eds.), op. cit., p. 103.

19 *Responsabilidade e Julgamento*, p. 179 (RJ, p. 113-114).

20 Ibidem, p. 179 (RJ, p. 113). Ver Augustinus, *De libero arbitrio voluntatus*, III 1.2.

21 Ibidem, p. 195 (RJ, p. 129).

22 A *Vida do Espírito*, p. 285 (LMW, p. 132).

A ATIVIDADE DA VONTADE 119

a denomina *affectio commodi*, uma inclinação natural (*bonum animal*) aos meios convenientes ao alcance de uma finalidade ditada pela natureza humana. Já a vontade livre "designa livremente fins que são perseguidos por si mesmos (*for their own sake*); e dessa busca somente a vontade é capaz: '[*voluntas*] *enim est productiva actum*,' 'pois a vontade produz seu próprio ato'"[23].

Para Arendt, a concepção de vontade vinculada à noção do árbitro apto a escolher livremente sofreu um processo de negligência por parte dos autores clássicos da filosofia moderna[24]. De certa forma, a noção de escolha livre ficou restrita a meras inclinações da vontade apenas como *ut natura*, na qual as escolhas assumem uma configuração passiva, determinada ora pela razão ora pelo desejo. Em outra nomenclatura, também disponibilizada por Scotus, a vontade se diferencia entre *appetitus rationalis* e *appetitus intellectivus*[25]. O *appetitus rationalis* descreve a tendência passiva da vontade, consistindo na inclinação aos seus apetites naturais. O *appetitus intellectivus*, por sua vez, refere-se à livre capacidade da volição da vontade (*potentia libera*), e, portanto, possui caráter mais ativo. Arendt chama a atenção à definição escotiana de vontade intelectiva que, considerada livre, não só incorpora um poder de autodeterminação e criatividade, mas também um controle sobre agir ou não agir.

Liberdade: A Virtude Par Excellence da Contingência

Parafraseando Scotus, a fonte da ação contingente está na vontade ou em algo dela acompanhada. Tudo mais se move por necessidade natural e, por consequência, de forma não contingente[26]. De acordo com Arendt, a noção escotiana de contin-

---

23 W. Hoeres, op. cit., p. 151. Cf. *A Vida do Espírito*, p. 285 (LMW, p. 133). Na nomenclatura desenvolvida por Arendt em *A Condição Humana*, a vontade não delibera sobre meios e fins como uma mera faculdade instrumental a serviço da razão. Como abordado adiante, o princípio mobilizador da vontade, assim como a ação, reside em si próprio.

24 Daí a crítica contundente da autora da falta de vocabulário moderno para o trato de qualquer ontologia da liberdade, cuja base escapasse ao domínio da vontade como livre-arbítrio.

25 Cf. B.M. Bonansea, op. cit., p. 86.

26 "The only source of contingent action is either the will or something accompanied by the will. Everything else acts with a natural necessity and, ▶

120 ÉTICA, RESPONSABILIDADE E JUÍZO EM HANNAH ARENDT

gência não possui predecessor ou mesmo sucessor na tradição filosófica ocidental. Aqui a contingência seria o preço a ser pago pela liberdade[27]. O contingente e o acidental (*to symbebekos*) são definidos por Scotus como "aquilo que poderia também não ser (*endechomenon me einai*)"[28]. De forma semelhante, o próprio ego volitivo está sempre ciente que em cada ato de volição haveria sempre a possibilidade latente do seu reverso, ou seja, a de não querer (*o nill*) (*experitur enim qui vult se posse non velle*)[29]. Assim, para a autora, ao salvaguardar a vontade de comando exterior a si própria (já que a vontade possui causa própria, *causa sui*), Scotus preserva a liberdade ("*quia hoc nullo modo salvat libertatem*")[30]. Para Arendt, o assim denominado voluntarismo do *Doctor Subtilis* não confere à vontade um primado absoluto. Não obstante a vontade livre não ser comandada por nada que lhe seja externo, não é dotada da onipotência, uma vez que a vontade não pode antecipar todos efeitos causados pela volição ("*quia tunc non possunt salvari omnes conditiones quae consequuntur actum volendi*"). Não implica, todavia, em um resultado deliberativo previsível da liberdade autônoma racional[31]. Duns Scotus endossa a máxima escolás-

---

▷consequently, not contingently". "nullum est principium contingenter operandi nisi voluntas, vel aliquid concomitans voluntatem, quia quodlibet aliud agit ex necessitate naturae, ita et non contingenter". Cf. J.D. Scotus, *Philosophical Writings*, p. 54.

27 Cf. *A Vida do Espírito*, p. 286, (*LMW*, p. 134). Referindo-se a Scotus, Arendt afirma que: "A pura verdade, no entanto, é que, quanto à quintessência de seu pensamento – a contingência, o preço pago de bom grado pela liberdade –, ele não teve predecessores ou sucessores." Ibidem, p. 286, (*LMW*, p. 133). Cf. E. Bettoni, The Originality of the Scotistic Synthesis em J. Ryan; B.M. Bonansea (eds.), op. cit., p. 28-44; N. D. Bok, "Scotus" Theory of Contingency from a (Post) Modern Perspective, em L Sileo (org.), *Via Scoti: Methodologica ad menntem Joannis Duns Scoti*, p. 431-444.

28 *A Vida do Espírito*, p. 288, (*LMW*, p. 136).

29 Idem. Arendt emprega constantemente os termos *nill* e *nolle*, os quais foram traduzidos para o português pelo termo composto "não querer", a exemplo do que já ocorrera em outras traduções para o português. É preciso enfatizar que não se deve compreender o "não querer" como uma anulação ou negação da vontade, mas sim no sentido positivo de uma vontade que afirmativamente não quer, de "uma vontade que recusa." Quando Arendt mantém a hifenação em expressões como *I-will*, *I-will-not* e *I-will-but-I-cannot*, mantivemos o mesmo procedimento na tradução: "eu-quero", "eu-não-quero" e "eu-quero-mas-eu-não-posso".

30 Ibidem, p. 288 (*LMW*, p. 137).

31 Ibidem.

A ATIVIDADE DA VONTADE 121

tica *"nihil volitum quin praecognitum"*[32]. A vontade livre (*free will*) somente atua sobre um objeto que tenha sido previamente percebido pelo intelecto (*potentia naturalis*), ou seja, um objeto conhecido. "Assim, [Scotus] chega à sua 'posição intermediária', na verdade a única posição que salva ambos os fenômenos – a liberdade e a necessidade."[33] Na visão de Arendt, Scotus reconhece que apesar de ser *per se* a causa principal (*causa principalior*) ativa da volição, o ato de vontade requer, necessariamente, o ato intelectivo, ainda que como causa subserviente à própria vontade. De acordo com Bonansea:

Scotus afirma que, na volição, a colaboração entre o objeto conhecido e a vontade deve ser colocada neste terceiro tipo de correspondência. Ambos, objeto conhecido e vontade, estão essencialmente relacionados mutuamente, ao mesmo tempo que nenhum deles pode atuar sem o outro, cada um deles permanece sendo em si próprio uma causa perfeita e relativamente independente para com a natureza específica de sua causalidade. A causalidade total do ato de vontade provém, portanto, do intelecto, do objeto conhecido, e da vontade tal qual causa parcial. Porém, tendo em vista que o ato é livremente postulado, e que a liberdade pertence à vontade, como uma potência que pode agir ou não agir, e também como dispositivo de outras causas para a produção de um efeito, a vontade deve ser considerada a causa principal da volição.[34]

Aqui, contingência não significa anulação do que se torna necessário, mas sim o acontecimento de algo cujo contrário poderia ter se dado no momento em que este aconteceu. Infere uma distinção crucial entre algo que é causado de forma contingente de algo que *seja contingencial* (*aliquod contingenter causatum,*

---

32 B.M. Bonansea, em J. Ryan; B.M. Bonansea (eds.), op. cit., p. 98-99.

33 *A Vida do Espírito*, p. 288 (*LMW*, p. 137).

34 B.M. Bonansea, Duns Scotus' Voluntarism, em J. Ryan; B.M. Bonansea (eds.), op. cit., p. 110. Em *The Trinity* and *Confessions*, Agostinho também atribui à vontade o poder unificador dentre as atividades da mente: intelecto, memória e vontade. (*intelligentia, memoria et voluntas*). Cf. *A Vida do Espírito*, p. 259 (*LMW*, p. 99). Vale a pena ressaltar que Arendt provavelmente foi inspirada pela tríade psicológica agostiniana na elaboração de sua própria tríade de atividades apresentada em *A Vida do Espírito*, com o pensar correspondendo à *intelligentia*, o julgar à *memoria*, e a vontade à *voluntas*. Ainda assim, é notável que no primeiro esboço (*draft*) de sua psicologia baseada nessa trindade, Agostinho mencionou uma imagem triádica composta por *notitia, mens et amor*, aproximando-se ainda mais à associação de Arendt entre vontade e amor, como veremos mais adiante.

122   ÉTICA, RESPONSABILIDADE E JUÍZO EM HANNAH ARENDT

et non aliquod est contingens)[35]. A relevância semântica deste *ser causado contingencialmente*, em vez de *ser contingencial*, é que no primeiro caso se confere à vontade a possibilidade de determinar aquilo que se torna necessário. Daí a valoração da pluralidade de causalidades nos assuntos humanos, precisamente ao destiná-la à contingência e ao seu dado de imprevisibilidade, bem como às suas possibilidades sincrônicas (*compossibilitatas*)[36]. Scotus engendra uma teoria da contingência sincrônica, salientando que um determinado estado de coisas *p* somente seria contingente se *ao mesmo tempo* um *–p* fosse exequível. Antonie Vos denomina a contingência escotiana de contingência real ou radical, já que esses espaços vazios (*-p*) representariam possibilidades, *possibilidades reais*, que não foram atualizadas[37]. Aqui, o fundamental nas apropriações de Arendt da noção de contingência em Duns Scotus é a prerrogativa dada à experiência do ego volitivo, cujo ato de *volitione* encerra a liberdade de agir ou não agir. Em outras palavras, a vontade livre atualiza o potencial de criação contido na imprevisibilidade. Assim, a contingência não somente não obstaculiza a vontade, mas, ao contrário, figura como condição de sua própria possibilidade[38].

Apesar da primazia da vontade, Scotus não negligencia a noção crucial de necessidade. Contingência implica

35   Scotus sublinha: "I do not mean something that is not necessary or which was not always in existence, but something whose opposite could have occurred at the time that this actually did"; "quod non voco hic contingens quodcumque non necessarium, vel non sempiternum, sed cujus oppositum posset fieri quando illud fit". Cf. D. Scotus, *Philosophical Writings*, p. 55.

36   Cf. D. Scotus, *Lectura 1*, 43, 12.

37   A teoria da contingência real foi elaborada por Duns Scotus na *Lecture I* 39. Ver: J.A. Vos, *Kennis en noodzakelijkhei, Een kritische analyse van het absolute evidentialisme in wijsbeerte en theologie*, p. 260-262; H. Veldhuis, Duns Scotus' Theory of Synchronic Contingency, in *Lectura I* 39 and its Theological Implications, em L. Sileo (org.), op. cit., p. 571-576. Cf. J.A. Vos, On the Philosophy of the Young Duns Scotus, Some Semantic and Logical Aspects, em: E.P. Bos (ed.), *Mediaeval Semantics and Metaphysics Studies Dedicated to L.M. de Rijk*, p. 195-220. Uma discussão acerca das concepções anacronísticas e sincronísticas da contingência em Scotus encontra-se em J.A. Vos, The Theoretical Center and Structure of Scotus' *Lectura*: Philosophy in a New Key, em L. Sileo (org.), op. cit., p. 455-473.

38   Um paralelo significativo entre contingência e vontade é proposta por Agnes Heller. Para a autora, a contingência está naquilo em que nós consideramos acidental, implica a liberdade de "escolher entre infinitas possibilidades [...] O salto (*throw*) é um salto para a liberdade, isto é, um salto no nada. *An Ethics of Personality*, p. 208.

A ATIVIDADE DA VONTADE 123

inevitavelmente em factualidade. Tão logo um ato volitivo chegue a seu término, e o "agir ou não agir" se realize, cessa a contingência. Resulta daí uma forma de necessidade, tal qual *factum est*, daquilo que já se tornou necessário[39]. Em uma passagem significativa citada por Bonansea, Scotus afirma que

Liberdade e necessidade não se autocontradizem. Ao invés, a contradição se obtém entre um princípio *natural* e um princípio *livre*, tendo em vista que aquele é necessariamente determinado, ao passo que este segundo se autodetermina. Esta autodeterminação se dá por necessidade intrínseca ou de forma contingente. No primeiro caso, tem-se liberdade essencial ou de dominação; enquanto, no segundo, tem-se liberdade de contingência, na medida em que neste último existe a possibilidade de escolher entre agir ou não agir, agir de determinada maneira ou de outra.[40]

De forma que o conflito e/ou reconciliação entre liberdade e necessidade se colocaria fora de propósito, tendo em vista que estes constituem domínios distintos. Em termos arendtianos, a contingência assume um modo positivo e ativo; não se define como mera privação, deficiência ou acidentalidade, todas essas metáforas de passividade. Arendt cita Scotus para exatamente ressaltar que a contingência "não é simples privação ou defeito do ser, como uma deformidade [...] Em vez disso, a contingência é um modo positivo de ser, assim como a necessidade é um outro modo"[41]. O liame entre contingência e liberdade se origina na presssuposição de que na vontade livre estamos cientes de que poderíamos da mesma forma ter deixado por fazer a ação realizada. No célebre argumento escotiano: "Aqueles que negam que algum ser é contingente deveriam ser expostos a tormentos, até reconhecer que é possível para eles não ser atormentados."[42] Daí a liberdade figurar como a virtude *par excellence* da contingência.

Para Arendt, tais especulações na obra escotiana encerram a potencialidade de relevar "novos e genuínos *insights*, todos provavelmente sendo explicados como as condições especulativas

---

39 *A Vida do Espírito*, p. 290 (*LMW*, p. 139).
40 B.M. Bonansea, Duns Scotus' Voluntarism, em J. Ryan; B.M. Bonansea (eds.), op. cit., p. 96.
41 *A Vida do Espírito*, p. 287 (*LMW*, p. 134). Cf. A. Hyman; J. Walsh, *Philosophy in the Middle Ages*, p. 597.
42 Scotus, *Of Human Freedom*, 1809. Cf. *A Vida do Espírito*, p. 210 (*LMW*, p. 31).

para uma filosofia da liberdade"[43]. Uma hipótese plausível, infelizmente não elaborada, de fato, pela autora, é de que neste atributo da vontade, de agir ou não agir, se assentaria o fundamento ontológico da liberdade política. Dito de outra forma, a vontade corresponderia à atividade da *vita contemplativa* que mais se aproximaria da ação e da liberdade política, entre as atividades da *vita activa*. É pertinente aferir que, a partir dessas especulações na obra de Scotus, Arendt especulava um novo sentido atribuído à vontade, de forma a aproximá-la de um fundamento filosófico da noção moderna de liberdade, na qual a contingência assumiria um novo e fundamental significado: a espontaneidade da vontade. "A liberdade da espontaneidade é parte inseparável da condição humana. Seu órgão mental é a vontade."[44]

Ao recuperar a terminologia de Scotus sobre a vontade, Arendt privilegia a capacidade da vontade de agir espontaneamente, em detrimento de sua habilidade atomística de determinação racional: a moderna autonomia da vontade. A nomenclatura escotiana, portanto, serve como ponto de partida na tentativa da autora de descrever a autonomia do sujeito, em que a ideia de vontade livre não esteja restrita a instrumento previsível e deliberativo da ação.

AÇÃO E VONTADE:
A REDENÇÃO DA RESISTÊNCIA INTERNA

A Face Interna da Ação: A Vontade Termina Onde a Liberdade Política Começa

Distinta da atividade de pensar, cuja tendência é dada a generalizações, Arendt ressalta que as atividades de julgar e querer tão somente se dão em situações particulares. "O pensamento [é] uma preparação indispensável na decisão do que será e na avaliação do que não é mais. Uma vez que o passado, como passado, fica sujeito ao nosso juízo, este, por sua vez, seria uma mera preparação para a vontade."[45] A faculdade de julgar lida

43 *A Vida do Espírito*, p. 294-295 (LMW, p. 145-146).
44 Ibidem, p. 267 (LMW, p. 110).
45 *A Vida do Espírito*, p. 161 (LMT, p. 213).

A ATIVIDADE DA VONTADE   125

com avaliações positivas e negativas, isto é, com questões de correto ou incorreto, e, portanto, para Arendt, pressupõe uma vontade livre e uma capacidade de afirmação e negação. Em *Basic Moral Propositions*, Arendt afirma que "Há, de fato, um elemento de vontade em todo julgamento. Posso dizer: sim ou não para o que está posto."[46]

Embora uma atividade do espírito, a vontade, tal qual o julgamento, está ainda mais condicionada ao mundo das aparências. Em contraposição à atividade de pensar, não há vontade cujo propósito se realize em sua mera atividade. A pressuposta não contradição dialógica do *dois-em-um* na atividade de pensar assume, na faculdade de querer, a feição de

uma luta fatal entre o "eu-quero" e o "não-quero" (entre o *velle* e o *nolle*), que devem, ambos, estar presentes para assegurar a liberdade: "*Experitur enim qui vult se posse non velle*", "Aquele que experimenta uma volição tem também a experiência de ser capaz de não querer"[47].

Aqui Arendt põe em evidência uma atividade modeladora de volições, por meio de opostas assertivas (*velle* and *nolle*), que só adquirem existência por meio da deliberação de uma dentre suas proposições[48].

Na introdução de *A Vida do Espírito*, Arendt reitera as mesmas palavras com as quais conclui as últimas páginas de *A Condição Humana*:

encerrei esse estudo da vida ativa com uma curiosa sentença que Cícero atribuiu a Catão. Este costumava dizer que "nunca um homem está mais ativo do que quando nada faz, nunca está menos só do que quando a sós consigo mesmo" (*Numquam se plus agere quam nihil cum ageret, numquam minus solum esse quam cum solus esset*)[49].

Um aforismo que ilustra a pluralidade nas atividades da suposta *vita contemplativa*. Enquanto na atividade de pensar a pluralidade se dá por meio do *dois-em-um*, e requer uma certa conformidade que torne este diálogo interno possível, na faculdade

---

46   *BMP*, p. 024554.
47   *A Vida do Espírito*, p. 291 (*LMW*, p. 141).
48   Cf. Ibidem.
49   Cícero, *De Republica I*, 17. *A Vida do Espírito*, p. 08 (*LMT*, p. 07).

126 ÉTICA, RESPONSABILIDADE E JUÍZO EM HANNAH ARENDT

da vontade, ao contrário, a pluralidade assume a forma de um conflito inerente entre o *will*(s) e *nill*(s). A atividade da vontade permanece uma espécie de "resistência interna"[50], em que a multiplicidade do self operaria como sua própria fonte potencializadora, como uma das condições para a ação[51]. A disposição peculiar da vontade não é apta ao repouso, e sim, ao seu reverso, à "impaciência, inquietude e preocupação (*Sorge*)"[52].

Em outros termos, pode-se aventar que, de certa forma, Arendt confere à faculdade da vontade uma ação que se realiza na pluralidade do self. Para a autora, a dinâmica agonística interna da vontade (*will and nill*) anseia por redenção que, ancorada pelo voluntarismo escotiano e agostiniano, não poderia ser mental. Quando a redenção chega, se dá na forma da ação. Como formulado por Honig, referindo-se a Arendt: "A ação liberta o self da 'inquietude e desassossego' paralisantes da vontade ao interromper-lhe as repetições compulsivas. A ação chega, como tal, ao domínio privado; ela atinge ainda o sujeito de vontade (também n*illing*) desprevenido e relutante (*unwilling*) no reino privado."[53] Tal qual *coup d'état* (expressão que Arendt toma de empréstimo de Bergson), a ação "interrompe (*disrupts*) o conflito entre o *velle* e o *nolle*. E o preço da redenção é a liberdade.[...] A vontade é redimida, cessando de querer e começando a agir; e a interrupção não pode originar-se de um ato de querer-não-querer [will-*not--to-will*], pois isso seria [apenas] uma nova volição"[54].

A apropriação escotiana de uma relação complementar entre contingência e liberdade permite a Arendt aludir que no momento em que a vontade se atualiza por meio da ação, externalizando-se na forma da liberdade, deixa de ser internamente livre. No manuscrito de 1966, Arendt alude: "Ao querer, decido. E esta é a faculdade da liberdade."[55] Essa descrição sugere que, em termos didáticos, a vontade termina onde a liberdade política começa.

---

50 *A Vida do Espírito*, p. 237 (*LMW*, p. 69).
51 Bonnie Honig está entre os poucos comentadores de Arendt que matizam a vinculação entre vontade e ação. Cf. *Political Theory and the Displacement of Politics*, p. 83.
52 *A Vida do Espírito*, p. 214 (*LMW*, p. 37).
53 B. Honig, op. cit., p. 120.
54 *A Vida do Espírito*, p. 261 (*LMW*, p. 101).
55 *BMP*, p. 024540.

A ATIVIDADE DA VONTADE

Somos *livres* para mudar o mundo e nele dar início a algo de novo. *Sem a liberdade mental* para negar ou afirmar a existência, para dizer "sim" ou "não" – não apenas a afirmações ou proposições para exprimir concordância ou discordância, mas às coisas como elas são dadas, além da concordância ou discordância, aos nossos órgãos de percepção e cognição – nenhuma ação seria possível; e ação é, exatamente, a própria substância da qual é feita a política.[56]

A vontade figura aqui como uma prerrogativa não apenas para a deliberação (sob a forma do acordo ou desacordo), mas também para a capacidade de exprimir volição sobre nossa própria percepção e entendimento. Ou seja, a vontade atua também sobre nossa percepção ativa. Em relação a esse *agonismo* da vontade, Taminiaux indica que, para Arendt, "a única redenção disponível para o conflito interno da vontade é de ordem praxiológica prática: a ação"[57]. Segundo ela, a pluralidade interna da vontade descreve a fonte de sua vitalidade. Fosse o self da vontade constituído de modo intelectivo e puramente interior, a vontade não figuraria como uma atividade que essencialmente ativa o sujeito à ação. "Qualquer volição não só envolve particulares como também – e isto é de grande importância – anseia por seu próprio fim, o momento em que o querer algo [*willing-something*] terá se transformado no fazê-lo [*doing-it*]."[58]

56 *Crises da República*, p. 15 (CR, p. 5-6). Tradução modificada de acordo com o original. É interessante como nesse texto sobre a mentira na política, Arendt retrata exatamente a assertiva escotiana – remete a existência de uma correspondente mental da liberdade – sem mencionar o autor. No texto sobre a vida do espírito fica clara a referência.

57 J. Taminiaux, Time and Inner Conflicts of the Mind, em J. Hermsen; D.R. Villa (eds.), *The Judge and Spectator*, p. 56. Não há como negar que, no momento preciso da ação, os atos já geram consequências imprevisíveis, minando a liberdade assim concebida. Tendo em vista que a ação constitui um fim em si – *praxis*, for-the-sake-of (*hou heneka*) – restam a promessa e o perdão como as possibilidades de redenção da liberdade.

58 *A Vida do Espírito*, p. 214 (LMT, p. 37). A mentira serve como boa ilustração da distinção entre vontade e liberdade política em termos dos domínios interno e externo. Nas atividades mentais, mentir para si mesmo é a pior coisa que podemos fazer, uma vez que a discussão interna é o último refúgio da pluralidade. Mentir para si mesmo significa a negação total da pluralidade interna, um repudiar dos outros que existem dentro de si. No domínio das aparências, diferentemente, a capacidade de mentir "é dos poucos dados óbvios e demonstráveis que confirmam a liberdade humana". Cf. Verdade e Política, *Entre o Passado e o Futuro*, p. 310 (BPF, p. 250). Como discutido acima, a única verdade com a qual o domínio político deve se preocupar é a "verdade fatual", como a denomina Arendt, pois "fatos e eventos – o resultado invariável da ▶

Natalidade, Milagre e Dilectores Mundi: Amor Mundi Como "How We Fit into It"

Muito embora seja uma atividade que nos impele ao *nunc stans* do futuro, a esse abismo criativo da espontaneidade, é precisamente por meio dessa livre projeção no "por vir" que a vontade oferta aos sujeitos a possibilidade de dizer "sim" ou "não" às injunções da vida cotidiana, que, em outros termos, faz supor uma vertente de autoconstituição[59]. A espontaneidade da vontade nos aproxima ou nos aliena uns dos outros e do mundo, em decorrência de nossas afirmações e negações, consistências e inconsistências, ou seja, em virtude de como nós *aparecemos* no mundo. Se aproximarmos esse vocabulário da relação escotiana entre contingência e necessidade, podemos inferir que a forma como *aparecemos* no mundo, a maneira como nos posicionamos em gesto e palavra, corresponde àquilo que já se tornou necessário. Nessa capacidade de volição da vontade (*potentia libera*) escotiana apropriada por Arendt – no qual a autora chama a atenção para a filiação da contingência que é causada de forma contingente (*aliquod contingenter causatum*) com o necessário –, ressalta que a potência da vontade, de fato, possibilita a determinação do que se torna necessário. Aqui quero chamar a atenção justamente para a potência contingente da vontade que nos impele à ação, àquilo que, de fato, cada um de nós torna necessário. Posso aferir que a forma como nos dispusemos no mundo

---

▷vida e ação em comum dos homens – constituem a própria textura do domínio político". Ibidem, p. 287 (*BPF*, p. 231). Mentir para outros no domínio público, deliberadamente rejeitar a verdade fatual, é uma capacidade ligada à atuação, à habilidade de mudar fatos. Isso é verdade na medida em que a verdade factual "relaciona-se sempre com outras pessoas: ela diz respeito a eventos e circunstâncias nas quais muitos estão envolvidos; é estabelecida por testemunhas e depende do testemunho; existe somente na medida em que é pronunciada, mesmo quando se dá no domínio da privacidade. É política por natureza. Fatos e opiniões pertencem ao mesmo domínio". Ibidem, p. 295 (*BPF*, p. 238). A liberdade pertence ao domínio político, uma vez que ela traz em si a possibilidade de prestar testemunho das circunstâncias – até mesmo ao ponto de mudá-las, como no caso da mentira, ao prestar um testemunho falso. (Traduções nossas, modificadas de acordo com original.)

59 Não obstante, vale a pena relembrar que o prefixo "auto", "self" (do grego *autós*, "por si próprio" "by oneself," "de si mesmo," "from oneself") não designa a recuperação de noção de uma atividade solitária e interna, nem onipotente e antidialógica. Nesses termos seria a antítese da faculdade do querer.

A ATIVIDADE DA VONTADE   129

depende, em certa medida, da intensificação da vontade. Se aproximo essa equação da vontade arendtiana-escotiana do léxico agostiniano, proposto pela própria Arendt, é possível identificar duas implicações dessas apropriações agostinianas promovidas pela autora: primeiro na equação das noções de natalidade, *initium* e milagre; e segundo, na noção de *amor mundi*.

É notório em *A Condição Humana* que, ao restituir a etimologia grega *archein* (iniciar, "to begin"; guiar, "to lead", "to rule") e a latina *agere* (pôr em movimento, "to set into motion"; guiar, "to lead") do verbo "agir", Arendt recupera a noção agostiniana do *initium*, de modo a acentuar o começo representado por cada sujeito, diferenciando-o do *principium*, tal como princípio do mundo[60]. A radicalidade do início do indivíduo e *no* indivíduo se dá em sua própria natalidade: "O homem foi criado para que houvesse um começo" (*Initium ut esset homo creatus est*), reafirma Arendt a partir de Agostinho. Em um texto sobre natalidade e *amor mundi* em Hannah Arendt, Patricia Moore ressalta essa possibilidade do sujeito de dar início a algo novo na ordem temporal da história.

Existe *principium*, que diz respeito ao princípio das coisas no mundo, e *initium*, que se refere ao iniciador (*beginner*). Tanto *principium* como *initium* são potencialidades para a ação e, logo, são experiências coevas. *Principium* é a base ontológica de possibilidade da ação, e o *initium* é o nascimento do ator em potencial, aquele que inicia, que tem o poder de interpor coisas novas na ordem temporal, dentro da história.[61]

Moore destaca a terminologia de *A Condição Humana* para realçar a figura do sujeito como o iniciador (*beginner*), o *initium*, aquele que anima o princípio do começo (*principium*), como no seu próprio nascimento no mundo. Cada novo nascimento garante esse começo; ele é, na verdade, cada sujeito que nasce. Esse *initium* estaria diretamente relacionado com a capacidade *no* sujeito de dar início – ele é um *beginner*, "esse começo é a promessa, a única 'mensagem' que o fim pode produzir"[62].

60 Cf. *A Condição Humana*, p. 202 (*HC*, p. 189); Augustinus, *De Civitate Dei v. XI*, p. 32); e também H. Arendt, *Understanding and Politics*, *Partisan Review* 20, p. 391.
61 P. Bowen-Moore, Natality, *Amor Mundi* and Nuclearism in the Thought of Hannah Arendt. Em J.W. Bernauer, *Explorations in the Faith and Thought of Hannah Arendt*, p. 139.
62 *Origens do Totalitarismo*, p. 530 (*OT2*, p. 478-479).

130   ÉTICA, RESPONSABILIDADE E JUÍZO EM HANNAH ARENDT

Já que, no âmbito das faculdades dos espíritos, *initium* e ação são representações fenomênicas correlativas, em última instância, a "capacidade de executar milagres" mantém certa relação com a vontade[63]. Tendo em vista que Arendt reiteradamente afirma que liberdade e ação coincidem, é curioso a autora mencionar que a fonte da liberdade permanece latente mesmo quando inativa. "É porque a fonte da liberdade permanece presente mesmo quando a vida política se tornou petrificada, e a ação política impotente para interromper processos automáticos, que a liberdade pode ser confundida tão facilmente com um fenômeno essencialmente não político."[64] Ou seja, mesmo em momentos históricos de repetição, linearidade e automatismo, a liberdade, como pura capacidade de começar, permanece intacta, já que a fonte da própria liberdade permanece como potência. No vocabulário arendtiano, estaria na vontade a potência da liberdade. Nesse caso, Arendt diz expressamente que a liberdade não é vivenciada como um modo de virtuosidade, mas como um dom, uma aparição, um milagre. A autora complementa:

os processos históricos são criados e constantemente interrompidos pela iniciativa humana, pelo *initium* que é o homem enquanto ser que age. Não é, pois, nem um pouco supersticioso, e é até um aviso de realismo, procurar pelo imprevisível e pelo impredizível, estar preparado para quando vierem e esperar "milagres" na dimensão política[65].

No caso dos eventos históricos, Arendt acrescenta que a diferença decisiva é que as "infinitas probabilidades," o caráter miraculoso inerente ao evento, nos deixa conhecer o autor dos milagres. Estabelecendo um paralelo, afirmaria que, assim como a ação anuncia o milagre da natalidade na *vita activa*, a virtude criadora da vontade anuncia o milagre da natalidade na *vita contemplativa* (*voluntas transcendit omne creatum*)[66].

---

63   O Que É Liberdade? *Entre o Passado e o Futuro*, p. 218 (*BPF*, p. 169). (Tradução nossa, modificada.)

64   Ibidem.

65   Ibidem, p. 219 (*BPF*, p. 170). Aqui as implicações para uma teoria política do evento são mais do que significativas.

66   "O milagre da mente humana é que, por meio da Vontade, ela pode transcender tudo." A citação latina de Arendt é de Petrus Johannis Olivi (c. 1247-1298). Cf. E. Stadter, *Psychologie und Metaphysik de menschlichen Freiheit*, apud H. Arendt, *A Vida do Espírito*, p. 288 (*LMW*, p. 136).

A ATIVIDADE DA VONTADE 131

Nossa faculdade de querer nos impele, de certa forma, à ação. Na descrição do self da vontade arendtiana, Honig acentua que:

Atormentado por conflitos internos em seu domínio privado, o self é libertado de seus ciclos de previsibilidade por meio da ruptura, que é a ação. O self enquanto sujeito é interrompido e tal ruptura cria um espaço para o surgimento do ator, de sua liberdade de agir, e de sua identidade heroica. O episódio é um evento e, do ponto de vista da natureza cíclica e previsível, um "milagre".[67]

Posso inferir que a ação depende da vontade humana e que o *amor mundi* arendtiano implica na intensificação dessa vontade[68]. Nesse sentido, "o mundo é *dilectores mundi*. Ou, o amor do mundo constitui o mundo para mim, a forma como nele *me ajusto, me amoldo (fits me into it)*. Por consequência, por meio de minhas afirmações ou negações dependerá a *quem* e a *que* eu pertenço"[69]. Aqui, a interioridade no sentido agostiniano de "tornar-se uma questão para si próprio" (*Quaestio mihi factus sum*)[70] alcança em Arendt uma dimensão de *amor mundi*, de exterioridade, por meio de *quem* somos e de como agimos no domínio das aparências, no espaço público. O *amor mundi* é um amor daquilo que é criado pela ação em conjunto, um amor que dá uma durabilidade às invenções da liberdade política e que também proporciona "uma realidade estável para futuras gerações"[71]. Parafraseando Agostinho, o amor é uma vida que nos une; é a gravidade dos corpos, aquilo que pesa, que liga, que "mundializa" (*mondialise*). Para Agostinho, a ação depende da vontade humana e o amor representa justamente a intensificação dessa vontade[72]. Aqui o cuidado que dedicamos ao self implica no cuidado que temos para com o mundo. O amor, e neste caso o *amor mundi*, seria uma potência da vontade.

67 B. Honig, op. cit., p. 117.
68 Cf. Augustine, *The Trinity*, book XI.
69 "The world is dilectores mundi. Or the love of the world constitutes the world for me, fits me into it. Hence: From my affirmation or negation will depend to whom and to what I belong." *BMP*, p. 024560.
70 Cf. Augustine, *Confessions*, X, p. 33, 50.
71 J.W. Bernauer, The Faith of Hannah Arendt, em J.W. Bernauer, *Exploratios in the Faith*, p. 6.
72 Cf. Augustine, *The Trinity*, book XI. Vale a pena chamar atenção para a fascinante e truncada injunção da categoria do amor na política. As ilações sobre *amor muni* na obra de Hannah Arendt certamente trariam uma contribuição significativa ao debate, embora aqui não figure como objeto direto de investigação.

132 ÉTICA, RESPONSABILIDADE E JUÍZO EM HANNAH ARENDT

A vontade, ao se tornar a contrapartida mental da ação, ou o "órgão mental da liberdade", adquire uma dimensão ética mais direta do que a atividade de pensar, no que tenho denominado de uma ética de responsabilidade em Hannah Arendt. É oportuno inferir aqui que a vontade figuraria como elemento libertador da vida do espírito. É possível destacar ao menos duas implicações significativas, abordadas na sequência final deste capítulo. Primeiro, o querer influencia performativamente a constituição de nossa singularidade, de *quem* somos. E segundo, a vontade estaria implicada na nossa capacidade de prometer: a promessa como memória da vontade e a responsabilidade como a memória da promessa.

Vontade, Principium Individuationis *e Singularidade*

Arendt menciona a relação entre vontade e *principium individuationis*, o órgão mental que revela nossa singularidade. Gilson dá o tom da noção de *heccéite* escotiana pertinente neste contexto. "É o ato último que determina desde a forma da espécie à singularidade do sujeito. Também a preocupação, na medida do possível, de garantir que a originalidade do indivíduo se aproxime ao máximo de sua concepção do primado da vontade e de sua doutrina da liberdade."[73] Arendt não remete a noção de "identidade específica" a uma teoria da identidade nos moldes do comunitarismo das comunidades de valores (*Sittlichkeit*)[74]. A originalidade do uso da noção de identidade específica, ou singularidade na terminologia utilizada em *A Condição Humana*, é que nossa singularidade é revelada à medida que nos encaixamos no mundo, isto é, por meio de *quem* somos no espaço público[75],

---

73 E. Gilson, *La Philosophie au Moyen Age*, p. 600.
74 Entre os autores que mais têm contribuído ao debate comunitarista estão: A. Macintyre, *After Virtue*; M. Walzer, *Spheres of Justice*; C. Taylor, *The Ethics of Authenticity*.
75 Aqui o uso do termo espaço público já é no sentido de espaço político arendtiano, espaço da *pólis*. Para Arendt, nem todo espaço público é necessariamente político. "O espaço público só chega a ser político quando se estabelece em uma cidade, quando se vincula a um lugar concreto, que sobreviva tanto às façanhas memoráveis quanto aos nomes de seus autores e que os transmita à posteridade por sucessivas gerações. Essa cidade, que oferece um lugar permanente aos mortais e oferece a seus atores palavras fugazes, é a *pólis*, ▶

A ATIVIDADE DA VONTADE   133

tanto por meio dos atos de afirmação e negação, contradição e coerência, que demandamos por meio dos nossos julgamentos, quanto pela capacidade de ação. Reproduzo na íntegra a passagem reveladora de *A Vida do Espírito* nesta direção:

> A volição é a capacidade interna pela qual os homens decidem sempre *quem* eles vão ser, sob que forma desejam se mostrar ao mundo das aparências. Em outras palavras, é a vontade, cujo tema é sempre um projeto, e não um objeto, que, em certo sentido, cria a *pessoa* que pode ser reprovada ou elogiada, ou, de qualquer modo, que pode ser responsabilizada não somente por suas ações, mas por todo o seu "Ser", e o seu *caráter*.[76]

Com base na própria releitura de Arendt do voluntarismo escotiano, fomenta-se elementos para deslocar a singularidade do sujeito de qualquer alusão a uma natureza comum solipsista. Implica, ao invés, tanto em "des-interiorizar" a diferença específica do indivíduo (*principium individuationis*) quanto de realocá-la, não apenas fenomenologicamente, mas ontologicamente, na imanência do espaço público. Ou seja, nossa singularidade ganha vitalidade na forma como nos posicionamos em ato e palavra, na singularidade de *quem* somos de *A Condição Humana* na esfera da ação. Agamben ilustra essa ideia em seu comentário sobre o *haecceitas* de Scotus, de uma perspectiva que se assemelha à de Arendt em relação à singularidade:

> Duns Scotus salienta que não há distinção de essência entre a natureza comum e a *haecceitas*. Isto significa que a ideia de natureza comum não constitui a essência da singularidade (*haecceitas*); que a singularidade é, nesse sentido, absolutamente não essencial, e que, portanto, o critério de sua diferenciação deve ser buscado em outro domínio, em vez de em uma essência ou conceito.[77]

A singularidade não possui essência no sentido de uma determinação substancial, nem é meramente um conceito universal

---

    ▷ politicamente distinta de outros assentamentos, (para os quais os gregos também tinham uma outra palavra – *asty*), e que apenas ela – a *pólis* – se constrói em torno do espaço público, na praça do mercado, onde, a partir de então, os livres e iguais podem sempre se encontrar." *¿Qué es la Política?*, p. 74.

76 *A Vida do Espírito*, p. 162 (*LMT*, p. 214-5). É importante assinalar que, ao mesmo tempo que Arendt resgata o potencial positivo da vontade, a autora já está criticando a onipotência das capacidades autoprodutivas e autocriativas do pensamento do século xx.

77 G. Agamben, *La Comunidad que Viene*, p. 17.

134 ÉTICA, RESPONSABILIDADE E JUÍZO EM HANNAH ARENDT

e abstrato. O espaço público de ação, esse espaço de aparência performática, é uma permanente dimensão ontológica que se realiza em ato[78].

Promessa Como Memória da Vontade e a Responsabilidade Como Memória da Promessa

Identifico pelo menos dois aspectos nos quais a noção arendtiana de vontade se atrela à noção de responsabilidade pessoal: tanto em virtude de sua capacidade de prometer, cuja presença do outro se faz constitutiva da própria atividade de querer; quanto por meio da noção arendtiana de *amor mundi*, recuperada dos medievos, particularmente de Agostinho[79]. Em "Algumas Questões de Filosofia Moral", Arendt enfatiza que, diversa da atividade de pensar, na vontade, "o critério já não é o eu (self) e o que o eu (self) pode ou não pode suportar, e com que outro eu (self) pode conviver, senão o desempenho e as consequências das ações em geral"[80]. Na atividade da vontade, a afirmação do outro, o *Amo: volo ut sis* (quero que você seja) implica em *amor mundi*, ou seja, responsabilidade pelo outro, esse "ponto em que decidimos se amamos o mundo o

---

78 Para Arendt, "ser e aparecer coincidem", tendo em vista que são sujeitos, e não simplesmente o sujeito, que habitam o mundo, e que "na terra, a pluralidade é lei". Roberto Esposito enfatiza que para Arendt o espaço das aparências não constitui um mero horizonte fenomenológico; em vez disso ele revela uma dimensão ontológica propriamente dita. Cf. Polis o communitas?, em S. Forti (ed.), *Hannah Arendt*, p. 94-106.

79 Vale a pena notar que a concepção agostiniana do amor (desejo, *caritas* ou *cupiditas*, e o amor pelo próximo) é elaborada por Arendt em *Der Liebesbegriff bei Augustin*. Ver o ensaio bastante elucidativo de Lauren Barthold, "Towards an Ethics of Love: Arendt on the Will and St. Augustine", manuscrito apresentado no seminário "Hannah Arendt and *The Life of the Mind*", ministrado por Richard Bernstein, na New School for Social Research. Publicado em *Philosophy and Social Criticism*, v. 26, n. 6, p. 1-20. Ver também É. Tassin, *Le Trésor perdu*, p. 386.

80 *Responsabilidade e Julgamento*, p. 191 (*RJ*, p. 125). A capacidade de prometer, ao lado da de perdoar, são os únicos critérios "que não são aplicados à ação a partir de fora [...] Ao contrário, decorrem diretamente do desejo de conviver com os outros na modalidade da ação e do discurso e são, assim, mecanismos de controle embutidos na própria faculdade de iniciar processos novos e intermináveis". *A Condição Humana*, p. 257 (*HC*, p. 246). Do mesmo modo que prometer está associado à faculdade da vontade, o perdão está associado à faculdade de julgar.

A ATIVIDADE DA VONTADE 135

bastante para assumirmos a responsabilidade por ele"[81]. No seu belo ensaio, Bernauer evoca o *amor mundi* arendtiano, esta afeição da natalidade pelo mundo, não somente como uma promessa que vincula os seres humanos, mas, sobretudo, como um imperativo à ação[82]. A promessa, o "lançamento de ilhas de previsibilidade em direção ao futuro", funciona como uma espécie de "memória da vontade"[83]. É a capacidade de prometer que estabiliza a imprevisibilidade do futuro. Tal capacidade se dá por meio do compromisso permanente com os outros, nas formas como cada um de nós transforma contingência em necessidade. Na promessa estaria contida "a origem da responsabilidade com o futuro, em contraste com a culpa, que nos remete ao passado"[84]. A faculdade de querer "claramente não [é] possível em solidão. Uma vontade não atendida (*broken-will*) é uma vontade exercida em solitude, e não diz respeito aos outros. Eu prometo ou aceito uma promessa necessariamente com os outros; nenhuma promessa feita apenas a mim mesma implica realmente em comprometimento"[85].

Quiçá na promessa esteja contido um dos mais significativos sentidos do *amor mundi* arendtiano, pois ela é o "modo exclusivamente humano de ordenar o futuro"[86], sendo uma dimensão indispensável da liberdade compartilhada: fornece durabilidade à nossa liberdade política, uma espécie de estabilidade, da qual se necessita para garantir o futuro. As asseverações e negações no domínio público, nossas filiações, nossas promessas, nossos atos e falas, nossa singularidade (*uniqueness*), permitem que esse órgão mental da liberdade exprima uma dimensão da ética da responsabilidade pessoal. É como

---

81 *Entre o Passado e o Futuro*, p. 247 (BPE, P. 196). Em outra passagem, no manuscrito "Introduction to Politics", Arendt reafirma: "*Amor mundi*: the more dedicated possible love for the world in which we were born." Cf. Course Lecture (Fall, 1963), Chicago, Manuscript Division, Library of Congress, Washington, DC, p. 023803.

82 Ver J.W. Bernauer, The Faith of Hannah Arendt, em J.W. Bernauer, op. cit., p. 1-28.

83 BMP, p. 024554. Arendt faz uso da expressão nietzschiana *Gedächtnis des Willens* que aparece no primeiro e segundo aforismas do Segundo Tratado da *Genealogia da Moral*. Cf. *A Condição Humana*, p. 256 (HC, p. 245).

84 BMP, p. 024548.

85 Ibidem, p. 024554.

86 Desobediência Civil, *Crises da República*, p. 82 (CR, p. 92).

136 ÉTICA, RESPONSABILIDADE E JUÍZO EM HANNAH ARENDT

se a vontade fosse o "órgão do amor pelo mundo". Em "Desobediência civil", Arendt ressalta que:

O único dever estritamente moral do cidadão é esta dupla disposição de dar e manter asseveração digna de confiança com sua conduta para o futuro, que compõe a condição pré-política para todas as outras virtudes, especificamente políticas. A citadíssima afirmativa de Thoreau "O único compromisso que eu tenho como dever assumir é o de fazer a qualquer hora o que eu achar direito", bem que poderia sofrer uma variação para: O único compromisso que eu, como cidadão, tenho o direito de assumir é o de fazer e manter promessas.[87]

O ponto deliberativo da vontade não concebe apenas afirmações e negações instrumentais; assegura o exercício de uma singularidade (*haecceitas*); não é retrato nem de uma natureza comum abstrata, nem de mera identidade comunitária, mas sim de uma singularidade que se constitui permanentemente e que possibilita que a singularidade do outro também se constitua. A responsabilidade com o futuro, própria à faculdade da vontade, não está restrita à autorrealização do *que* alguém é – ou seja, "os dons, qualidades, talentos e defeitos que alguém pode exibir ou ocultar"[88]. Ao contrário, o elo entre responsabilidade e vontade se aproxima da capacidade do sujeito de desvelar *quem* ele é, "sua identidade singular e pessoal (*unique personal identity*)". Uma singularidade que só se revela na forma de ação e discurso no *espaço-entre* sujeitos. Silêncio e passividade, ambas imagens extramundanas da interioridade, representam as antíteses do discurso e da ação, na qual tão somente o *quem* somos pode vir à tona, pode ascender à luminosidade do mundo[89]. "Cada ato é, de fato, uma vinculação, um compromisso, e é o fim de um número incontável de potencialidades que ainda estariam abertas [...] Todavia, apenas ao apreender uma dentre tais possibilidades, posso realizar a minha liberdade."[90]

---

87 Ibidem. (Tradução nossa, modificada de acordo com o original.)
88 *A Condição Humana*, p. 192 (*HC*, p. 179).
89 Ibidem.
90 No manuscrito original: "Every act in fact binds, and is the end of the numberless potentialities which were still open – I [am] still able to actualize myself if I had bound myself. But only through grasping one of these possibilities can I actualize my freedom." *BMP*, p. 024554.

A ATIVIDADE DA VONTADE 137

Dentre as faculdades da vida do espírito, o querer seria a que mais se aproxima da ação e, por consequência, do futuro e da capacidade de prometer, guardando assim um compromisso com a durabilidade do mundo. Arendt considera a capacidade de prometer como uma forma de "vontade de poder" (*will to power*), uma forma de exercer domínio sobre o futuro, no qual se origina a concepção da responsabilidade. "Sem promessas eu não saberia o que é responsabilidade: eu assumo as consequências."[91] A promessa é o ato constante de responsabilidade com aquilo que tornamos necessário por meio de ato e palavra, e é esse ato que nos singulariza.

A partir das distinções estabelecidas por Hannah Arendt entre *quem* e *que*, é possível promover uma mudança de perspectiva no trato com a noção de sujeito político, distinta do debate corrente entre as vertentes neokantiana universalista e comunitarista aristotélico-hegeliano[92]. A singularidade é a revelação em ato. Claro que aqui a linha divisória entre *quem* e *que* pode e deve sofrer variação e mútua interpelação. Por exemplo, no momento em que uma identidade cultural se transforma em demanda política. Ou seja, quando uma característica no domínio do *que* oferece as condições para a existência e afirmação do sujeito político do *quem*, tal qual ocorre frequentemente nas demandas minoritárias de políticas de identidade cultural, de gênero e de raça, para citar exemplos mais significativos. No vocabulário arendtiano, isso não implica, entretanto, uma determinação necessária e permanente de quem o sujeito político é. Não se tem identidade constituída, por mais frequente que seja, que fixe de forma permanente a identidade política do sujeito. Diria que a fidelidade ao *amor mundi* é uma das poucas identidades políticas duradoras que se pode atribuir ao sujeito político arendtiano.

---

91   No manuscrito original: "Without promisses I'd know what responsibility is: I take it upon myself". Ibidem, p. 024555.

92   Dentre os representantes mais expressivos do procedimentalismo, algumas obras: J. Rawls *A Theory of Justice*; J. Habermas, *The Inclusion of the Other*; S. Benhabib, *Democracy and Difference*. Dentre as contribuições comunitaristas mais conhecidas ver: A. MacIntyre, *After Virtue*; M. Walzer, *Spheres of Justice*; C. Taylor, *The Ethics of Authenticity*.

5. A Faculdade de Julgar

o anthropos **dos afetos comuns**

> *Victrix cause diis placuit sed victa Catoni.*
>
> [A causa vencedora agradou aos deuses,
> mas a vencida, a Catão.]
>
> LUCANO, *Farsália* I, 128 [1]

> *"O gosto supera o egoísmo" e "O belo
> nos ensina a amar sem a intenção de lucro".
> Quem compreende tais afirmações,
> compreendeu a* Crítica da faculdade do juízo.
>
> HANNAH ARENDT [2]

UMA QUESTÃO DE JULGAMENTO:
UM IMBRÓGLIO DE PENÉLOPE

Hannah Arendt, em dezembro de 1975, nos legou apenas duas epígrafes do que seria o cabeçalho do terceiro volume de *A Vida do Espírito*, "O Julgar." Ainda assim, seus seminários sobre a filosofia política de Kant abriu o terreno e assentou as fundações para a descrição da faculdade de julgar como uma atividade reflexiva e crítica. Um dos aspectos que mais causa perplexidade é o fato de que, em sua investigação acerca da faculdade de julgar, Arendt elege o juízo estético kantiano

---

1 "A causa vitoriosa agrada aos deuses; porém a derrotada, a Catão." Aforismo atribuído a Catão. Epígrafe deixada por Arendt na sua máquina de escrever na ocasião de sua morte, supostamente na primeira página do que viria a ser o volume sobre a faculdade de julgar.

2 No original: "'Taste overcomes egoism' and 'The beautiful teaches us to love without intentions of profit'. Who has understood that, has understood the *Critique of Judgment*". Arendt cita Kant (*Metaphysics of Morals*, §17) no Seminário "Critique of Judgment", New School for Social Research, *Hannah Arendt's Papers*, Manuscript Division, Library of Congress, p. 032417. (Doravante citado como "Kant's Critique of Judgment"). Vale ressaltar que aqui se trata das apropriações promovidas por Arendt acerca da *Crítica da Faculdade do Juízo*, de Kant, e não ao trabalho *scholar* de um estudioso e especialista da obra de Kant.

140 ÉTICA, RESPONSABILIDADE E JUÍZO EM HANNAH ARENDT

como modelo de análise sobre juízos políticos e éticos[3]. Não é novidade que, para a compreensão abrangente da teoria do juízo em Arendt, deve-se levar em conta a conexão complexa que a própria autora estabelece entre juízo, ação e política, ou seja, entre categorias da *vita activa*, por um lado, e as faculdades mentais do que chamou de vida do espírito – a *vita contemplativa* – por outro. Contudo, essa tarefa se revela intrincada ao confrontar-se o relato de Arendt acerca do julgamento em "A Crise da Cultura", no qual a autora particularmente enfatiza a noção grega de *phronesis* – a razão/o conhecimento prático que se adquire pela ação – com seu relato tardio sobre o juízo estético, no qual se acentua a figura do espectador. É tentador empreender uma espécie de "reconciliação" teórica entre tais noções, ou seja, entre o juízo como uma virtude intelectual aristotélica e o juízo como mentalidade alargada kantiana. Se analisados de forma sistemática, as distintas passagens sobre o juízo ao longo dos escritos de Hannah Arendt se assemelhariam à imagem de Penélope tecendo o sudário de Laerte[4], um movimento de oscilação de ênfase, até mesmo de contradição, do uso de terminologias aristotélica e kantiana na descrição do ator político e do espectador do juízo reflexivo. Esse entremeio de parâmetros aparentemente contraditórios já foi devidamente notado por comentadores da obra de Hannah Arendt. Ao descrever o ambíguo relato feito por Arendt a respeito do juízo, autores como Sheila Benhabib e Richard Bernstein apontaram de forma convincente perspectivas irreconciliáveis em relação ao juízo. Em termos de consenso teórico, dificilmente se acharia uma interpretação inteiramente satisfatória do juízo que levasse em conta todos os escritos

---

3 Cf. R.J. Bernstein, Judging: The Actor and the Spectator, *Philosophical Profiles*.
4 Na mitologia grega Penélope é esposa de Ulisses. Por vinte anos, Penélope esperou a volta de seu marido da Guerra de Troia. A longa viagem de retorno de Ulisses é o tema da *Odisseia*, de Homero. Os anos passavam e não havia notícia de Ulisses, nem se estaria vivo ou morto. Assim, o pai de Penélope sugeriu que sua filha se casasse novamente. Penélope, fiel ao seu marido, recusou, dizendo que esperaria a sua volta. Porém, diante da insistência do pai e para não desagradá-lo, resolveu aceitar a corte dos pretendentes à sua mão, estabelecendo a condição de que o novo casamento somente aconteceria depois que terminasse de tecer um sudário para Laerte, pai de Ulisses. Com esse estratagema, ela esperava adiar o evento o máximo possível. Durante o dia, aos olhos de todos, Penélope tecia, e à noite, secretamente, desmanchava todo o trabalho.

A FACULDADE DE JULGAR

de Arendt sobre o tema[5]. Com efeito, buscar uma reconciliação parece ser um objetivo pouco produtivo, uma vez que tal empreitada inevitavelmente levaria, na melhor das hipóteses, a uma explicação apenas parcialmente aceitável. Por isso a abordagem que ora adoto visa menos a um ajuste de contas das inconsistências na obra de Arendt, e mais a uma tentativa de apontar algumas contribuições originais da autora para a noção de juízo ético e político.

Ao confrontar os paradoxos teóricos sobre o juízo em Arendt, Benhabib articula uma "tentativa de chegar a uma teoria ética, ao menos, parcialmente plausível"[6]. A análise vai no sentido de estreitar a lacuna entre o juízo contextual e a moralidade normativa. Benhabib certifica que, por meio de um juízo reflexivo, "Arendt descobrira um procedimento para assegurar a validade intersubjetiva no domínio público"[7]. Nas interpelações de Arendt acerca do juízo, ela destaca a relevância da "ação moral como forma de interação, realizada visando os outros e na companhia de outros". Sugere que a teoria do juízo arendtiana ilumina "a conexão fundamental entre o fato de a tradição ignorar a questão do juízo na vida moral e negligenciar a especificidade da ação como ato e discurso ou como interação comunicativa"[8]. Ainda assim, a abordagem de Benhabib descreve o juízo moral exclusivamente em termos de acordos universais-consensuais. Ao demandar uma fundação moral universal, critica a insuficiência da descrição de Arendt acerca da necessidade de um discurso de justificação. Na apreensão um tanto normativo-kantiana da obra de Arendt, Benhabib afirma que a ênfase arendtiana em se assumir o ponto de vista do outro faz parte de qualquer moralidade

---

5   De um lado figuram escritos tais como: Liberdade e Política, A Crise na Cultura, Verdade e Política; por outro lado, *A Vida do Espírito: Lições Sobre a Filosofia Política de Kant* e os vários seminários, inéditos ou não, acerca da moralidade. Ver, por exemplo: R. Beiner, Hannah Arendt on Judging: Interpretative Essay on *Hannah Arendt's Lectures on Kant's Political Philosofy*; A. Duarte, A Dimensão Política da Filosofia Kantiana Segundo Hannah Arendt, *Lições Sobre a Filosofia Política de Kant*; B. Flynn, Arendt's Appropriation of Kant's Theory of Judgment, *Journal of the British Society for Phenomenology*, v. 19, n. 2; P. Riley. Hannah Arendt on Kant: Truth and Politics, *Political Studies*, v. 35, p. 379-392.

6   S. Benhabib, Judgment and The Moral Foundations of Politics in Arendt's Thought, *Political Theory*, v.16 n.1, p. 39.

7   Ibidem, p. 36.

8   Ibidem, p. 33.

142 ÉTICA, RESPONSABILIDADE E JUÍZO EM HANNAH ARENDT

universalista-igualitária que, por consequência, requereria uma justificação moral mais contundente, a qual, segundo a autora, Arendt não foi capaz de fornecer[9].

A ênfase do juízo arendtiano – a capacidade de assumir o ponto de vista do outro – vai além da mera capacidade de engajamento com o diálogo público e racional, ou da "coragem de submeter-se à opinião", de modo a chegar a um consenso público na esfera deliberativa. Os espaços públicos não constituem simplesmente "comunidades políticas entre iguais". Os relatos de Arendt a respeito do pensamento representativo e da mentalidade alargada, ou a capacidade de "pensar no lugar de alguém", não se traduzem em definição de critérios normativos para uma moralidade universalista[10]. De fato, a maneira como Arendt relaciona moralidade e política não implica a busca de fundamento moral para esta última, ou o delineamento de um sistema político que incorpore princípios e premissas epistemológicas de justiça nos termos kantianos correntemente empregados pela teoria política liberal moderna. Em seus seminários dos anos de 1960 sobre moralidade, Arendt, de fato, revitaliza a relação entre moralidade e política, mas não no sentido de revigorar a noção de princípios morais de autolegislação nem de regulação intersubjetiva. Muito embora uma certa ênfase em uma dinâmica deliberativa específica dificilmente possa ser negada, a noção arendtiana do juízo não se equipara a uma faculdade racional deliberativa nos termos das teorias normativas deliberativas neokantianas. Se, de fato, as ilações sobre juízo político implicam em deliberação, como será abordado mais adiante, essa se dá muito mais em termos de um subproduto, um efeito colateral da faculdade de julgar, na forma de ação.

Mas, recentemente, o trabalho impecável de Albena Azmanova[11] acerca de uma teoria crítica do julgamento político recu-

9 Idem, Hannah Arendt and the Redemptive Power of Narrative, *Social Research*, v. 57, n.1.

10 Cf. A Crise na Cultura, *Entre o Passado e o Futuro*, p. 274 (BPF, p. 220). Para Benhabib, a interação moral, considerada em termos de uma fenomenologia do juízo moral, abrange "a avaliação de situações moralmente relevantes", as "identificações de ações moralmente corretas" e as "interpretações das intenções e máximas do agente moral". Judgment and The Moral Foundations of Politics in Arendt's Thought, *Political Theory*, p. 36.

11 Cf. A. Azmanova, *The Scandal of Reason*.

A FACULDADE DE JULGAR

pera a matriz estético-kantiana de Hannah Arendt, para situar a dimensão hermenêutica em um nível pré-discursivo, de forma a habilitar a razão pública a funcionar discursivamente em conflitos normativos radicais. Para a autora, Arendt teria, em suas apropriações da *Faculdade Crítica do Juízo*, estabelecido as condições pré-discursivas do julgamento, de modo a capacitar uma teoria discursiva, que não visa substituir o procedimentalismo por uma teoria ideal substantiva. Azmanova, ao contrário, credita ao juízo político arendtiano, particularmente à noção de "mentalidade alargada," a possibilidade de estabelecer uma orientação pré-discursiva capaz de fornecer a base para o julgamento e seu impacto normativo. Embora Azmanova habilite uma certa dimensão crítica às matrizes normativas, e admita uma natureza conflitiva à formação da demanda normativa, o resultado dessa formação reflete um "modelo consensual de justificação," como a própria autora demanda.

Em contrapartida às tentativas de determinar uma fundação normativa ao juízo arendtiano, autores como Dana Villa argumentam em prol de uma teoria do julgamento independente aliada à ideia de uma subjetividade agonística:

O julgamento de fenômeno ou evento particular pode ser o "subproduto" (*by-product*) do pensar, não porque ele seja em qualquer sentido o resultado direto do pensar, mas porque o pensar libera o espaço que o possibilita. A prova e o exame de opiniões que constitui o cerne no pensamento crítico, tal como praticado por Sócrates (e articulado por Kant), cria o espaço mental necessário para o juízo independente e imparcial.[12]

Villa realiza um esforço notável para não reduzir o juízo crítico ao puro engajamento com o "diálogo racional público," deliberado com os outros com os quais se deva chegar a um acordo e decisão[13]. Não se trata de reproduzir em termos arendtianos uma teoria do juízo normativo da fundamentação e deliberação. Villa suspeita da tendência de teorização da vida política por intermédio da noção corrente de vontade autônoma dos agentes. A noção arendtiana do juízo não deve ser enquadrada como mera faculdade decisória deliberativa, dominada

12 D.R. Villa, Thinking and Judgment, em J. Hermsen; D.R. Villa (eds.) *The Judge and the Spectator*, p. 24.
13 Ibidem, p. 20.

144 ÉTICA, RESPONSABILIDADE E JUÍZO EM HANNAH ARENDT

por uma vontade racional capaz de produzir ou almejar acordos universais[14].

As interpretações de Villa e Benhabib ilustram uma tendência ao antagonismo entre leituras exclusivamente normativistas ou agonísticas do juízo político arendtiano. Um primeiro aspecto que parece ser crucial é não perder de vista ambas as perspectivas do juízo: as figuras do ator e do espectador. Isto não implica, entretanto, em propor duas teorias distintas do juízo em Arendt, ou seja, uma teoria do juízo na qual o ator que julga o faz em ato, e orienta-se unicamente pelo consenso e pela persuasão no espaço discursivo da ação política, e outra teoria do juízo na qual o espectador que julga após e/ou antes do evento orienta-se pela imparcialidade, distanciamento e pensamento crítico[15]. Por mais esclarecedor que seja abordar didaticamente a noção de juízo arendtiano do ponto de vista de duas perspectivas distintas – do ator e do espectador, como aponta autores como Bernstein e Beiner –, me filio à opinião de Villa de que o pensamento crítico, particularmente as considerações sobre Sócrates, não se aplica exclusivamente à figura arendtiana do espectador. Villa confere também ao ator que julga as capacidades agonísticas de discriminação e independência.

A descrição proposta por Villa parece, no entanto, negligenciar ao próprio espectador a capacidade de mentalidade alargada e pensamento representativo. Arendt insiste de forma reiterada nesse ponto em sua descrição acerca do julgamento reflexivo estético. Villa, de certa forma, subestima a ligação intrínseca que Arendt estabelece entre pensamento independente e mentalidade alargada, e, com isso, negligencia a conexão crucial entre a capacidade de pensar no lugar dos outros e a capacidade de pensar por si próprio[16]. Por consequência, corre o risco de atribuir uma visão demasiado individualista ao pensamento crítico do sujeito performático. Esse último

14 Idem, *Politics, Philosophy, Terror*, p. 89.
15 Por exemplo, observando-se a mudança de perspectiva ou tipos distintos de julgamento (tais como político, moral e histórico). Cf. D.R. Villa, *Thinking and Judgment*, op. cit., p. 21.
16 Villa sublinha: "Quanto mais Arendt refletia sobre o juízo, mais o identificava não com a habilidade *política* de 'pensar do lugar dos outros', mas, ao invés, com a habilidade de pensar por si mesmo, sem depender dos costumes, hábitos e regras". Ibidem.

A FACULDADE DE JULGAR   145

aspecto, combinado à ênfase que o autor atribui à decomposição histórica do domínio público, põe em risco a ligação que
Arendt estabelece entre juízo e *sensus communis*.

A pretensão deste capítulo não é reconstruir a partir de
Hannah Arendt uma teoria do juízo que reforce a normatividade de princípios morais; entretanto, também não conduz a
um juízo crítico, cuja base seja essencialmente o sujeito agonístico dotado de pensamento crítico meramente espontâneo, face a determinado diagnóstico de empalidecimento do
espaço público. Nem Benhabib, nem Villa prestaram a atenção
devida a certas considerações centrais na teorização de Arendt
acerca do juízo, tais como: o prazer desinteressado (*desinterested delight, uninteressiertes Wohlgefallen*), a mentalidade alargada, o *sensus communis* como o *cultivo de sentimento público*,
a estreita ligação entre *aletheia* e doxa, a validade exemplar
(*exemplarity validity*) e a questão da companhia (*the question
of company*). Retomo justamente esse último ponto para retornar a uma das indagações centrais deste capítulo, já mencionada anteriormente, mas que ora alcança sua dimensão mais
expressiva: "com quem desejo ou suportaria viver junto?"[17] Essa
questão concentra uma das motivações significativas da autora
em suas considerações tardias sobre a vida do espírito, e, além
de conferir o tom deste capítulo, também me parece o ponto de
partida adequado para se considerar a dimensão ético-política
do juízo em Arendt.

Primeiramente, para introduzir a passagem do potencial
político da consciência para a questão do julgamento político,
é conveniente recordar a questão levantada por Arendt a partir
do julgamento de Eichmann:

Será que a atividade de pensar como tal, o hábito de examinar e refletir sobre tudo o que vem a acontecer, sem levar em conta o conteúdo
específico e totalmente independente dos resultados, será que essa atividade pode ser de tal natureza que "condiciona" os homens contra
fazer o mal?[18]

---

17 A expressão no original: "With Whom Do I Wish or Can Bear to Live together?". *BMP*, p. 024619.
18 Pensamento e Considerações Morais, *Responsabilidade e Julgamento*, p. 227
    (*RJ*, p. 418).

146 ÉTICA, RESPONSABILIDADE E JUÍZO EM HANNAH ARENDT

Como já abordado no capítulo III, no plano da faculdade de pensar, Arendt reitera que o pensamento apenas nos diz quando parar (*thinking tells us when to stop*), de forma que é necessário outra faculdade capaz de acessar o mundo fenomênico de forma mais concreta e particular, capaz de demandar juízo a partir de experiências específicas. Na penúltima página do volume dedicado à faculdade de pensar, Arendt observa: "O juízo lida com particulares, e quando o ego pensante que se move entre generalidades emerge de sua retirada e volta ao mundo das aparências particulares, o espírito necessita de um novo 'dom' para lidar com eles."[19] Nesse vocabulário arendtiano, é aferível concluir que alguém que exercita a capacidade crítica de pensar está na companhia de si próprio e, portanto, continuamente provocado a escolher dentre outros *selves* com os quais conviver. No plano da faculdade de julgar, a dimensão de partilha é muito mais fenomênica: dá-se por meio da escolha de com quem desejamos compartilhar a vida e na forma como emitimos nossos juízos. No final do volume dedicado à atividade de pensar, Arendt conclui com um longo parágrafo que me permito citar na íntegra:

A faculdade de julgar particulares (tal como foi revelada por Kant), a habilidade de dizer "isto é errado", "isto é belo", e por aí afora, não é igual à faculdade de pensar. O pensamento lida com invisíveis, com representação de coisas que estão ausentes. O juízo sempre se ocupa com particulares e coisas ao alcance das mãos. Mas as duas faculdades estão inter-relacionadas, do mesmo modo como a consciência moral e a consciência. Se o pensamento – o dois-em-um do diálogo sem som – realiza a diferença inerente à nossa identidade, tal como é dada à consciência, resultando, assim, na consciência moral como seu derivado, então o juízo, o derivado do efeito liberador do pensamento, realiza o próprio pensamento, tornando-o manifesto no mundo das aparências, onde eu nunca estou só e estou sempre muito ocupado para poder pensar. A manifestação do vento do pensamento não é o conhecimento, é a habilidade de distinguir o certo do errado, o belo do feio. E isso, nos raros momentos em que as cartas estão postas sobre a mesa, pode, sem dúvida, prevenir catástrofes, ao menos para o eu (self).[20]

É com a faculdade de julgar que a questão da companhia passa a ter uma dimensão performática e política. Embora uma

19 *A Vida do Espírito*, p. 162 (*LMT*, p. 216).
20 Ibidem, p. 145, (*LMT*, p. 193).

A FACULDADE DE JULGAR

atividade mental, o juízo nunca abandona o mundo fenomênico das aparências[21]. Em *A Condição Humana*, a companhia assume a forma de uma ontologia da ação engendrada na pluralidade. Por intermédio das principais atividades dotadas de visibilidade – laborar, fabricar e agir – a pluralidade constitui a condição *sine qua non* do mundo manufaturado[22]. É plausível presumir que, posteriormente ao relato sobre o julgamento de Eichmann, Arendt passa a considerar nas atividades do espírito a dimensão da alteridade e da pluralidade, nos seus distintos níveis, fazendo uso da metáfora da companhia. Tenho sustentado ao longo deste trabalho que as atividades da vida do espírito, segundo Arendt, podem ser descritas sob as rubricas de publicidade, comunicabilidade e alteridade, tais como retratadas nas atividades da *vita activa* em *A Condição Humana*. Por critério semelhante, pode-se descrever o pensar, o querer e o julgar em termos da companhia. Não só agimos e falamos em pluralidade, também pensamos, queremos e julgamos na companhia dos outros. Na *vita activa*, a ação reúne os principais aspectos da alteridade, ao passo que, dentre as atividades da vida do espírito, o juízo é "a mais política das capacidades

21 A questão da companhia também surge nas intrigantes considerações de Arendt acerca do juízo prático (*phronesis*) e do juízo reflexo do gosto (*taste*). De acordo com Ferrara, "primeiro, diferente da *techne*, que se mantém externa à personalidade do *expert*, a *phronesis*, exatamente como o gosto, não pode ser aprendida por meio de um método. *Phronesis* e gosto somente podem ser cultivados por meio da exposição a casos *exemplares* de juízo correto/ bom. Segundo, diferente da *episteme*, e, novamente, analogamente ao gosto, as conclusões sugeridas pela *phronesis* não são passíveis de demonstração e somente podem ser mostradas e tornadas plausíveis. Como no caso do julgamento de gosto, também no caso da *phronesis* não podemos compelir mas somente tentar arrebatar e conquistar (*woo*) os outros. Terceiro, ao contrário da *sophia*, que diz respeito a verdades universais, a *phronesis* está focada em cursos de ação particulares, assim como o gosto se focaliza em determinadas obras de arte". A. Ferrara, Judgment, Identity and Authenticity, Trabalho apresentado na Conferência Hannah Arendt Twenty Years Later. Harvard University, 22-23 mar. 1996, publicado em *Philosophy & Social Criticism*, v.24, n. 2-3, p. 110. Nessas semelhanças entre *phronesis* e julgamento de gosto, a questão da companhia está presente de forma subentendida em aspectos tais como o cultivo da exemplaridade e o incentivo a concordar com outros.

22 Além do escopo da abordagem aqui proposta, é importante observar que Arendt não foi muito precisa em restringir a alteridade e a pluralidade ao domínio da ação, em oposição à fabricação e ao labor. Fabricar e laborar também envolvem o compartilhamento do mundo com os outros e fornecem instâncias para o reconhecimento de alteridade e pluralidade. Agradeço os comentários do professor Axel Honneth acerca dessas questões.

148 ÉTICA, RESPONSABILIDADE E JUÍZO EM HANNAH ARENDT

espirituais humanas"[23]. Como já mencionado no capítulo dedicado à fenomenologia da aparência das atividades de pensar, querer e julgar, em *A Condição Humana,* Arendt descreve um duplo *espaço-entre*: um *espaço-entre* subjetivo bem como um *espaço-entre* objetivo. Seguindo essa linha de raciocínio, a pluralidade já figura como a própria possibilidade desse "espaço--entre", seja no mundo objetivo dos artefatos, seja nas palavras e feitos intersubjetivos dos sujeitos. A faculdade de julgar ocupa uma posição limiar nesse duplo *espaço-entre*: transpõe a alteridade tal como constituída no pensamento reflexivo para o nível mais concreto das interações, o domínio público das relações humanas – o político[24].

Ao interpretar a faculdade de julgamento em Arendt, McClure identifica duas disposições que examinarei nas próximas seções deste capítulo. Primeiro, do ponto de vista do domínio público, o juízo realiza a atividade de pensar ao tornar-se manifesto no mundo da aparência, por meio de tomada de decisão diante do fato concreto: emitimos nossos juízos concordando e/ou discordando, ou seja, na emissão de nossas opiniões, de nossa doxa. Estas manifestações, na medida em que transcorrem na presença dos outros, estão relacionadas à noção arendtiana de discurso público. Segundo, o juízo é descrito na forma de reflexão precedida pela "operação da imaginação". Ambas as operações remetem à expressão operativa na autora: *levar em conta o ponto de vista dos outros*[25].

O JUÍZO REFLEXIVO: O GOSTO SUPERA O EGOÍSMO

"O gosto supera o egoísmo" e "O belo nos ensina a amar sem intenções de favorecimento." Quem compreende tais afirmativas, compreendeu a crítica da faculdade do juízo[26]. Com essas duas

---

23 *A Vida do Espírito,* p. 144 (LMT, p. 192).

24 Faço uso aqui da terminologia de George Hebert Mead sobre o self, citada no capítulo acerca da faculdade de pensar.

25 Devo parte desta reflexão ao instigante artigo de Kirstie McClure, "The Odor of Judgment", um dos textos mais notáveis sobre a compreensão das noções de exemplaridade e pensamento representativo na autora. Em, C. Calhoun; J. McGowam (eds.), *Hannah Arendt and the Meaning of Politics,* p. 53-84.

26 Kant's Critique of Judgment, p. 032417.

A FACULDADE DE JULGAR

proposições kantianas de *A Metafísica dos Costumes*, citadas como epígrafe ao presente capítulo, Hannah Arendt introduz o seminário ministrado na New School for Social Research, no outono de 1970, sob o título "Critique of Judgment." Em ambas as assertivas – no gosto, a sujeição do egoísmo, e no belo, a capacidade de amar sem intenção de favorecimento –, Arendt dá o tom de suas apropriações da estética kantiana no julgamento reflexivo. Não é novidade que a faculdade de julgar arendtiana seria abordada a partir do "juízo estético reflexivo" da terceira crítica de Kant. O que é intrigante, a despeito de não ter sido devidamente investigado por parte significativa dos intérpretes da autora que se dedicaram à obra *A Vida do Espírito*, é como, epistemologicamente, "uma simples questão de gosto", cuja pretensa arbitrariedade subjetiva expressa no célebre *adágio gustibus non disputandum est*[27], presumidamente irrefutável, e aparentemente a despeito de qualquer uso da razão pública, sugere a superação do egoísmo, esse último cravado como um dos nossos domínios mais privados. É ainda surpreendente como a questão do belo, cuja tendência contemporânea se restringe, em larga medida, ao pleito de relativização radical de preferências estéticas excessivamente individualistas, possibilite, de acordo com Arendt, conduzir-nos a uma dimensão afetiva comum, sem a expectativa de ser correspondido, como uma espécie de face estético-política de *amor mundi*.

O que está em questão não é propriamente uma justaposição entre estética e ética, de modo a capacitar uma ética das preferências individuais, tampouco se trata de mero uso ilustrativo da estética kantiana para elucidar a pluralidade de nossos juízos. A originalidade das apropriações que Arendt promove, a partir da "Analítica do Belo", reside em disponibilizar novas matrizes conceituais na formação de juízos éticos e políticos. Arendt argumenta que a capacidade do juízo reflexivo do julgamento estético proporciona a liberação da motivação por mero interesse próprio. Em contraste às considerações de estética como matriz individualista/niilista para a ética (em oposição à universalização da racionalidade normativa), Arendt apropria o juízo estético de gosto, de modo a realçar a capacidade humana de sentir

---

27 A Crise na Cultura, *Entre o Passado e o Futuro*, em EPF, p. 276 (BPF, p. 222).

150 ÉTICA, RESPONSABILIDADE E JUÍZO EM HANNAH ARENDT

afeto, se deixar afetar, de sentir apreciação com aquilo que, na nomenclatura estética kantiana, "interessa apenas em sociedade". Ainda que a faculdade de julgar opere como atividade reflexiva, figura como a mais política das três capacidades do espírito. No lugar da pluralidade contida no self à qual se refere o *dois-em--um*, na atividade de pensar e na faculdade de julgar os acordos ou desacordos são potências que se ativam no próprio exercício do juízo crítico, na própria ação. Em tal acordo em potencial, argumenta Arendt, "[o] julgamento é uma, se não a mais importante atividade em que ocorre esse compartilhar-o-mundo"[28]. A partilha do mundo com os outros do mundo comum é uma condição determinante, na forma como Arendt se apropria do juízo estético. Em "A Crise na Cultura" a autora ressalta que

a capacidade de julgar é uma faculdade especificamente política, exatamente no sentido denotado por Kant, a saber, a faculdade de ver as coisas não apenas do próprio ponto de vista, mas na perspectiva de todos aqueles que, porventura, estejam presentes; que o juízo pode ser uma das faculdades fundamentais do homem enquanto ser político, na medida em que lhe permite se orientar em um domínio público, no mundo comum[29].

Na contramão de parte significativa dos normativistas neokantianos, Arendt apropria o juízo estético do autor para introduzir uma forma peculiar de legitimidade intersubjetiva no domínio público[30]. Como, então, o juízo estético do gosto opera como base à faculdade política do julgar? Neste tópico minha análise irá se ater à penetrante leitura que Arendt promove do juízo estético de Kant no domínio do gosto, no qual a autora ressalta que Kant descobrira "uma faculdade humana inteiramente nova, a saber, o juízo"[31]. Por sua vez, no juízo reflexivo kantiano,

---

28 Ibidem, p. 275 (*BPF*, p. 221).

29 Ibidem. Aqui Arendt cita explicitamente a *phrónesis* como exemplo da faculdade de julgamento tal qual experiência política.

30 Na tradição pós-estruturalista continental, as apropriações do juízo estético kantiano em termos de filosofia política são significativas. Além de Hannah Arendt, vale ressaltar Paul de Man, Jean-François Lyotard, Gilles Deleuze, Jacques Derrida e Jacques Rancière.

31 *A Vida do Espírito*, p. 369 (*LMW*, p. 255). De fato, o relato arendtiano da terceira crítica de Kant desconsidera postulados tais como a subordinação da especulação e do juízo à vontade moral, a ideia de um espectador orientado por regras, para citar alguns exemplos significativos. Como já mencionado, a leitura heterodoxa promovida por Arendt serve como ponto às apropriações ▶

A FACULDADE DE JULGAR 151

Arendt desvenda as bases de uma nova teoria da formação do juízo político, na qual os afetos comuns protagonizam substancial contribuição. O juízo estético arendtiano permite que o processo de subjetivação incorpore pontos de vista comuns, que derivam do juízo reflexivo do gosto, cuja forma se dá tal qual uma experiência singular do comum.

O particular não é subsumido à lei, à regra ou ao princípio universal como no juízo *determinante*, abordado por Kant na *Crítica da Razão Pura*. O tipo de racionalidade disposta no juízo determinante tem fundamentado parte substancial dos modelos normativos de validação, tanto como base epistêmica para qualificar uma norma válida, quanto para servir como critério da validade da razão comunicativa. Ou seja, no juízo determinante o particular é submetido à regra geral, seja a um conceito, seja a uma norma; não se trata de julgamento propriamente dito, mas sim de uma regra de aplicação[32]. O juízo *reflexivo*, por outro lado, compreende um jogo (*Spiel*), uma dinâmica de não subsunção normativa, entre as faculdades da imaginação (*Einbildungskraft*) e do entendimento (*Verstand*). Arendt atribui à nossa capacidade de gosto um sentido subjetivo de julgamento independente e que, ao mesmo tempo, é capaz de atingir determinados graus de generalização. Ainda que a autora situe o juízo como uma atividade do espírito, não se deve retirar daí que se trata de uma atividade que se dá em isolamento do domínio público. Arendt encontra no juízo estético o *modus operandi* do próprio processo de subjetivação, no qual a perspectiva singular é constituída com base em sentimentos (comprazimentos) comuns. De acordo com Arendt, o juízo reflexivo kantiano, isto é, o juízo de gosto, está calcado sob três aspectos: mentalidade alargada (*eine erweiterte Denkungsart*), *sensus communis* e a posição do espectador.

Inicio com a sensação de comprazimento (*das Wohlgefallen*, *complacentia*)[33] imediato que nos atinge mesmo sem nenhuma mediação conceitual; nesse sentido "não queremos conhecer

▷ da autora. Para um tratamento apurado de Kant a partir das apropriações arendtianas, ver: R.J. Dostal, Judging Human Action, *The Review of Metaphysics*, v. XXXVII, n. 4, p. 725-755.

32 Ver, por exemplo, as justificativas de validação racional dispostas nos modelos normativos de John Rawls e Jürgen Habermas.

33 Mantém-se a tradução de Antônio Marques e Valério Rohden de *Wohlgefallen* por comprazimento. Os tradutores justificam a tradução com a própria ▶

152   ÉTICA, RESPONSABILIDADE E JUÍZO EM HANNAH ARENDT

o objeto, mas sim *estimá-lo* [...] O que está em jogo no objeto é sua *qualidade*, mas não *objetivamente* e sim na medida em que ele agrada ou desagrada"[34]. Esse sentimento de prazer ou desprazer (*Gefuehl der Lust und Unlust*) pode ser descrito como um "sentido interno" (*inner Sinn*), como se não fosse mediado pela comunicação. De fato, parece convincente a expressão *De gustibus non disputandum est*. O *isso-me-agrada-ou-desagrada* é imediato, pois está de certa maneira relacionado ao "particular *qua* particular," e é discriminatório por sua natureza.

Kant distingue três diferentes formas de apresentação do sentimento de comprazimento: o agradável (*das Angenehme*), o belo (*das Schöne*) e o bom (*das Gut*). "*Agradável* significa para alguém aquilo que o *deleita* (*vergnügt*); *belo*, aquilo que meramente lhe *apraz* (*gefällt*); *bom*, aquilo que é *estimado* (*geschätzt*), *aprovado* (*gebilligt*), isto é, onde é posto por ele um valor objetivo."[35] Destes três, apenas o juízo de gosto é estético (*das Geschmacksurteil ist ästhetisch*) e para o qual Kant discrimina quatro movimentos: o sentimento de comprazimento experienciado no belo se dá primeiro, de acordo com sua *qualidade* e deve ser "independente de todo interesse" (*ohne alles Interesse*)[36]; segundo, de acordo com sua *quantidade*, é concebido sem conceitos por uma universalidade representada apenas como subjetiva (*ohne Begriff allgemein gefällt*); terceiro, conforme a *relação dos fins que neles é considerada* (*nach der Relation der Zwecke, welche in ihnen in Betrachtung gezogen wird*), o juízo de gosto apenas tem como fundamento "a forma da conformidade a fins" (*die Form der Zweckmäßigkeit eines Gegenstandes*); e quarto, de acordo com sua *modalidade*, é necessário, mas sem a mediação de um conceito.

▷ menção de Kant ao termo em latim *Complacentia*. Ver parágrafo em *Crítica da Faculdade do Juízo*, § 5, B15. Em inglês a tradução de J.H. Bernard é *delight*.

34 No original: "We do not want to know the object but to estimate it [...] What is at stake in the object is its quality, but [sic] not objectively but insofar as it pleases or displeases." *Kant's Political Philosophy*, doravante KPF, p. 032291.

35 Kant, *Crítica da Faculdade do Juízo*, §5. Na versão inglesa deste livro, foi utilizada a tradução de Bernard: I. Kant, *Critique of Judgment*. A edição da versão original em alemão é: *Kritik der Urteilskraft*. Essa propriedade "meramente agradável" do juízo do gosto abrange o que denomino, na seção sobre o *sensus communis* de "o cultivo de sentimentos públicos".

36 A tradução para o inglês de Bernard é esclarecedora: "disinterested interest" (interesse desinteressado).

A FACULDADE DE JULGAR 153

No primeiro momento, segundo sua *qualidade*, Kant afirma que apenas os juízos de gosto podem conter a propriedade de "interesse desinteressado", ao contrário do comprazimento no agradável, ligado ao interesse privado. O mero agradável é acompanhado por um interesse – ele não deriva do ato de julgar *com determinação*, mas sim do sentimento de que o objeto existe e é uma fonte de "gratificação" aos sentidos[37]. Diferencia-se do gosto também a satisfação derivada do bom, que do mesmo modo está ligada ao interesse, aqui compreendido como um sentido de objetivo ou intenção. Kant afirma:

Bom é o que apraz mediante a razão pelo simples conceito. Denominamos bom para <*wozu gut*> (o útil) algo que apraz somente como meio; outra coisa, porém, que apraz por si mesma denominamos bom em si. Em ambos está contido o conceito de um fim, portanto a relação da razão ao (pelo menos possível) querer, consequentemente um comprazimento na existência de um objeto ou de uma ação, isto é, de um interesse qualquer.[38]

No segundo momento do juízo do gosto, em relação à *quantidade*, Kant ressalta: "O belo é o que é representado sem conceitos como objeto de um comprazimento geral (*allgemein*)."[39] É significativa a opção de Arendt em, no contexto da *Terceira Crítica*,

---

37 I. Kant, *Crítica da Faculdade do Juízo*. Distingue-se entre duas sensações, uma objetiva e outra subjetiva: "a representação de uma coisa pelos sentidos, como uma receptividade pertencente à faculdade do conhecimento" e "o sujeito, e não serve absolutamente para nenhum conhecimento, tão pouco para aquele pelo qual o próprio sujeito se *conhece*. [...] A cor verde dos prados pertence à sensação *objetiva*, como percepção de um objeto dos sentidos; o seu agrado, porém, pertence à sensação subjetiva, pela qual nenhum objeto é representado: isto é, ao sentimento pelo qual o objeto (*Gegenstand*) é considerado como objeto (*Objekt*) do comprazimento (o qual não é nenhum conhecimento do mesmo)." (§3) O agradável expressa um interesse por aquilo que "mediante a sensação ele suscita um desejo por tais objetos." (§3)

38 Ibidem, §4. A tradução para o inglês de "der Begriff eines Zweckso" é elucidativa: "concept of propose".

39 Ibidem, §6. Tradução modificada segundo opção da própria Arendt ao traduzir no, contexto da *Terceira Crítica*, o "allgemain" por "geral" ao invés da tradução corrente de "universal". Bernard Flynn faz um alerta quanto a esse ponto: "O fato de Arendt escolher 'geral', sendo que as traduções padrão adotam o termo 'universal' para a palavra *allgemein* em alemão [...] parece ser bastante significativo para sua leitura de Kant." B. Flynn, Arendt's Appropriation of Kant's Theory of Judgment, *Journal of the British Society for Phenomenology*. v. 19, n. 2, may 1988, p. 133.

154 ÉTICA, RESPONSABILIDADE E JUÍZO EM HANNAH ARENDT

traduzir o "allgemain" por "geral" em vez da tradução corrente de "universal". A autora chama a atenção para a compreensão kantiana da validade comum (*Gemeingültigkeit*), a qual classifica de pública (*Publik*), uma vez que o espaço público é o único lugar em que é possível "afirmar que tal coisa é 'bela' e não apenas 'agradável'". Esse sentido se torna claro na seguinte passagem:

a validade estética de um julgamento é de "tipo especial": se estende sobre toda a esfera daquilo que está sob julgamento (*judging subjects*) [*der Urteilenden*], mas não além dela. Essa esfera diz respeito aos elementos que tenho em mente quando articulo um julgamento. Eu os imagino, os levo em consideração, de forma que se tornam tão públicos quanto eu mesma. Posso pensá-los como uma "voz geral" (*general voice*). Relaciono o julgamento a essa voz da humanidade. E apenas escuto essa voz se, quando e na medida em que julgo[40].

Daí a comunalidade do comprazimento no juízo de gosto ser apresentada apenas em termos intersubjetivos. "Todos os juízos de gosto são juízos singulares."[41] Não se considera algo belo

se meramente lhe apraz. Muita coisa pode ter atrativo e agradável para si, com isso ninguém se preocupa; se, porém, toma algo por belo, então atribui a outros precisamente o mesmo comprazimento: ele não julga simplesmente por si, mas por qualquer um e, neste caso, fala da beleza como se ela fosse uma propriedade das coisas[42].

No manuscrito de 1964 sobre a filosofia política de Kant, Arendt ressalta:

Na medida em que aqui estamos interessados na *humanidade*, possuímos um revertido interesse em desinteresse (*disinterestedness*). Porém, estritamente falando, o interesse não está localizado dentro de nós – de que devemos ser mais perfeitos –, mas está no mundo na

---

40 No original: "come and say such things as 'beautiful' and not merely 'pleasing.' This meaning becomes clear in the following sentence: the aesthetic validity of a judgment is of 'a special kind:' it extends over the whole sphere of judging subjects (*der Urteilenden*), but not farther. These are subjects I have in mind when I utter a judgment. I imagine them into account and they become public like myself. I can think of them as of a 'general voice.' This voice of Humanity is what I relate judgment to. And this voice I hear only if, when and insofar as I judge." KPP, p. 032292.

41 *Crítica da Faculdade do Juízo*, §8. Concerne ao que Kant denomina de validade lógica.

42 Ibidem, §7.

A FACULDADE DE JULGAR

dupla significação dos objetos e da companhia. Por meio do desinteresse nos tornamos membros desse mundo, dignos de viver em meio a aparências.[43]

O juízo reflexivo está calcado em uma satisfação desinteressada, razão pela qual de certa forma nos libera das condições dos interesses próprios. Assim torna-se possível *demandar* o mesmo dos outros[44]. Kant continua:

O próprio juízo de gosto não postula o acordo unânime de qualquer um (pois isto só pode fazê-lo um juízo universal, uma vez que ele pode alegar razões); somente imputa a qualquer um este acordo como um caso de regra, com vistas ao qual espera a confirmação não de conceitos, mas da adesão de outros.[45]

Com esses pressupostos elencados no segundo momento da *Analítica do Belo*, Arendt atribui ao juízo do gosto uma validade *geral*. Ainda em relação ao critério da validade (quantidade), no §39, e ao longo do §8, Kant argumenta que, entre os três tipos de comprazimento (*delight*), apenas o gosto pode requerer uma validade comum (*Gemeingültigkeit*). O primeiro é "quando a sensação, como o real da percepção, é referida ao conhecimento, ela se chama sensação sensorial", como o olfato e as cores. Esses sentidos dependem de nossas reações pessoais ao objeto. Supor que todos possuem o sentido do olfato não basta para prescrever uma validade universal, uma vez que não há como ter certeza que "qualquer um tenha um sentido igual ao nosso"[46]. De fato, não há necessidade alguma de validade geral para acreditar que todos terão a mesma sensação de um objeto, visto que todos

---

43 No original: "In so far as we are interested in *Humanity*, we have a vested interest in disinterestedness. But the interest is strictly speaking not in ourselves – that we should be more perfect – but in the world in the twofold sense of objects a company: through disinterestedness we become members of this world, worthy of living among appearances." KPP, p. 032291.

44 Um argumento para justificar esse aspecto "exigente" da "universalidade" baseia-se na ideia de que "Ele falará, pois, do belo como se a beleza fosse uma qualidade do objeto e o juízo fosse lógico (constituído através de conceitos do objeto um conhecimento do mesmo); conquanto ele seja somente estético e contenha simplesmente uma referência da representação do objeto ao sujeito; já que ele contudo possui semelhanças com o lógico, pode-se pressupor a sua validade para qualquer um." I. Kant, *Crítica da Faculdade do Juízo*, §6.

45 Ibidem, §8.

46 Ibidem, §39.

possuem um sentido de olfato: "não se pode, contudo, estar seguro de que ele tenha de uma flor exatamente a mesma sensação que nós temos"[47]. O segundo tipo de prazer é a satisfação privada de prazer, o prazer do gozo. "Não se pode absolutamente pretender que o prazer em semelhantes objetos seja reconhecido por qualquer um."[48] É significativo que Kant enfatize que aqui a sensação de "agrado ou desagrado" nos é dada passivamente por meio dos sentidos. Nesse momento, somos receptores passivos; não nos envolvemos em nenhuma *reflexão*. Por fim, encontra-se "o comprazimento numa ação com vista à natureza moral"[49], isto é, o sentimento moral, o qual pode ser considerado universalmente válido, pois remete à validade universal da lei moral. Não obstante, o sentimento moral "não permite também comunicar-se universalmente senão pela razão, isto é, se o prazer deve ser idêntico em qualquer um, por bem determinados conceitos práticos da razão"[50].

O prazer proporcionado pela contemplação do belo distingue-se das formas de prazer acima descritas por ser oriundo de um prazer proveniente da reflexão:

Sem ter por guia qualquer fim ou princípio, esse prazer acompanha a apreensão comum de um objeto pela faculdade da imaginação enquanto faculdade da intuição, em relação com o entendimento como faculdade dos conceitos, mediante um procedimento da faculdade do juízo, o qual tem de exercer também com vista à experiência comum.[51]

O tipo de validade geral subjetiva creditada à estética, a qual independe do conceito, não se trata de juízo lógico, uma vez que não depende do conhecimento do objeto. Em outras palavras, não é necessário conhecer as propriedades lógicas do objeto estético para apreciá-lo. É assim que Kant justifica a particularidade do juízo estético. Este não pressupõe a junção do predicado da beleza com o conceito lógico do objeto ao qual ele se refere; o julgamento do gosto em realidade se estende a

47 Ibidem.
48 Ibidem.
49 Ibidem.
50 Ibidem. Kant também aponta para a comunicabilidade universal do prazer do sublime na natureza que, mesmo sem ser passível de contemplação como o belo (de modo desinteressado etc.), assenta-se também sobre conceitos morais.
51 Ibidem.

A FACULDADE DE JULGAR

todo domínio das pessoas que julgam[52]. Daí tratar-se de um juízo que espera pela confirmação de adesão dos outros e não pela confirmação de conceitos.

Para Kant, no juízo estético a imaginação funciona "para perceber a conveniência da representação (*Vorstellung*) com a ocupação (atividade) harmônica (subjetivamente conforme a fins, *subjektiv-zweckmäßigen*)[53] de ambas as faculdades de conhecimento em sua liberdade, isto é, ter a sensação de prazer do estado da representação"[54]. O belo não é prazeroso em si; em vez disso, o belo constitui um *estado mental* produzido pela reflexão que ocorre na livre interação entre a imaginação e a compreensão. Esse estado produz uma "sensação" de prazer. Assim, o julgamento de gosto proporciona prazer não na percepção (compreendida aqui como percepção passiva ou pura cognição), mas sobretudo um prazer no estado reflexivo da representação (a mesma nomenclatura utilizada por Kant para a percepção ativa, a memória produtiva e a imaginação). "O que agrada meramente na percepção é gratificante, mas não é belo. O belo agrada na representação, pois agora a imaginação preparou-se de modo a que eu possa refletir sobre ele."[55]

Em "A Crise da Cultura", inspirada pela gramática estética kantiana, Arendt conclui que, no que diz respeito ao juízo estético, nosso interesse pelo mundo é "desinteressado", visto que nem os interesses morais do self, tampouco os interesses vitais do indivíduo, estão em jogo. O gosto julga o mundo em sua visibilidade e na comunalidade dos afetos. Assim, no domínio do juízo do estético, nosso objeto primário é o mundo humano das aparências, o mundo público que acaba por afetar nossos sentimentos e afetos.

O terceiro momento no juízo do gosto diz respeito à "relação dos fins que neles é considerada"[56]. Neste caso, o juízo de

---

52 Ibidem, §8.

53 É esclarecedora a tradução de *subjektiv-zweckmäßigen* para o inglês: "subjective purposive".

54 No original: "d.i. den Vorstellungszustand mit Lust zu empfinden, zu tun genötigt ist". Ibidem, §39.

55 *Lições Sobre a Filosofia Política de Kant*, p. 86 (LKPP, p. 67).

56 No original: "Relation der Zwecke, welche in ihnen in Betrachtung gezogen wird". *Crítica da Faculdade do Juízo*, §10. A Tradução para o inglês do terceiro momento do juízo de gosto é esclarecedora: "a purposiveness without purpose". *Critique of Judgment*, 1951.

ÉTICA, RESPONSABILIDADE E JUÍZO EM HANNAH ARENDT

gosto só tem como fundamento "a *forma* da conformidade a fins" (*die Form der Zweckmäßigkeit eines Gegenstandes*). Kant condensa esse terceiro momento com a seguinte afirmativa: "Beleza é forma da conformidade a fins de um objeto, na medida em que ela é percebida nele sem representação de um fim."[57] Inicialmente, vale a pena reproduzir o que Kant entende por "conformidade a fins em geral" (*Von der Zweckmäßigkeit überhaupt*):

Fim é o objeto de um conceito, na medida em que este for considerado como a causa daquele (o fundamento real de sua possibilidade); e a causalidade de um *conceito* com respeito ao seu *objeto* é a conformidade a fins (*forma finalis, proposiveness*). Onde, pois, não é porventura pensado simplesmente o conhecimento de um objeto, mas o próprio objeto (a forma ou existência deste) como efeito, possível somente mediante um conceito último, aí se pensa um fim.[58]

Seguindo o argumento desse terceiro momento, Kant ressalta que a descrição da finalidade (*purposiveness*) só é possível mediante um fim, um propósito; e que esse propósito tem como causa uma vontade. Então, como seria possível o juízo de gosto possuir uma finalidade, se lhe falta a intencionalidade do propósito expressa na vontade?[59] Já que, ao mesmo tempo, segundo Kant, o propósito, o fim, apenas se torna inteligível na forma de uma vontade. No juízo de gosto, a vontade é compreendida em termos de uma

conformidade a fins subjetiva na representação de um objeto sem qualquer fim (objetivo ou subjetivo), consequentemente a simples forma da conformidade a fins na representação, pela qual um objeto nos é *dado*, pode, na medida em que somos conscientes dela, constituir o comprazimento que julgamos como comunicável universalmente sem conceito, por conseguinte o fundamento determinante do juízo de gosto[60].

O fundamental aqui é ressaltar que a forma propositiva de nossa representação subjetiva se expressa na própria experiência da satisfação, que, mesmo sem a confirmação dos atributos

---

57 No original: "Schönheit ist Form der Zweckmäßigkeit eines Ge- genstandes, sofern sie, ohne Vorstellung eines Zwecks, an ihm wahrgenommen wird". *Crítica da Faculdade do Juízo*, §17.
58 Ibidem, §10.
59 Ibidem.
60 Ibidem, §11.

A FACULDADE DE JULGAR

daquilo que se aprecia, trata-se de uma satisfação comunicável. Tendo em vista sua origem na experiência da satisfação, mediante um interesse desinteressado, sentido de forma imediata e não comunicável conceitualmente, no juízo de gosto predominam duas outras faculdades: a imaginação e o sentido comum (*der allgemeinen Beistimmung*).

Arendt chama a atenção para o papel central que a imaginação desempenha na operação da reflexão sobre os objetos subjetivamente representados.

> A imaginação, a habilidade para tornar presente o que está ausente, transforma os objetos dos sentidos objetivos, em objetos "sentidos", como se eles fossem objetos de um sentido interno. Isso ocorre pela reflexão não sobre um objeto, mas sobre sua representação. O objeto representado, e não a percepção direta do objeto, suscita agora o prazer ou o desprazer. Kant chama a isto "a operação de reflexão" [*Operation der Reflexion*].[61]

Quando a experiência do agradar/desagradar ocorre no estado da representação dos juízos de gosto – literalmente "isso me agrada ou me desagrada" –, Kant alega que se pode inferir algo implícito: "eu aceito ou não aceito." Ou seja, é como se a experiência do comprazimento fosse submetida a uma outra reflexão subsequente. A sensação de prazer que obtemos do juízo do gosto é submetido ao crivo da aprovação ou desaprovação, descritos por Kant como *afterthoughts*. A partir desse "prazer adicional" de aprovação ou desaprovação é que os juízos de gosto tornam-se possíveis, uma vez que não é mais o objeto que propicia o prazer, mas o fato de que ele será julgado como algo que propicia prazer. Em um dos vários manuscritos dedicados às implicações políticas e éticas da *Crítica da Faculdade do Juízo*, é justamente a discussão desse aspecto que incita Arendt à questão-chave: "De onde o comprazimento se origina: do agradar/desagradar ou do juízo?"[62] Fosse o prazer experienciado no juízo do gosto, alcançado a partir do simples "gosto ou desgosto", tratar-se-ia simplesmente de uma questão de gratificação em que o prazer não é nada mais além de uma sensação íntima, condenada à validade privada. O prazer adicional

---

61 Ibidem, §40. Cf. *Lições Sobre a Filosofia Política de Kant*, p. 83 (LKPP, p. 65).
62 No manuscrito original: "Whence does the pleasure arise: from the like or dislike or from judging?". Cf. Kant's Critique of Judgment, p. 032415.

160 ÉTICA, RESPONSABILIDADE E JUÍZO EM HANNAH ARENDT

provém do fato de que "o próprio ato de aprovação agrada e o ato de desaprovação desagrada, tendo em vista que o julgamento de gosto interessa apenas em sociedade"[63]. Seguindo a argumentação de Kant, Arendt então interroga: "Como escolher entre a aprovação e a desaprovação?"[64] O critério da desaprovação ou da aprovação, contesta a própria autora, é a comunicabilidade ou a publicidade.

Assim, justifica-se o quarto e último momento do juízo do gosto. Esse se dá segundo a modalidade do comprazimento no objeto: "a necessidade do assentimento universal, que é pensada num juízo de gosto, é uma necessidade subjetiva, que sob a pressuposição de um sentido comum é representada como objetiva"[65]. É a afirmação de um *acordo geral* baseado em um sentido comum. A sensação de prazer ou desprazer (acordo ou desacordo) no que diz respeito a algo que dá prazer é sustentada por um sentimento aberto à comunicação, cuja "regra de sua decisão é o sentido comum"[66]. Portanto, os critérios básicos da operação de reflexão são o *sensus communis* e a imaginação. *Sensus communis* e o uso da imaginação constituem esferas nas quais se pode

invocar algo profundamente arraigado e partilhado de maneira similar por todos. Dizemos que esse julgamento carrega uma "generalidade subjetiva" ou "validade pluralística" tal qual oposta à "validade comparativa" em matérias propícias a acordos, nas quais em realidade comparamos e, de fato, contamos os presentes. Essa evocação diz: você poderia – ela nunca diz: você deve ou você precisa (*you ought or you must*). É persuasivo, mas nem exige nem constrange[67].

---

63 No manuscrito original: "the very act of approbation pleases and the act of disapprobation displeases, since judgment of taste interests only in society". Cf. Kant's Critique of Judgment, p. 032415.

64 *Lições Sobre a Filosofia Política de Kant*, p. 89 (*LKPP*, p. 69).

65 No manuscrito original: "Die Notwendigkeit der allgemeinen Beistimmung, die in einem Geschmacksurteil gedacht wird, ist eine subjective Notwendigkeit, die unter der Voraussetzung eines Gemeinsinns als objektiv vorgestellt wird." *Crítica da Faculdade do Juízo*, § 22.

66 *Lições Sobre a Filosofia Política de Kant*, p. 89 (*LKPP*, p. 69).

67 No manuscrito original: "appeal to something deep-seated and shared alike by all men which underlies their agreement in estimating the forms under which objects are given to them. We saw that this judgment carries 'subjective generality' or 'pluralistic validity' as opposed to 'comparative validity' in agreeable things, where you actually compare and count noses. This appeal says: you should – it never says: you ought or you must. It is persuasive and is neither demanding nor compelling". KPP, p. 032291.

A FACULDADE DE JULGAR 161

Nas seções seguintes, o objetivo então é desenvolver como essa gramática kantiana dos juízos estéticos operam na faculdade do juízo arendtiano.

SENSUS COMMUNIS: O CULTIVO DE SENTIMENTOS PÚBLICOS

Hannah Arendt concebe a noção latina *sensus communis* a partir de sua tradução livre da expressão ciceroniana cunhada em *De Oratore*. O termo notabilizado por Cícero confere ao *sensus communis* arendtiano um sentido peculiar: "a capacidade de comunicar um sentimento" e o "poder natural de afetar e proporcionar satisfação". A bem da verdade, Arendt alude ao vocabulário latino em seus escritos sobre a capacidade de julgar já em um contexto kantiano, no qual o sentido arrogado por Cícero de "transmissão de uma sensibilidade geral" aparece de forma tênue. *Sensus communis*, "ao originar-se da natureza do discurso (*arising from the nature of speech)"*, é retratado mais como a capacidade natural de sensibilizar e de provocar satisfação". Ao descrever *sensus communis*, Cícero ressalta:

É notável quão pequena é a diferença entre o sujeito versado e o homem comum quando considerados como árbitros, embora mantenha-se uma lacuna considerável entre eles na qualidade de suas execuções. Levando em conta que a arte inicia-se na natureza, certamente se suporia que ela teria falhado se não possuísse a capacidade natural de nos afetar e proporcionar satisfação.[68]

Em suas considerações sobre o juízo estético, Arendt literalmente descreve *sensus communis* como o "poder de afetar e

[68] Na tradução para o inglês da Loed Classical Library: "It is remarkable how little difference there is between the expert and the plain man as critics, though there is a great gap between them as performers. For as art started from nature, it would certainly be deemed to have failed if it had not a natural power of affecting us and giving us pleasure". Cícero, *De Oratore*, Book III, *De fato, paradoxa stoicorum, de partitione oratoria*, p. 157. "Mirabile est, cum plurimum in faciendo intersit inter doctum et rudem, quam non multum differat in iudicando. Ars enim cum a nature profecta sit, nisi naturam moveat ac delectet nihil sane egisse videatur", p. 156. Vale ressaltar que foram valiosas as contribuições de McClure sobre a noção ciceroniana de *sensus communis* no juízo estético empregada por Arendt. Cf. K. McClure, The Odor of Judgment, C. Calhoun; J. McGowan (eds.), op. cit.

162 ÉTICA, RESPONSABILIDADE E JUÍZO EM HANNAH ARENDT

proporcionar satisfação". De forma que é plausível considerar que a noção arendtiana comporta o sentido primário de comunalidade atribuído a Cícero. A habilidade de proporcionar predileção e aprazimento não se fundamenta nem em *expertise* e proficiência de conhecimento, nem em exclusivo ou exaustivo uso racional de ferramentas cognitivas *praedetermino*. Arendt traduz a definição ciceroniana de *sensus communis*, "*sunt in communibus infixa sensibus*", como "enraizado em um sentido comum" (*rooted in common sense*), preterindo as traduções consagradas propostas tanto por Rackham no *Loeb Classical Library*: "rooted deep in the general sensibility" (profundamente enraizado na sensibilidade geral); quanto na *Classici Latina* de Giuseppe Norcio, "molto vicine al sentimento di ognuno"[69] (muito próximo ao sentimento de cada um). Aqui a primeira hipótese é de que ainda que Hannah Arendt tenha evitado as traduções de *Loeb* e *Classici Latina* por considerá-las demasiado próximas de uma acepção puramente sentimental não comunicável, própria às interpretações "psicologizantes"[70], o sentido atribuído à "sensibilidade geral," ao sentimento comum, alude à noção mesma atribuída pela própria Arendt ao termo latino[71].

De fato, a tradução de Loeb de *sunt in communibus infixa sensibus* como "profundamente enraizada em uma sensibilidade geral" parece confirmar a própria interpretação arendtiana de *sensus communis* como um sentido, uma sensibilidade constituída subjetivamente cuja validade é geral. Em lugar da imaginação ao serviço do intelecto, de modo a pressupor um senso racional comum, regulado basicamente por princípios categóricos ou procedimentais (leia-se em particular a tradição neokantiana, realçada a partir dos anos de 1970 pelo formalismo metodológico de Rawls), Hannah Arendt ressalta o papel protagonista da imaginação. No julgamento de gosto, Kant predispõe

---

69 T. M. Cicerone, De Oratore, *Opere Retoriche*, p. 563.
70 Cf. K. McClure, The Odor of Judgment, C. Calhoun; J. McGowan (eds.), op. cit.
71 É provável que Hannah Arendt estivesse sob a influência da visão heideggeriana a respeito dos "sentimentos" (*Gefühle*), tematizados como uma categoria psicológica "confusa", puramente privada e incapaz de conduzir à revelação do mundo. Cf. *Gesamtausgabe*, B. 61, em M. Heidegger, *Phänomenologische Interpretationen zu Aristoteles*. Para a distinção heideggeriana entre *Gefühle* e *Stimmung*, ver J. Caputo, *Demythologizing Heidegger*, p. 69.

A FACULDADE DE JULGAR

o intelecto a serviço da imaginação, retrata uma noção de *sensus communis* cuja matriz é o cultivo de uma sensibilidade comum, o cultivo de sentimentos comuns, por assim dizer, o cultivo de sentimentos públicos. Dito de outro modo, *sensus communis*, ao ser narrado como "ser afetado por meio de satisfação", envolve a prática da capacidade de se sensibilizar, por meio da satisfação, apenas acessível pela experiência da vida comum, em vez do dever próprio da ética normativa e da racionalidade estratégica. Ter predileção, prazer, por sentimentos comuns na livre atividade (*free play*) entre intelecto e imaginação não se opera por meio de condições pré-fixadas de julgamento determinante, argumentação deontológica e escolha racional de cunho eminentemente procedimental, nos quais o papel da imaginação, afirma o próprio Kant, é de mero facilitador do entendimento, ou seja, uma imaginação *re*-presentativa, basicamente imitativa e reprodutiva. O comprazimento exprime, em realidade, o *ser afetado* por satisfações desinteressadas, as quais não promovem proveitos ou interesses pessoais. O *sensus communis* nos imprime uma existência intersubjetiva, e nos afeta com satisfação e impulso de vida. No contexto medieval da terminologia ciceroniana, precisamente em III.195 de *De Oratore*, traduzida por Arendt, *sensus communis* é enunciado como um "sentimento pelos outros em uma mesma comunidade" (*feeling for others in the same community*)[72]. Particularmente por meio da descrição de *sensus communis* tal qual cultivo de sentimentos intersubjetivamente e socialmente partilhados, é que a faculdade de imaginação pode ser predicada como uma capacidade de ampliação de pontos de vista alheios.

Ainda sim, em que implica de fato *ser afetado pela preferência por satisfações e comprazimentos desinteressados*? Introduzida pelo vocabulário ciceroniano, Arendt apropria o uso kantiano do termo latino *sensus communis*, de forma a diferenciá-lo do mero senso comum (*common sense*), "um sentido como nossos outros sentidos – os mesmos para cada um em sua própria privacidade"[73]. Muito embora *sensus communis*

---

72 P.G.W. Glare, *Oxford Latin Dictionary*, p. 370. Cícero, *De Oratore*. II.12 ("a uulgari genere orations atque a consuetude communis sensus abhorrere"), bem como, III.195 ("ea sunt in communisibus infixa sensibus").

73 *Lições Sobre a Filosofia Política de Kant*, p. 90 (*LKPP*, p. 70); *Critique of Judgment*, § 40; IV, p. 293-294. Cf. R. Dostal, Judging Human Action, op. cit., p. 729. Vale ressaltar que Hannah Arendt oscila em descrever o senso comum ▶

164 ÉTICA, RESPONSABILIDADE E JUÍZO EM HANNAH ARENDT

tenha sido mencionado por Arendt como "sexto sentido misterioso (*mysterious sixth sense*)", não conduz à apreensão de *sensus communis* tal qual instinto irracional e não comunicável. Descreve um "senso extra" comparável a uma capacidade mental extra (*Menschenverstand*), apta a nutrir nos indivíduos sentimentos comuns, capaz de nos ajustar à vida social. Senso de comunalidade é, assim, descrito como um

senso comunitário, *sensus communis*, distintamente do *sensus privatus*. É a esse *sensus communis* que o juízo apela em cada um, e é esse apelo possível que confere ao juízo sua validade especial. O "isso-me-agrada-ou-desagrada" que, na qualidade de sentimento, parece ser inteiramente privado e incomunicável, está na verdade enraizado nesse senso comunitário e, portanto, aberto à comunicação, uma vez que tenha sido transformado pela reflexão, que leva em consideração todos os outros e seus sentimentos. Esses juízos nunca têm a validade das proposições cognitivas ou científicas, que, propriamente falando, não são juízos[74].

De certa forma, *sensus communis* agrega uma dimensão pública cujo acesso é privado. Por um lado é um sentido privado, pois, na qualidade de sentimento, agradável ou desagradável, permanece um acesso particular, que não pode se tornar puro derivado de uma equação racional do conhecimento. Tomando um exemplo da estética, em geral não admiramos

▷ (*common sense*) tanto como responsável pelo dado de realidade comum a todos, se aproximando de uma concepção passiva de percepção, quanto como *sensus communis* por meio de uma percepção ativa, a capacidade mental de exprimir "satisfação adicional" por sentimentos públicos próprio do exercício da faculdade de julgar. Particularmente em *A Vida do Espírito*, Arendt menciona o termo "senso comum" (*common sense*) como mera percepção passiva, um senso cujo principal atributo nos ajusta ao mundo dos artefatos, nossa capacidade propriamente dita de possuir uma percepção comum associada à força do hábito. "Por um lado, a realidade do que percebo é garantida por seu contexto mundano, que inclui outros seres que percebem como eu; por outro lado, ela é percebida pelo trabalho conjunto de meus cinco sentidos." *A Vida do Espírito*, p. 39 (*LMT*, p. 50). Em outra passagem: "É função do sexto sentido adequar-nos ao mundo das aparências e deixar-nos em casa no mundo dado por nossos cinco sentidos"; ibidem, p. 46; *LMT* p. 59. Aqui a comunalidade de nossos cinco sentidos, o *common sense*, retratado como um sentido extra, nos confere simplesmente o dado de realidade. Kant ainda distingue o *sensus communis* tal qual uma capacidade crítica e pública do senso comum, tal qual um senso vulgar, ordinário (*Gemeinsinn*). Cf. J. Taminiaux, *The Thracian Maid and the Professional Thinker*, p. 199-217.

74 *Lições Sobre a Filosofia Política de Kant*, p. 93 (*LKPP*, p. 72).

A FACULDADE DE JULGAR

uma pintura porque "conhecemos", de fato, suas propriedades efetivas, e sim pelos sentimentos e emoções que nos suscita. Por outro lado, é compreendido como um senso público não por estar relacionado à publicidade cognoscível dos objetos, mas porque o acesso se dá exclusivamente por meio intersubjetivo. São produtos da imaginação e da reflexão que tão somente "flertam" e "pleiteiam" a concordância de todos, em lugar do tipo de julgamento (determinante) que ocorre, por exemplo, quando "julgamos" que as folhas das árvores são verdes, cuja validade de suas proposições se dá por meio da evidência cognitiva dos sentidos ou mental, propriamente dita.

Um aspecto particularmente intrigante e fascinante nas considerações arendtianas de *sensus communis* chama a atenção e nos remete ao quarto momento da "Analítica do belo", descrita no tópico anterior. Por um lado, é retratado como um sentimento de satisfação discriminatório e imediato, tal qual na pura sensação imediata de "isso-me-agrada-ou-desagrada". Descrito exclusivamente dessa forma, Arendt não seria capaz de sustentar que tal senso comunal é o resultado da livre atividade entre imaginação e entendimento, como ocorre no julgamento reflexivo, tendo em vista que o próprio julgamento reflexivo é *mediato*, e, portanto, posterior a um sentimento meramente *imediato*. Por outro lado, o *sensus communis* é nomeado como um senso de sociabilidade que advém de uma "satisfação adicional" (*additional pleasure*). O sentimento de comprazimento em um julgamento reflexivo de gosto decorre de nossa aprovação ou desaprovação face ao sentimento de prazer ou de desprazer. Isso implica que o *sensus communis* nos torna aptos a discriminar, em uma situação de satisfação, se estamos ante mero privilégio e interesse privado, ou se, de fato, diante de um "comprazimento desinteressado", tal qual assinalado no julgamento reflexivo na *Crítica do Juízo*, apropriado por Arendt. O prazer ou desprazer que um juízo reflexivo evoca não se arbitra meramente pela sensação imediata de satisfação ou insatisfação, e sim à medida que aprovamos ou desaprovamos nosso deleite, à medida que nosso prazer/desprazer se apropria do interesse público[75]. É como se fôssemos

75 Ver: K. McClure, The Odor of Judgment, em C. Calhoun; J. McGowan (eds.), op. cit., p. 71.

166 ÉTICA, RESPONSABILIDADE E JUÍZO EM HANNAH ARENDT

capaz de desfrutar um "prazer ou desprazer adicional", produto de uma mediação reflexiva, de um re-pensar (*afterthoughts*).

Em vez de mero "sexto sentido misterioso" e imediato, *sensus communis* é um exercício de julgamento reflexivo que nos capacita a sentimentos comuns. Promove uma sensação "imediatamente sentida", *como se* fosse concebido *sem* a mediação da reflexão. O elemento central para uma compreensão desse movimento do juízo está na inflexão "como se". Embora a sensação de comprazimento seja sentida de forma imediata, *como se* fosse uma mera sensação agradável na qual não perpassa qualquer mediação, em realidade, é um sentimento fruto da reflexão, uma reflexão afetiva, subjetiva e de atribuição de significado. Aqui está um dos elementos mais políticos das apropriações do juízo estético kantiano feitas pela faculdade de julgar arendtiana: o cultivo sensível dos afetos ou desafetos comuns. Uma de suas implicações à configuração de um imaginário político comum é que, nessa descrição, é possível se demandar uma prática ao juízo, demandar o exercício que possibilite a sensibilização, possibilite o *deixar-se afetar* pelo que "interessa apenas em sociedade". Implica em dizer que é possível ser descrita em termos de cultivo de sensibilidades comuns, de prática dos afetos comuns.

Essa é uma das razões pelas quais Arendt insiste em nomear a *Crítica da Faculdade do Juízo* de a verdadeira obra política e ética de Kant. *Sensus communis* é um sentido "que torna pública as sensações ou sentimentos"[76], não meramente por incidir em um sentimento que pode ser comunicado, mas sim, primeiramente, por garantir uma espécie de concordância e deleite sobre determinadas sensações, comprazimentos socialmente produzidos por meio do reconhecimento recíproco entre os sujeitos; e segundo, por se tratar de uma condição intersubjetiva que atinge graus mais desenvolvidos de interação por meio da prática. Em suma, a partir desse vocabulário, é possível aludir que aprendemos a sentir satisfação por aquilo que interessa apenas em sociedade. Tal qual "satisfação adicional", o *sensus communis* é retratado como a capacidade de eleger uma determinada reflexão mental.

---

76 No manuscrito original inédito: "Which Makes Sensations or Feelings Public";
    KPP, p. 032264.

A FACULDADE DE JULGAR

O gosto é esse "senso comunitário" (*gemeinschaftlicher Sinn*), e, aqui, senso significa "o efeito de uma reflexão sobre o espírito" (*the effect of a reflection upon the mind*). Essa reflexão me afeta *como se* fosse uma sensação, e, precisamente, uma sensação de gosto, o sentido discriminador, de escolha. "Poderíamos mesmo definir o gosto como a faculdade de julgar aquilo que converte nosso sentimento [como sensação] em uma dada representação [não percepção], comunicável em geral, sem a mediação de um conceito."[77]

Uma faculdade crítica que nos afeta, nos sensibiliza às injustiças. Como tratado mais adiante, o sentimento de indignação diante de uma injustiça é um dos exemplos mais eloquentes desse sentido que não está mediado pelo conceito, pela necessária apropriação lógica das inscrições normativas da moral. Arendt continua o mesmo raciocínio ao pressupor que

sob o *sensus communis* devemos incluir a ideia de um sentido *comum a todos*, isto é, de uma faculdade de julgar que, em sua reflexão, considera (*a priori*) o modo de representação de todos os outros homens em pensamento, para, *de certo modo*, comparar seu juízo com a razão coletiva da humanidade (e, desta forma, escapar da ilusão que provém das condições privadas, que tão facilmente podem presumir objetividade, e que prejudicialmente afetaria o julgamento). [...] Isso é feito pela comparação de nosso juízo com os juízos *possíveis*, e não com os juízos reais dos outros, colocando-nos no lugar de qualquer outro homem e abstraindo-nos das limitações que, contingentemente, prendem-se aos nossos próprios juízos.[78]

---

77 *Lições Sobre a Filosofia Política de Kant*, p. 92 (KLPP, p. 71-72). I. Kant, *Crítica da Faculdade do Juízo*, §40. Segue na íntegra a passagem citada por Arendt do §40, na tradução à edição portuguesa de Antonio Marques e Valério Rohden: "o gosto pode ser chamado, com maior direito que o são entendimento, *sensus communis*; e o que a faculdade de juízo estético, de preferência à intelectual, pode usar o nome de um sentido comunitário '*gemeinschaftlichen*' (*Sinnes*), se se quiser empregar o tempo 'sentido' (*Sinn*) como um efeito da simples reflexão sobre o ânimo (*Gemüt*), pois então se entende por sentido o sentimento de prazer (*Gefühl der Lust*). Poder-se-ia até definir o gosto pela faculdade de julgamento daquilo que torna o nosso sentimento, numa representação dada, *universalmente comunicável* (*allgemein mittelbar*), sem mediação de um conceito".

78 *Lições Sobre a Filosofia Política de Kant*, p. 91 (KLPP, p. 71). I. Kant, op. cit. Em outra passagem: "Ora, essa operação da reflexão talvez pareça ser demasiado artificial para atribuí-la à faculdade a que chamamos sentido comum (*gemeinen Sinn*); ela todavia só se parece assim se a expressarmos em fórmulas abstratas; em si nada é mais natural do que abstrair do atrativo e da comoção se se procura um juízo que deve servir de regra universal (*gemeinen Regel*)".

168 ÉTICA, RESPONSABILIDADE E JUÍZO EM HANNAH ARENDT

A capacidade de comparar nosso julgamento com outros possíveis requer o cultivo dessa satisfação desinteressada, o cultivo pelo sentimento de aprovação face ao aprazimento com experiências e ações que nos dizem respeito como coletivo, como um conjunto de singulares comuns. "É o mais ativo dentre os sentidos, no sentido de dar sentido aos dados do sentido."[79] Arendt reivindica que é mais justo o juízo de gosto ser nomeado de *sensus communis* do que o entendimento comum, esse último compreendido como hábito de nossa racionalidade cotidiana. O julgamento reflexivo, diferentemente do julgamento intelectivo, comporta um sentido intersubjetivo primário. Kant claramente nega a prerrogativa de *sensus communis*, tanto como entendimento comum quanto como adequação ao julgamento determinante. A ideia de *sensus communis* fora deixada ao juízo de gosto. Parafraseando Kant, pode-se designar o gosto como *sensus communis aestheticus*, e o entendimento comum como *sensus communis logicus*[80].

É relevante transcrever na íntegra a passagem kantiana citada por Hannah Arendt para definir a prerrogativa empírica do juízo de gosto tal qual um interesse *relevante apenas em sociedade*:

Se admitirmos que o impulso para a sociedade é natural ao homem, mas a sua adequação ou propensão à sociedade, isto é, à *sociabilidade*, como um requisito para o homem como ser destinado à sociedade, portanto, como uma propriedade que pertence ao *ser humano* e à *humanidade* [*Humanität*], então não podemos deixar de considerar o gosto como uma faculdade para julgar tudo aquilo a respeito de que podemos comunicar nosso *sentimento* a todos os outros homens, e isto como meio de realizar aquilo que a inclinação natural de cada um deseja.[81]

O sentido de sociabilidade é crucial não só ao julgamento reflexivo de gosto, tal qual retratado por Kant, mas também ao cultivo de uma satisfação em considerar os outros nos

---

79 No manuscrito original: "It is the most active among the senses, in the sense of making sense of sense data", KPP, p. 032265.

80 Arendt chama atenção às diferentes formas de se definir *sensus communis*, tais como autorreflexão (a máxima do Iluminismo); a capacidade de se colocar no lugar de outrem em pensamento (mentalidade alargada); o estar em acordo consigo próprio (*mit sich selbst Einstimmung denken*) (máxima da consistência). Nenhuma delas equivalem às máximas da cognição.

81 *Lições Sobre a Filosofia Política de Kant*, p. 94 (LKPP, p. 73).

A FACULDADE DE JULGAR 169

domínios éticos e políticos, o cultivo de uma espécie de política dos afetos comuns. O exercício, a *áskesis*, de se liberar das condições, circunstâncias e interesses meramente privados é uma das formas mais efetivas de cultivo deste *éthos* de civilidade. A capacidade em se aprazer com aquilo que "interessa apenas em sociedade" não brota como um senso misterioso inato, nem muito menos se opera como mera obrigação racional apriorística, e nem como hábito da razão prática. Ética e espaço público não se conformam à pura racionalidade do dever, da mesma forma que sentimento, satisfação e prazer não são experiências a que só temos acesso mediante demandas e interesses daquilo que nos compraz na vida privada, chamada por Arendt de felicidade privada. A gramática dos afetos também é veículo de eticidade, envolve a capacidade de nos sensibilizar, nos deixar afetar pela satisfação diante de ações intersubjetivas comuns, bem como a capacidade de nos indignar diante do injusto. Requer o cultivo de uma sociabilidade afetiva, uma espécie de exercício de humanidade. "O fato de algo agradar ou desagradar envolve uma reflexão sobre os outros: nos faz 'imaginar que somos outra pessoa'."[82] Arendt chega a sugerir que "se acusamos alguém de falta de gosto, não dizemos que é de mau gosto *a ele*, apenas que é de mau gosto [*aos outros*]"[83]. Enfatiza nossa natureza política como constituída de forma relacional e afetiva. Um dos aspectos insignes dessa natureza intersubjetiva no *sensus communis* arendtiano se assenta no fato de que os membros de uma comunidade reconhecem a manifestação de suas subjetividades como intersubjetiva, a partir dos próprios juízos reflexivos realizados no espaço público.

Nomeado de "efeito de uma reflexão mental", tal prática nos afeta na forma de uma sensação discriminatória de aprovação ou desaprovação, cuja matriz é o conjunto de afetos partilhados. Aprovamos uma sensação de satisfação, cujo interesse é comum precisamente porque nos afeta de uma forma comum. Implica na capacidade de deslocar-se e estabelecer espacialmente uma relação com outros centros de percepção ativa, uma

---

82 No manuscrito original: "Whether it pleases or displeases there is involved a reflection upon others: it causes us to 'image we are somebody else'", KPP, p. 032266.
83 Ibidem.

170 ÉTICA, RESPONSABILIDADE E JUÍZO EM HANNAH ARENDT

experiência intersubjetiva, cuja sensação é inclusive corpórea. O sentimento de satisfação compartilhado, que Kant atribuiu à estética e Arendt amoldou à política, instiga em nós uma afetividade pelo outro que se translada em impulso à vida, em "sentido vital", para citar o termo utilizado por Kant[84]. Pode-se inferir que o impulso à vida é essencialmente uma experiência da nossa humanidade comum. Sociabilidade é

a própria origem, e não meta da humanidade do homem; ou seja, descobrimos que a sociabilidade é a própria essência dos homens, na medida em que pertencem apenas a este mundo. Isso é um ponto de partida radical de todas as teorias que enfatizam a interdependência humana como dependência em relação a nossos companheiros, tendo em vista nossas *carências* e *necessidades*[85].

A humanidade, quer dizer, a sociabilidade como um atributo que pertence aos seres humanos apenas, reside na própria gênese dos sujeitos, engendrados sobre sua condição de *mundanidade*, de pertencimento intersubjetivo ao mundo.

Descrita como estatuto ontológico dos seres humanos, o atributo de uma pluralidade ontológica da ação política reitera-se com frequência nos escritos arendtianos. A interação é a base estrutural da ação humana. Como já mencionado, Benhabib registra que "o espaço de aparência é ontologicamente reavaliado por [Arendt], precisamente porque seres humanos podem agir e falar com os outros apenas na medida em que eles aparecem para os outros"[86]. Implica a partilha comum no mundo, isto é, ser visto e ouvido pelos outros, de forma que, ao julgarmos, o fazemos necessariamente como membros de um mundo que nos é comum. Contudo, o fundamento do *sensus communis*, como corretamente apontado por Forti, não depende de um "consenso coletivo", nem de uma decisão

---

84 A. Ferrara, *Autenticidad Reflexiva*.
85 *Lições Sobre a Filosofia Política de Kant*, p. 95 (LKPP, p. 74) (Tradução nossa, modificada.). Como ressalta Luca Savarino ao descrever o *sensus communis*: "sono basati sull'esistenza di uno spazio umano intersoggettivo: esso sense comune definisce appunto il nostro essere inseriti all'interno di questo contesto plurale. Esso presiede e garantisce il nostro appartenere alla comunità ed esprimere l'umanità propria dell'uomo, ciò che lo distingue dagli altri esseri viventi". *Politica ed estetica*, p. 151-152.
86 S. Benhabib, *The Reluctant Modernism of Hannah Arendt*, p. 111.

A FACULDADE DE JULGAR

política unânime[87]. *Sensus communis* está relacionado à pluralidade constituída (*os sujeitos* habitam o mundo), torna possível
discorrer em termos de uma ontologia social do sujeito e, portanto, em termos de uma ontologia política. Ao mesmo tempo,
sensus communis é uma condição concreta, fatual e fenomenologicamente verificável e constitui a "condição de validade"
da linguagem, da comunicação e do compartilhamento em
geral[88]. Em alusão direta a Kant, Arendt então considera que o
"egoísmo só pode ser contraposto pelo pluralismo, que é uma
estrutura do espírito em que o eu, em vez de ficar envolto em
si mesmo, como se fosse o mundo inteiro, considera-se um
cidadão do mundo"[89].

MENTALIDADE ALARGADA
E IMAGINAÇÃO ÉTICA

Como assinalado no início deste capítulo, não partilho a apreciação comum entre alguns comentadores de que, em relação
à capacidade de julgar, Hannah Arendt delineia uma desconexão irrestrita entre a opinião autogovernante do ator e a opinião reflexiva do espectador. Não parece acurada a descrição
antagônica entre, por um lado, o pensamento independente e
crítico agonístico, e, por outro, o julgamento reflexivo. Assim
como não parece fidedigna a equação entre a visão pejorativa
de "uma simples questão de opinião" e a capacidade de pensar

87 Mesmo ao considerar a comunalidade constituição ontológica do sujeito, o
    sensus communis, de fato, reflete nossa condição factual concreta, fenomeno-
    logicamente verificável, que opera, simultaneamente, a condição de validade
    de linguagem, comunicação e compartilhamento em geral. É nesse contexto
    que Arendt algumas vezes usa a expressão senso comum (*common sense*). Cf.
    S. Forti, Sul "Giudizio riflettente" kantiano, em B. Parise (org.), *La Politica tra
    natalità e mortalita*, p. 124.
88 Nas palavras de Arendt: "O *sensus communis* é o sentido especificamente
    humano, porque a comunicação, isto é, o discurso, depende dele. Para tor-
    nar conhecidas as nossas necessidades, para *exprimir* medo, alegria etc., não
    precisaríamos do discurso. Gestos seriam suficientes, e sons seriam um bom
    substituto para os gestos se fosse preciso cobrir longas distâncias. A comuni-
    cação não é a expressão." *Lições Sobre a Filosofia Política de Kant*, p. 90 (*LKPP*,
    p. 70). S. Forti, op. cit., p. 124.
89 I. Kant, *Anthropology from a Pragmatic Point of View*, § 2. *Responsabilidade
    e Julgamento*, p. 209 (*RJ*, p. 142-143).

172 ÉTICA, RESPONSABILIDADE E JUÍZO EM HANNAH ARENDT

a partir do ponto de vista dos outros. No cerne do juízo crítico figura a capacidade de se relacionar com os pensamentos dos outros. Em ambos os casos, ou seja, não apenas nos seminários lecionados por Arendt sobre a analítica do belo a partir de Kant, nos quais o juízo é abordado em larga medida pela perspectiva do espectador, mas também em textos como "A crise da cultura", em que o juízo também é descrito em termos da figura do ator político, o *espaço-entre* postulado entre objetos e subjetividade humana reivindica um certo "alargamento" crítico. No caso do ator que julga no domínio público, Arendt pontua que "para nos tornarmos cônscios das aparências, cumpre primeiro sermos livres para estabelecer certa distância entre nós mesmos e o objeto"[90].

No juízo prático próprio do ato de julgar em ação, tal alargamento da percepção é um pressuposto necessário, não só para ser capaz de apreciar os objetos que aparecem em sua alteridade, mas também para ser capaz de enxergá-los "na perspectiva de todos aqueles que, porventura, estejam presentes"[91]. Na condição de espectador, a faculdade de julgar demanda um exercício de alteridade, garantido pelo exercício contínuo da imaginação[92]. Esse último também exige a primazia dos acontecimentos no domínio público. Retomando Kant, Arendt meticulosamente avalia o pensamento alargado como o resultado da abstração das limitações que, de distintas formas, aderem ao nosso próprio julgamento, o que o autor denomina de "condições privadas subjetivas" (*subjektiven Privatbedingungen*)[93], e que naturalmente estreitam nossa capacidade de juízo. Tais condições privadas figuram como o que é frequentemente denominado de interesse-próprio – o oposto do pensamento alargado. "Quanto maior o alcance – quanto mais amplo é o domínio em que o indivíduo esclarecido é capaz de mover-se de um ponto de vista

---

90 A Crise na Cultura, *Entre o Passado e o Futuro*, p. 263 (BPF, p. 210).
91 Ibidem, p. 275 (BPF, p. 221).
92 Como vimos na seção sobre o *"Topos noetos* do espírito", ao desespacializar o *topos* da vida do espírito, o que se torna crucial é a capacidade de se posicionar no passado por meio de lembranças e no futuro por meio de expectativas. É nesse *topos* que a imaginação é ativada, e reflete sobre a primazia do mundo aparente. Contudo, ao mesmo tempo, esse deslocamento permite à atividade de pensar operar com o espaço-tempo *fora de ordem*, ou seja, apreender o mundo visível separadamente das necessidades e eventos cronológicos da vida cotidiana.
93 I. Kant, *Crítica da Faculdade do Juízo*, § 40.

A FACULDADE DE JULGAR   173

a outro – mais 'geral' será esse pensamento."[94] Arendt reitera que, na crítica do juízo estético, Kant apresenta uma abordagem do juízo em que o acordo consigo mesmo não basta – além disso, é preciso que o juízo esteja assentado na capacidade de "'pensar no lugar das demais pessoas' e ao qual denominou uma 'mentalidade alargada' (*eine erweiterte Denkungsart*)"[95].

A mentalidade alargada implica em comunicabilidade dos sentidos comuns e em uma forma de pensamento crítico que leve em consideração o ponto de vista dos outros. Ao dar seguimento à sua analogia política do juízo estético, a autora acentua que a atividade de pensar depende de sua aplicação pública: "a própria faculdade de pensar depende de seu uso público; sem o 'teste do exame livre e aberto', nenhum pensamento, nenhuma formação de opinião são possíveis. A razão não foi feita para 'isolar-se a si própria, mas para estabelecer comunidade com os outros'"[96]. Por analogia, não seria equivocado afirmar que a faculdade de julgar opera o uso público de nossa atividade de pensar.

O papel da imaginação protagoniza tanto a apreciação do ator, que julga em *práxis* e *lexis*, em conjunturas concretas, na esfera pública da ação, como do espectador, que se coloca no lugar do outro, na medida em que compara seus juízos não só com os julgamentos efetivos dos outros, mas também com os juízos possíveis dos outros[97]. Esse protagonismo da imaginação

---

94 Ibidem. *Lições Sobre a Filosofia Política de Kant*, p. 57 (*LKPP*, p. 43). Como já realçado, Arendt traduz *allgemein* para o inglês como "geral".

95 A Crise na Cultura em *Entre o Passado e o Futuro*, p. 274 (*BPF*, p. 220). I. Kant, *Crítica da Faculdade do Juízo*, §40: "uma pessoa com maneira de pensar alargada quando ela não se importa com as condições privadas subjetivas do juízo, dentro das quais tantos outros estão como que postos em parenteses, e reflete sobre o seu juízo desde um ponto de vista universal (geral) (*allgemeinen Standpunkte*) (que ele somente pode determinar enquanto se transporte para o ponto de vista dos outros)". A tradução para o inglês de J.H. Bernard da expressão "allgemeinen Standpunkte" acompanha Arendt: "yet it indicates a man of *enlarged thought* if he disregards the subjective private conditions of his own judgment, by which so many others are confined, and reflects upon it from a *general standpoint* (which he can only determine by placing himself at the standpoint of others)".

96 I. Kant, Reflexionen zur Anthropologie, 897, in *Gesammelten Schriften*, v. 15, 392. Cf. *Lições Sobre a Filosofia Política de Kant*, p. 53 (*LKPP*, p. 40). (Tradução nossa, modificada.)

97 "isso acontece pelo fato de que atemos o nosso juízo a outros juízos não tanto efetivos e quando muito meramente possíveis e transpomo-nos para o lugar do outro". I. Kant, *Crítica da Faculdade do Juízo*, §40.

174 ÉTICA, RESPONSABILIDADE E JUÍZO EM HANNAH ARENDT

sobre o entendimento, na medida em que se caracteriza como a capacidade de levar em conta o ponto de vista dos outros, é o que me permite nomeá-la de "imaginação ética". Julgar com uma mentalidade alargada requer um treinamento contínuo da imaginação. Essa é a faculdade que torna tal *alargamento* possível. O significado de "alargada" corresponde à noção de considerar o ponto de vista dos outros. Lafer chama a atenção para o uso da expressão "to go visiting", no qual Arendt assinala que a imaginação precisa ser treinada a "sair em visita", para formulação de nossa própria perspectiva[98]. "Quanto mais posições de pessoas eu tiver presente em minha mente ao ponderar um lado do problema, e quanto melhor puder imaginar como eu sentiria e pensaria se estivesse em seu lugar, mais forte será minha capacidade de pensamento representativo e mais válidas minhas conclusões finais, minha opinião."[99] É essa capacidade de uma imaginação ética, por meio desse alargamento crítico e reflexivo, que nos torna aptos ao juízo crítico. De acordo com Arendt, a descrição de mentalidade alargada é uma das contribuições mais impactantes de Kant para o juízo ético e político. Vale frisar que o alargamento do nosso ponto de vista não conduz a uma compaixão generalizada, tampouco a uma mera simpatia pelos interesses privados alheios, como se estivesse cunhada sob a capacidade de representação de um conjunto largo de (pre)conceitos privados possíveis. O pensamento alargado também não elimina divergências nem conflitos; em vez disso, assegura e revela nossa singularidade, na medida em que aponta como nos posicionamos no espaço público, com o que nos indignamos, como nos deixamos afetar pelo outro.

IMAGINAÇÃO ÉTICA:
EXEMPLOS COM OS QUAIS JULGAR

No capítulo dedicado à faculdade de pensar, fora mencionada a capacidade do espírito de tornar presente, por meio do discurso metafórico e silencioso, aquilo que está ausente. A capacidade

---

98 C. Lafer, Experiência, Ação e Narrativa, *Estudos Avançados*, v. 21, n. 60, p. 300.
99 Verdade e Política, *Entre o Passado e o Futuro*, p. 299 (BPF, p. 241).

A FACULDADE DE JULGAR

de pensar "prepara os particulares dados aos sentidos, de tal modo que o espírito seja capaz de lidar com eles na sua ausência; em suma, ele deve *de-senorializá-los*"[100]. Na faculdade de julgar, a percepção ocorre em um nível mais particular, uma vez que nos torna aptos a nos localizar e a nos posicionar por intermédio das memórias e das expectativas. É importante destacar que o poder da imaginação não está restrito ao passado; também julgamos o futuro. Noções tais como "se imaginar [numa situação]" e "deslocar uma imagem de sua localidade sensorial" aludem que tais atividades não possuem um *topos* temporal fixo. Julgamos eventos também, em parte, levando em conta que tipo de promessa alude ao futuro. O juízo abrange a capacidade de nos guiar e nos comprometer com aquilo que está por vir. Arendt formula essa ideia quando se refere à esperança do futuro, "a partir da qual se julga o evento de acordo com a promessa que ele contém para as gerações futuras"[101]. Aqui, essa capacidade de pensar em *de-sensorializar*, tornar presente aquilo que está temporalmente ou espacialmente ausente, adquire uma dimensão menos geral e, sim, mais local e fatual ao lidar com fenômenos, eventos, situações e pessoas em particular. Em vez de descrever esse poder de apresentação em termos gerais – como no caso da memória produtiva e reprodutiva de pensar – no julgamento, esta capacidade de representação é distinta e consiste de duas operações: a imaginação alargada e o juízo reflexivo, o que nos conduz às considerações de Kant acerca da comunicabilidade, do *sensus communis*, do interesse desinteressado, da mentalidade alargada e assim por diante. A imaginação é precisamente uma pré-condição do julgar. Vale a pena citar na íntegra uma passagem particularmente elucidativa acerca da ligação entre imaginação e juízo:

A imaginação, ou seja, a faculdade de ter presente o que está ausente, transforma um objeto em algo com que não tenho que estar diretamente confrontado, mas que, em certo sentido, interiorizei, de modo que agora posso ser afetado por ele, como se ele me fosse dado por um sentido não objetivo. Diz Kant: "É belo o que agrada no mero ato de julgar" (*Crítica do Juízo*, § 48.) Ou seja: não é importante se agrada ou não na percepção [passiva]; o que agrada meramente na percepção é

---

100 *A Vida do Espírito*, p. 60 (*LMT*, p. 77).
101 *Lições Sobre a Filosofia Política de Kant*, p. 71 (*LKPP*, p. 54).

176 ÉTICA, RESPONSABILIDADE E JUÍZO EM HANNAH ARENDT

gratificante, mas não é belo. O belo agrada na representação, pois agora a imaginação preparou-se de modo a que eu possa refletir sobre ele. Essa é a "operação de reflexão". Apenas aquilo que nos toca, que nos afeta na representação, quando não mais se pode ser afetado pela presença imediata – quando não se está envolvido, como o espectador que não estava envolvido nos feitos reais da Revolução Francesa –, pode ser julgado certo ou errado, importante ou irrelevante, belo ou feio, ou algo intermediário. Falamos então de juízo e não mais de gosto porque, embora ainda afetados como em questões de gosto, estabelecemos por meio da representação a distância própria, o afastamento, o não envolvimento ou desinteresse que são requisitos para a aprovação ou desaprovação, para a apreciação de algo em seu próprio valor. Removendo o objeto, estabelecem-se as condições para a imparcialidade.[102]

Ao remover o objeto, a imaginação não apenas dota o juízo com a imagem reprodutiva de forma a disponibilizar o conceito, como no caso do juízo determinante, mas, com a *de-sensoria-lização*, a imaginação prepara os objetos do pensamento para o juízo reflexivo. Essa capacidade de transformar objetos-sentidos em imagens envolve um certo tipo de imaginação ética. Em contraposição às condições privadas que nos condicionam, a reflexão e a imaginação nos libera de tais condições[103]. Libertar-se das condições privadas e realizar um alargamento da mentalidade são maneiras nas quais a imaginação figura como uma das virtudes específicas do juízo. Arendt enfatiza o poder da exemplaridade na imaginação.

Ao esquematizar o objeto dado à cognição – a saber, no juízo determinante –, a imaginação fornece a necessária *imagem para um conceito*[104], o que se nomeia de *esquema*:

o que torna comunicáveis os particulares é que: a. ao percebermos um particular, nós tenhamos no fundo de nosso espírito [*mind*] (ou "na profundeza de nossas almas") um "esquema" (*schema*) cuja "forma" seja característica de muitos desses particulares; e b. que essa forma esquemática esteja no fundo do espírito de várias pessoas diferentes.[105]

O que está em jogo nesse uso da imaginação no julgamento determinante é a garantia de que estamos todos nos referindo à

---

102 Ibidem, p. 85-86 (*LKPP*, p. 68).
103 "Condições privadas nos condicionam, imaginação e reflexão tornam-nos capazes de *liberarmo-nos* delas." Ibidem, p. 94 (*LKPP*, p. 73).
104 I. Kant, *Critique of Pure Reason*, B180.
105 *Lições Sobre a Filosofia Política de Kant*, p. 105 (*LKPP*, p. 83).

A FACULDADE DE JULGAR

mesma coisa. É isso o que assegura a uniformidade, a condição para o acordo ou desacordo no tocante a determinada questão. Ou seja, no juízo determinante, a percepção é compreendida como percepção passiva ou cognição pura, a condição de qualquer sorte de conhecimento. Nesses juízos, a imaginação está a serviço do intelecto e da cognição, de modo a fornecer imagens que permitem que outras imagens sejam subsumidas sob regras gerais. Juízos determinantes empregam a imaginação para apresentar os esquemas por meio dos quais o intelecto e a cognição operam, de tal modo que a lógica seja capaz de arbitrar o significado, o princípio de anteceder a prudência e as regras gerais de governarem circunstâncias particulares[106].

Em contraponto, no juízo reflexivo o intelecto está a serviço da imaginação; "no esquema 'percebemos', de fato, algum 'universal' no particular"[107]. No juízo reflexivo, o sentimento de ânimo (*Gemüt*), o estado de espírito de aprovação ou reprovação, provém não do belo em si, mas da capacidade da imaginação de afeiçoar a sensibilidade e o intelecto, de forma a "ser sentido em seus efeitos sobre a mente/espírito (*Gemüt, ânimo, estado, disposição de ânimo*)"[108]. Por meio da imaginação, Arendt conclui: "o pensamento gera um efeito e produz uma sensação no espírito. A sensação de 'ânimo'"[109].

Uma das implicações fascinantes nos distintos papéis da imaginação nos juízos dominante e reflexivo diz respeito à analogia que Arendt estabelece entre o *schema* e o exemplo[110]. *Schema* abstrato e universal é o principal produto da imaginação no juízo determinante, uma operação da nossa racionalidade cognitiva. Já no juízo reflexivo, em vez de o intelecto fornecer a regra, a imaginação fornece uma instância *exemplar*[111]. A imaginação, afetada

---

106 Cf. K. McClure, The Odor of Judgment, em C. Calhoun; J. McGorwan (eds.), op. cit.

107 *Lições Sobre a Filosofia Política de Kant*, p. 106 (*KLPP*, p. 83). Arendt usa o termo em inglês, universal, entre aspas.

108 No original: "be felt in its effect on the mind (*Gemüt*)". *Kant's Critique of Judgment*, p. 032415.

109 Ibidem. No original: "thought has an effect and produces a sensation in the mind.

110 Arendt ressalta que na *Crítica da Faculdade do Juízo* (§59), "encontramos uma analogia com o 'esquema': o 'exemplo'. Kant confere aos exemplos o mesmo papel, no juízo, que o das intuições chamadas esquemas para a experiência e para o conhecimento." *Lições Sobre a Filosofia Política de Kant* p. 106 (*LKPP*, p. 84).

111 Cf. R. Dostal, Judging Human Action, op. cit.

178 ÉTICA, RESPONSABILIDADE E JUÍZO EM HANNAH ARENDT

pelos afetos comuns, é capaz de *re*-mover objetos e promover o alargamento representativo, sendo esta a condição para criar imagens do ponto de vista dos outros e para ser afetado pelo "comprazimento desinteressado". Esta imaginação ética é o fundamento de uma operação subsequente, a saber, a reflexão, como se fora um *re*-pensar (*afterthought*), "a verdadeira atividade de julgar alguma coisa"[112]. Na medida em que somos capazes de nos colocarmos no lugar dos outros – e, aqui, esse lugar em larga medida compreende situações concretas nas quais esses outros se particularizam –, o "pensamento alargado" é capaz de gerar uma série de reflexões comparativas dessas condições particulares, de maneira a nos capacitar a alcançar um certo ponto de vista geral[113]. Nas notas de seminário acerca da noção de validade exemplar, Arendt, apropriando-se de Kant, faz uso de um intrigante paralelo entre juízo determinante ("subsumir a um conceito") e juízo reflexivo ("conduzir a um conceito")[114].

Ao argumentar a favor da validade específica da exemplaridade tal como a "conduzir a um conceito", Arendt descreve um tipo de validação que deriva do "ponto de vista geral". O processo de validação desse ponto de vista não objetiva a formação de verdade universal intersubjetivamente válida, mas sim o que a própria autora nomeia, de forma singular, de doxa, opinião[115]. A validade exemplar se estrutura na forma de opinião. Antes de abordar a relação que se pode inferir entre validade exemplar e "o ponto de vista geral", vale a pena recordar o sentido original que Arendt atribui a doxa.

DOXA, EXEMPLARIDADE E O PONTO DE VISTA GERAL: UM ESPAÇO PÚBLICO EM POTÊNCIA

Como tratado no capítulo sobre a faculdade de pensar, na maior parte dos escritos datados de meados da década de 1960,

112 *Lições Sobre a Filosofia Política de Kant*, p. 88 (*LKPP*, p. 68).
113 Arendt utiliza a expressão: "a fim de chegar ao nosso próprio 'ponto de vista geral'".Ibidem, p. 58 (*LKPP*, p. 44).
114 I. Kant, *Critique of Pure Reason*, B104. Cf. *Lições Sobre a Filosofia Política de Kant*, p. 106 (*LKPP*, p. 83).
115 Cf. McClure, The Odor of Judgment, em C. Calhoun; J. McGorwan (eds.), op. cit., p. 73.

A FACULDADE DE JULGAR 179

destinados à moralidade[116], Arendt discrimina no pensamento
socrático não somente o espanto (*wonder*) como também a
consciência, em que a noção de self está no cerne de uma ética
que a própria autora denomina de "uma ética de emergências".
Em tais textos, ao tratar de Sócrates, a autora não menciona a
doxa como um atributo positivo da atividade de pensar, tampouco discute a noção de verdade como *aletheia* (aquilo que
é revelado), sob a influência da fenomenologia de Heidegger,
como ocorrera no ensaio de 1954, "Philosophy and Politics".
Nos escritos da década de 1960, por outro lado, Arendt fornece
as bases para uma abordagem do self em termos da aparência
(*ser e aparecer coincidem*), e desloca a noção de verdade do
domínio do *noumena* para o *doxic* da ação política. De fato,
nos ensaios mais tardios acerca da moralidade, ao descrever
doxa, a autora se refere não mais à atividade de pensar, mas à
faculdade de julgar[117].

À primeira vista, ao designar o self como o *locus* do critério
da moralidade nos textos dos anos de 1960, Arendt aparentemente confina a moralidade à esfera individual, o que contribuiria apenas para aumentar o hiato que separa a boa pessoa
do bom cidadão e para condenar o conjunto de suas próprias
reflexões sobre a moralidade a uma "ética da impotência", ou
seja, a uma atividade de pensar que só nos diz onde parar, mas
não o que fazer. Todavia, o domínio do *doxai* requer o juízo, o
que pressupõe a presença de outros. Promulgar uma opinião

---

116 Personal Responsibility under Dictatorship (1964), Some Questions of Moral
Philosophy (1965), Basic Moral Propositions (1966), Truth and Politics (1967),
Law and Civil Disobedience (1969), and Thinking and Moral Considerations
(1971). Em todos estes ensaios, a doxa enquanto "aquilo que me parece", como
o fundamento da opinião, não é mencionada na condição de um atributo do
pensamento socrático, mas, em vez disso, como um elemento integrante da
faculdade do julgar. Da década de 1950 até meados da década de 1960, Arendt
não somente deixa de mencionar um Sócrates político, mas também enfatiza a
distinção entre verdade e opinião. Arendt oscila entre, de um lado, a descrição
de Sócrates como capaz de preservar uma ligação estreita entre a política e a
experiência especificamente filosófica, ao localizar a opinião (doxa) precisamente
no cerne da *aletheia*, e, por outro lado, a descrição de Sócrates como o protagonista da voz da consciência, antipolítico, que exprime a demarcação clara entre
o self individual da experiência filosófica e o cidadão da comunidade política.

117 É importante ressaltar que não parece uma estratégia relevante a tentativa
exaustiva de uma demarcação conceitual nítida entre as faculdades de pensar
e julgar, que a meu ver não está claro na obra da autora.

180   ÉTICA, RESPONSABILIDADE E JUÍZO EM HANNAH ARENDT

em público implica autoexposição e submissão ao crivo dos outros. Beiner ressalta que o poder do juízo é crucial para a reconciliação com um mundo que, após a experiência do totalitarismo, é trágico e que nos condena a "pensar sem corrimão" (*Denken ohne Geländer*)[118]. A transposição do relato positivo da doxa da faculdade de pensar para a faculdade de julgar não resulta na perda do elo entre o self e o mundo, entre o indivíduo e o cidadão[119]. Em boa parte dos manuscritos da década de 1960, o juízo e a opinião andam juntos, a ruína de um implica na ruína do outro. As reflexões de Arendt acerca da *aletheia* como doxa e seu relato positivo da doxa no ensaio de 1954 situam a alteridade e a pluralidade no cerne do diálogo mudo da atividade de pensar, e retratam uma virada ontológica ao deixar de considerar o sujeito no singular e passar a considerar os sujeitos no plural[120]. Como bem formulado por McClure,

no léxico de Arendt, deter uma opinião não era uma questão de simplesmente responder a uma pergunta ou de registrar "sentimentos" num termômetro imaginário em que as afeições estão diferencialmente dispostas, como é o caso nos vários *surveys* de pesquisa modernos. Trata-se, mais precisamente, de uma consequência do julgamento. Pela mesma moeda, a exposição pública das opiniões, seja na forma discursiva ou escrita, na visão de Arendt a respeito dessas coisas, guarda pouca semelhança com as convenções a ditar a enunciação subjetiva das opiniões, o convencional balançar da cabeça, sinalizando acordo, ou igualmente convencional modo de sinalizar o desacordo – "isto é somente a sua opinião". Em vez disso, e dando crédito à descoberta de que até mesmo o pensar, aparentemente a mais solitária das atividades, depende dos outros para apresentar uma opinião publicamente significaria "comunicar e se submeter ao crivo dos outros [...] não importa o que você tiver descoberto quando estava só"[121].

---

118 Em inglês: "thinking without a banister". No campo da teoria política, há várias leituras da faculdade de julgar arendtianas, predominantemente tem-se a democracia participativa, o comunitarismo, e a intersubjetividade agonística, entre outras. Cf. D.R. Villa, *Politics, Philosophy, Terror*; S. Benhabib, *The Reluctant Modernism of Hannah Arendt*; G. Kateb, *Hannah Arendt: Politics, Conscience, Evil*; M. Canovan, *Hannah Arendt: Reinterpretation of Her Political Thought*.

119 Este distanciamento é promovido na passagem de Sócrates para Platão, como observado por P. Hadot. Cf. *Qu'est-ce que la philosophie antique?*.

120 Verdade e Política, *Entre o Passado e o Futuro*, p. 292 (*BPF*, p. 235).

121 K. McClure, The Odor of Judgment, em C. Calhoun; J. McGorwan (eds.), op. cit., p. 59-60. As passagens de Arendt citadas por McClure estão em: *Lições Sobre a Filosofia Política de Kant*, na Sétima Lição.

A FACULDADE DE JULGAR 181

Os juízos críticos requerem uma disposição de examinar o ponto de vista dos outros, seja quando realizados na condição de ator ou na atividade do espectador. Em ambas as posições, não estamos desconectados dos outros. Até mesmo o juízo do espectador, "pela força da imaginação, torna presente os outros e, assim, move-se em um espaço potencialmente público"[122]. O poder da imaginação, ao lograr a abstração das condições privadas, sustenta o que Arendt denomina de acordo "geral". O alargamento de nossa imaginação é a capacidade de se mover em direção a um espaço que é potencialmente público; é a adoção de uma perspectiva que, por meio do *sensus communis*, aparece como um *ponto de vista geral*. Em uma passagem elucidativa do texto "Verdade e Política", que cito na íntegra, Arendt adverte:

O próprio processo de formação da opinião é determinado por aqueles em cujo lugar alguém pensa e utiliza sua própria mente, e a única condição para esse exercício da imaginação é o desinteresse, a liberação dos interesses privados pessoais. Por conseguinte, mesmo se evito toda companhia ou me acho completamente isolado ao formar uma opinião, não estou simplesmente junto apenas de mim mesmo, na solidão da meditação filosófica; permaneço nesse mundo de interdependência universal, onde posso fazer-me representante de todos os demais. É claro que posso recusar-me a fazê-lo e formar uma opinião que leva em consideração apenas meus próprios interesses ou os interesses do grupo ao qual pertenço; com efeito, nada é mais comum, mesmo entre pessoas altamente cultivadas, do que a cega obstinação que se manifesta na falta de imaginação e na incapacidade de julgar. Mas a autêntica qualidade de uma opinião, como a de um julgamento, depende do grau de sua imparcialidade.[123]

A imparcialidade não é considerada aqui como o resultado da qualidade abstrata da racionalidade universal. Como já mencionado, Arendt deliberadamente traduz o vocábulo *allgemein*, do alemão, por "geral" em vez de "universal". A comunicação geral do comprazimento desinteressado não conduz necessariamente a acordo ou consenso. Aqui o acordo em potencial, de fato, depende da capacidade de exercício de uma imaginação ética; e constitui, portanto, uma das fontes de validação do julgamento. A generalidade em potencial nesse caso

---

122 *Lições Sobre a Filosofia Política de Kant*, p. 57 (LKPP, p. 43).
123 Verdade e Política, *Entre o Passado e o Futuro*, p. 299-300 (BPF, p. 242).

182 ÉTICA, RESPONSABILIDADE E JUÍZO EM HANNAH ARENDT

de modo algum contém a universalidade do conceito. Pelo contrário, ela está diretamente ligada aos particulares, "às condições particulares dos pontos de vista que temos que percorrer a fim de chegar ao nosso próprio 'ponto de vista geral'"[124]. O poder da exemplaridade serve aqui como uma alternativa fora do domínio da razão universal abstrata[125]. A exemplaridade surge da natureza participativa do ato de julgar fenômenos que são historicamente situados. Pela formação de um exemplo, o juízo reflexivo restaura a autoridade do singular. Um exemplo somente funciona como princípio norteador; "o julgar 'só pode adaptar[-se] como uma lei de si e para si mesmo'"[126]. Este ponto de vista geral constitui, portanto, o fundamento da validade exemplar, em que o exemplo pode ser descrito *como se* "conduzisse a um conceito".

JUÍZO, APARÊNCIA E A FENOMENOLOGIA
DA EXEMPLARIDADE: UMA ÉTICA DA EXPERIÊNCIA

No domínio do juízo político, o ator que julga "necessita da presença de outros 'em cujo lugar' cumpre pensar, cujas perspectivas deve levar em consideração e sem os quais ele nunca tem a oportunidade de sequer chegar a operar"[127]. O cultivo da humanidade é crucial para o juízo reflexivo, pois o espectador que julga precisa ser capaz de "pensar no lugar de todos

---

124 *Lições Sobre a Filosofia Política de Kant*, p. 57-58 (LKPP, p. 44).

125 Bernstein habilmente captura esse aspecto "O que a atraiu para a análise de Kant do juízo estético como um modelo para todos os tipos de juízos é o que ela considerava seu *insight* mais profundo – de que há um modo distintivo de pensar que se confunde com a cognição ou a razão prática – ambas obcecadas com a questão da universalidade – um modelo para o pensar capaz de lidar com a particularidade como tal sem a necessidade de subsumir e que nos possibilitaria compreender o significado da particularidade." R. J. Bernstein, Judging: The Actor and the Spectator, p. 236. Arendt afirma que "por fim, o juízo, a misteriosa capacidade do espírito pela qual são reunidos o geral, sempre uma construção espiritual, e o particular, sempre dado à experiência sensível, é uma 'faculdade peculiar' e de modo algum inerente ao intelecto, nem mesmo no caso dos 'juízos determinantes' – em que os particulares são subordinados a regras gerais sob a forma de um silogismo –, porque não dispomos de nenhuma regra para as *aplicações da regra*". *A Vida do Espírito*, p. 55, (LMT, p. 69).

126 *A Vida do Espírito*, p. 55 (LMT, p. 69).

127 *A Crise na Cultura*, *Entre o Passado e o Futuro*, p. 275 (BPF, p. 220-221).

A FACULDADE DE JULGAR 183

os outros, como Kant descreve a 'mentalidade alargada' (*eine erweiterte Denkungsart*)"[128]. Em termos do cultivo da *humanidade*, ou da aquilo que constitui a nossa aparência no mundo, a pluralidade humana figura como um dado fenomenológico político, na medida em que somos "*deste* mundo apenas"[129]. Issto fica bem ilustrado na passagem em que Arendt retrata o princípio do juízo orientado pela ideia de humanidade:

É em virtude desta ideia de humanidade, presente em cada homem particular, que os homens são humanos, e eles podem se dizer civilizados ou humanos porque esta ideia torna-se o princípio de suas ações e de seus juízos. É neste ponto que o ator e o espectador passam a estar unidos; a máxima daquele que age e a máxima deste, o "padrão", segundo o qual o espectador julga o espetáculo do mundo, tornam-se uma só.[130]

O cultivo de sentimentos públicos – da humanidade e da sociabilidade – não conduz a um distanciamento neutro, de forma a equacionar sociabilidade com perspectiva unânime ou com acordos razoáveis. A mentalidade alargada, o prazer desinteressado, o *sensus communis* de fato dizem respeito à relevância ética e política de nossas escolhas. "Comunicando nossos sentimentos, nossos prazeres e satisfações desinteressadas, dizemos de nossas *escolhas* e escolhemos nossas companhias."[131]

128 Ibidem (*BPF*, p. 220).
129 No domínio da cultura, cuja origem romana remete à ideia de "*colere* – cultivar, habitar, tomar conta, criar e preservar" e de seu relacionamento face ao âmbito da política, vale a pena notar que o produto da arte não pertence mais ao domínio *homo faber*; em vez disso, passa a compartilhar esse atributo mundano especial próprio dos produtos dos sujeitos em ação, seus feitos e palavras. "O ponto em questão, no entanto, é que no conflito, dividindo em suas respectivas atividades o político e o artista, não mais se aplica quando voltamos nossa atenção da produção artística para seus produtos, para as próprias coisas que precisam encontrar um lugar no mundo. Essas coisas, obviamente, partilham com os 'produtos' políticos, palavras e atos, a qualidade de requererem algum espaço público onde possam aparecer e ser vistas; elas só podem realizar seu ser próprio, que é a aparição, em um mundo comum a todos." Em A Crise na Cultura, *Entre o Passado e o Futuro*, p. 272. (*BPF*, p. 218). Isso implica uma atitude oposta ao *homo faber*. Quanto a este último, Arendt ressalta: "O fato é que uma sociedade de consumo não pode absolutamente saber como cuidar de um mundo e das coisas que pertencem de modo exclusivo ao espaço das aparências mundanas, visto que sua atitude central ante todos os objetos, a atitude do consumo, condena à ruína tudo que toca." Ibidem, p. 264 (*BPF*, p. 210).
130 *A Vida do Espírito*, p. 380 (*LMW*, p. 271).
131 *Lições Sobre a Filosofia Política de Kant*, p. 95 (*LKPP*, p. 74).

184 ÉTICA, RESPONSABILIDADE E JUÍZO EM HANNAH ARENDT

A escolha das companhias no juízo conduz ao seu critério derradeiro: a validade exemplar. Este é um domínio amplo, dado que estamos constantemente escolhendo particulares, mostrando nossas preferências, escolhendo nossas companhias ideológicas, éticas e históricas, "entre homens, entre coisas e entre pensamentos, tanto no presente como no passado"[132]. A validade exemplar pode figurar como o resultado do juízo por meio da eleição de nossas escolhas e preferências. Concluí a seção sobre a imaginação mencionando a intrigante ideia – que Arendt tomou emprestada de Kant – de que um caso particular oferece validade exemplar. O exemplo "conduz a um conceito". Sua validação deriva do "ponto de vista geral", não como verdade, mas como a expressão da nossa doxa, da nossa opinião, pelo livre intercurso da imaginação e da compreensão. "E ao contrário dos esquemas [*schemata*], que a nossa mente produz por seu livre-arbítrio mediante a imaginação, esses exemplos originam-se da história e da poesia, por meio dos quais, como Jefferson ressaltou, 'abre-se para nosso uso um campo de imaginação'."[133] É por meio desse campo de imaginação que os fenômenos, as experiências, os afetos e as ações são convertidos em exemplos. Ao contrário da certeza da razão e da lógica, que postulam a autoevidência e demandam validade universal, a validade exemplar está necessariamente atrelada às nossas experiências. As poucas páginas do seminário intitulado "Imaginação", ministrado na New School for Social Research em 1970, não oferece pistas adicionais sobre o funcionamento dessa "condução a um conceito", todavia algumas suposições adicionais podem ser postuladas.

A capacidade da imaginação de abstrair das condições privadas e das circunstâncias sustenta o que Arendt chama de acordo *geral*. Esse ponto de vista geral é a base sobre a qual

---

132 A Crise na Cultura, *Entre o Passado e o Futuro*, p. 281 (BPF, p. 226).

133 Verdade e Política, *Entre o Passado e o Futuro*, p. 307 (BPF, p. 248). Ferrara critica a comparação feita por Arendt entre exemplo e esquema (*schema*): "De modo nenhum os exemplos são fixados como esquemas (*schemata*) em relação àquilo que eles simbolizam ou nos ajudam a reconhecer ou identificar. Tratá-los como a *mesma* coisa que esquemas (*schemata*) significa trair sua natureza exemplar, converter o processo de juízo reflexivo em determinante [...]. O juízo começa onde a analogia entre exemplos e esquema se desfaz." A. Ferrara, op. cit., p. 112.

A FACULDADE DE JULGAR

juízos "não seriam nem objetivos, nem universais, nem subjetivos, dependendo do capricho pessoal, mas intersubjetivo ou representativo. Esse tipo de pensamento, que só é possível pela imaginação, exige certos sacrifícios"[134]. De fato, a exemplaridade sustenta uma das principais implicações do juízo reflexivo. Quanto mais posições de pessoas eu tiver presente em minha mente ao ponderar um dado problema, e quanto melhor puder imaginar como eu sentiria e pensaria se estivesse em seu lugar, mais forte será minha capacidade de pensamento representativo e mais válidas minhas conclusões finais, minha opinião.[135] Uma maior capacidade para a imaginação, para re-presentar os outros, contribui para a legitimidade de exemplos, embora quantidade não implique, de modo algum, automaticamente em validade exemplar. O exemplo fornece, contrário ao esquema, o que Arendt chama de uma *diferença de qualidade*[136]:

Embora ao julgar eu leve em consideração os outros, isso não significa que adapte o meu julgamento aos julgamentos dos outros. Ainda falo com a minha própria voz e não conto votos para chegar ao que penso ser certo. Mas o meu julgamento já não é subjetivo, no sentido de que chegaria às minhas conclusões levando apenas a mim mesma em consideração.[137]

Em sua capacidade de tornar o outro *presente*, os particulares não são subsumidos a um ponto de vista universal, mas, ao contrário, são convertidos em exemplaridade[138]. Arendt não viveu o suficiente para explicar com mais detalhes como essa *diferença de qualidade* produz validade exemplar, ou detalhar melhor as implicações de como alguns particulares podem ser compreendidos como o resultado das experiências singulares ou dos eventos históricos. A autora ressalta que há, na verdade, várias compreensões políticas e históricas formuladas mediante o poder de experiências singulares.

134 *Responsabilidade e Julgamento*, p. 207 (*RJ*, p. 141).
135 Verdade e Política, *Entre o Passado e o Futuro*, p. 299 (*BPF*, p. 241).
136 *Responsabilidade e Julgamento*, p. 210 (*RJ*, p. 143).
137 Ibidem, p. 207 (*RJ*, p. 140-141).
138 Ver a discussão do capítulo 3 acerca da distinção entre imaginação produtiva e reprodutiva. Cf. K. McClure, The Odor of Judgment, em C. Calhoun; J. McGorwan (eds.), op. cit., p. 53-84.

186 ÉTICA, RESPONSABILIDADE E JUÍZO EM HANNAH ARENDT

JUÍZO E RESPONSABILIDADE PESSOAL

O exercício, a *áskesis*, de se libertar dos interesses meramente privados pode ser descrito como uma maneira de cultivar um *éthos* de civilidade. Em "Responsabilidade Pessoal Sob a Ditadura", Arendt resume o papel do juízo na responsabilidade pessoal:

> Pois, apenas se supomos que existe uma faculdade humana que nos capacita a julgar racionalmente, sem nos deixarmos arrebatar pela emoção ou pelo interesse próprio, e que ao mesmo tempo funcione espontaneamente, isto é, não limitada por padrões e regras em que os casos particulares são simplesmente subsumidos, mas, ao contrário, produz os seus princípios pela própria atividade de julgar, apenas nessa suposição podemos nos arriscar nesse terreno moral muito escorregadio, com alguma esperança de encontrar um apoio para os pés.[139]

A capacidade das experiências particulares de originarem um juízo no ato próprio de julgar implica justamente produzir uma *diferença de qualidade* à qual Arendt se refere. Depende da capacidade do juízo a identificação da *originalidade de uma ação*. Ferrara capta justamente esta particularidade quando afirma que em Arendt "o bom juízo é a habilidade de reconhecer a *originalidade* da ação, o elemento de novidade que torna a ação de São Francisco uma que seja verdadeiramente exemplar"[140]. A faculdade de julgar e a responsabilidade pessoal pressupõem a responsabilidade de julgar. Articula um senso discriminatório que "depende de nossa escolha da companhia, daqueles com quem desejamos passar a nossa vida. Uma vez mais, essa companhia é escolhida ao pensarmos em exemplos, em exemplos de pessoas mortas ou vivas, reais ou fictícias, e em exemplos de incidentes passados ou presentes"[141]. É nesse sentido que em várias passagens Arendt insiste que o julgamento

---

139 *Responsabilidade e Julgamento*, p. 98 (*RJ*, p. 27).

140 Cf. A. Ferrara, op. cit.

141 *Responsabilidade e Julgamento*, p. 212 (*RJ*, p. 145-146). Vale a pena chamar atenção para o belo artigo de Celso Lafer sobre a relação que Arendt estabelece entre novas formas de narrativa e as experiências políticas do século xx. Lafer chama a atenção para o curso ministrado por Arendt em Cornell, Berkeley e The New School for Social Research, no qual a autora propõe analisar os eventos do século xx por meio de obras literárias, obras de ficção, no qual Lafer acentua a necessidade do *"exercices in imagination"* para o juízo reflexivo. Cf. C. Lafer, op. cit., p. 289-304.

A FACULDADE DE JULGAR

"é uma, se não a mais importante atividade, em que ocorre esse *compartilhar-o-mundo*"[142]. A capacidade de distinguir o certo do errado não se esgota em regras universais de condutas, como se o único critério de validação fosse a adequação a determinado padrão de racionalidade. Na validade exemplar apenas se lança mão de um *certo tipo* de senso de comunalidade.

Na faculdade de julgar, a questão da companhia – "com que outro queremos e suportamos viver junto" – é realçada pela noção de exemplaridade, pelos exemplos que escolhemos para guiar nossos julgamentos. Pode-se aludir que o pensamento reflexivo, por meio da capacidade de apreender a *doxai* de outros cidadãos, é efetivado pelo juízo reflexivo, cujo resultado é a unificação do diálogo *dois-em-um* na pluralidade da vida ativa[143]. O domínio público é a seara da *doxai*, de um corpo de singularidades. Arendt ilustra o poder da exemplaridade e a capacidade de prover validade exemplar com o caso inusitado de alguém que escolhesse Barba Azul como companhia, no sentido de fazer dele um exemplo. Pessoas que escolhem maus exemplos nos convidam a evitá-los. Não obstante, mais relevante para as catástrofes morais do século XX é a "probabilidade de que alguém viria para nos dizer que ele não se importa e que qualquer companhia seria boa o suficiente". E Arendt conclui: "Em termos morais e até políticos, essa indiferença, embora bastante comum, é o maior perigo. Em conexão a isso, sendo apenas um pouco menos perigoso, está outro fenômeno moderno muito comum, a tendência difundida da recusa a julgar."[144] Arendt chama a atenção a um fenômeno contemporâneo frequente, a tendência amplamente disseminada de rejeitar todo e qualquer juízo.

A partir da recusa ou da incapacidade de escolher os seus exemplos e a sua companhia, e a partir da recusa ou incapacidade de estabelecer uma relação com os outros pelo julgamento, surgem os *skandala* reais, os obstáculos reais que os poderes humanos não podem remover

---

142 A Crise na Cultura, *Entre o Passado e o Futuro*, p. 276 (*BPF*, p. 221).

143 *A Vida do Espírito*, p. 139 (*LMT*, p. 185). Vale a pena notar que o uso que Arendt faz do termo "pensamento representativo" não faz referência, como no caso do esquema de Kant, à visão clássica da representação. Ver o capítulo A Atividade de Pensar.

144 *Responsabilidade e Julgamento*, p. 212 (*RJ*, p. 146).

188   ÉTICA, RESPONSABILIDADE E JUÍZO EM HANNAH ARENDT

porque não foram causados por motivos humanos ou humanamente compreensíveis. Nisso reside o horror e, ao mesmo tempo, a banalidade do mal.[145]

A vinculação entre a capacidade de juízo e a questão da escolha da companhia para guiar as nossas ações confere à noção de validade exemplar ao menos duas implicações éticas em destaque: não apenas torna possível ensinar mediante exemplo, mas também "dar um exemplo e 'persuadir'" outros a começar a agir[146]. Cito uma das passagens-chaves do texto "Verdade e política", em que a validade exemplar é descrita como o resultado da persuasão, a forma adequada de expressar a opinião do ator. Não é por acaso que Sócrates é a figura à qual Arendt recorre para legitimar a validade exemplar como uma das poucas fontes de princípios éticos válidos. Isto não obstante o fato de que a validade exemplar não reivindica, de modo algum, um conhecimento prático que clame por uma validade universal. Como já abordado no capítulo sobre a faculdade de pensar, Sócrates evita contrapor a verdade à doxa e, com isso, evita também contrapor a linguagem filosófica, a dialética, a uma forma discursiva política, a saber, a persuasão.

Esse ensinamento por meio do exemplo é, com efeito, a única forma de persuasão de que a verdade filosófica é capaz sem perversão ou distorção; ao mesmo tempo, a verdade filosófica só pode se tornar "prática" e inspirar a ação, sem violar as regras do âmbito político, quando consegue manifestar-se sob o disfarce de um exemplo. É a única oportunidade de um princípio ético ser simultaneamente verificado e validado. Assim, por exemplo, para verificar a noção de coragem, devemos recordar o exemplo de Aquiles, e para verificar a noção de bondade inclinamo-nos a pensar em Jesus Cristo ou São Francisco; esses exemplos ensinam ou persuadem através da inspiração, de tal modo que, sempre que tentamos realizar um ato de coragem ou de bondade é como se imitássemos alguma outra pessoa – a *imitatio Christi*.[147]

Em *A Condição Humana*, Arendt ilustra através do herói a figura emblemática do ator singular que realiza uma ação original e que resulta em uma "diferença de qualidade", de modo

145 Ibidem.
146 Verdade e Política, *Entre o Passado e o Futuro*, p. 307 (BPF, p. 248).
147 Ibidem (BPF, p. 248).

A FACULDADE DE JULGAR   189

a trazer uma nova imagem para o mundo que, por sua vez, cria um novo exemplo para ações futuras.

Arendt concebe o herói como uma figura originária que se distingue por suas ações, que cria uma ligação dentro de uma comunidade territorial, assegura um espaço cívico[148]. O que está em jogo na distintividade do herói é a originalidade de determinadas ações que diretamente influenciam na construção da exemplaridade pública. Não se pode negar que certos sujeitos são capazes de ações extraordinárias e exemplares. E, com efeito, de a realizarem com excelência. Kateb ressalta que no léxico arendtiano determinados indivíduos agem de modo a exemplificar uma paixão (Arendt chama isso de um "princípio"); ou a exibir uma habilidade política (o que Arendt, seguindo Maquiavel, chama de "*virtu*"); ou mesmo a sentir excitação proveniente do agir, principalmente quando a ação dá início a algo novo; ou ainda de forma a se destacar em embates políticos, alheios aos ganhos tangíveis da vitória[149]. Parece razoável deduzir que a personificação emblemática da ação, identificada no herói de *A Condição Humana*, figura como capaz de "conduzir a um conceito" por meio de uma nova imagem que exprima um ponto de vista geral. Em outras palavras, o herói figuraria como a singularidade que incorporaria a realização de uma generalidade. Reproduzo aqui uma longa passagem retirada do manuscrito de Arendt sobre a *Imaginação*:

O exemplo é o particular que contém em si mesmo, ou que supõe conter, um conceito ou regra geral. Por exemplo: como estamos aptos a julgar, a avaliar um ato como corajoso? Quando julgamos, dizemos

148 A apreciação da vida em comunidade está entre as principais razões do heroísmo. Brandão chama atenção ao fato de que todas as propriedades humanas, *thymós* (instintos, apetites), os sentidos (uma espécie de voz interna), *nóos* (espírito e compreensão), *phrén* (também compreensão) – morrem junto com o corpo. Somente a *psykhé* (o suspiro da vida, a respiração), um *eidolon*, uma sombra, uma imagem pálida e inconsistente, privada da compreensão, descendem a Hades. Assim, a imortalidade na vida é a única imortalidade que importa para o herói Homérico. Cf. J. de S. Brandão, *Mitologia Grega*, v. I, p. 146. Do mesmo modo, também o *agonístico*, no grego (*agonisteké*), luta, disputa atlética (*agonistiké*), *agonistic*, está relacionada a (*agón*), "assembleia, reunião". Ibidem, v. VI. A. Brelich ressalva que "o herói é a fundação da cidade, e a sua adoração possui um caráter cívico". Ver *Gli eroi greci*, p. 313.

149 Cf. G. Kateb, The Judgment of Arendt, *Revue Internationale de Philosophie*, n. 2, p. 134.

190 ÉTICA, RESPONSABILIDADE E JUÍZO EM HANNAH ARENDT

espontaneamente, sem derivar de quaisquer regras gerais: "Este homem é corajoso." Se fôssemos gregos, teríamos "nas profundezas de nosso espírito" o exemplo de Aquiles. Novamente, a imaginação é necessária: devemos ter Aquiles presente mesmo se ele certamente está ausente. Se dizemos de alguém que ele é bom, temos no fundo de nossos espíritos o exemplo de São Francisco ou Jesus de Nazaré. O juízo tem validade exemplar na medida em que o exemplo é corretamente escolhido. Ou, para tomar um outro exemplo: no contexto da história francesa, posso falar de Napoleão Bonaparte como um homem particular; mas a partir do momento em que falo do bonapartismo, fiz de Napoleão um exemplo. A validade desse exemplo será restrita àqueles que possuem de Napoleão uma experiência particular [...] A maior parte dos conceitos nas ciências políticas e históricas possui essa natureza restrita; eles têm sua origem em algum incidente histórico particular e procedemos de modo a torná-los "exemplares" – de modo a ver no particular o que é válido para mais de um caso.[150]

Vale ressaltar, contudo, que não é corrente que a originalidade excepcional do herói e a singularidade de *quem* somos coincidam. A distintividade, a singularidade, pertence a todo sujeito, como potência cidadã e livre com vista à participação na vida pública. Cada um de nós é capaz de agir com nobreza, de revelar publicamente *"quem somos"*. De uma maneira ou de outra (heróis e não heróis), revelamos nossa singularidade, expomos *quem* somos ao agir e falar na companhia de outros. É neste sentido que cada sujeito revela uma ontologia da ação, tal como formulado por Taminiaux, "o que a ação introduz no mundo é a singularidade (*uniqueness*) de alguém: não a iniciativa dele ou dela para realizar algo, mas a iniciativa que é dada ao indivíduo de ser alguém"[151]. Todos nós revelamos e descobrimos um "alguém" por meio de nossas ações.

Em sua obra *An Ethics of Personality*, Heller define a sua ética da personalidade como uma ética da inimitabilidade, já que apenas nos tornamos nós mesmos. Ninguém pode se tornar outra pessoa[152]. Na própria modelagem de nossa singularidade, no entanto, exemplos podem ocupar um papel central. Não se começa *ab ovo* ou se cria *ex nihilo*. Exemplos não substituem singularidade, mas, ao invés, podem atuar como ferramentas à

---

150 *Lições Sobre a Filosofia Política de Kant*, p. 107 (LKPP, p. 84-85).
151 J. Taminiaux, op. cit., p. 86.
152 A. Heller, *An Ethics of Personality*, p. 14.

A FACULDADE DE JULGAR

constituição de nossa própria singularidade. Arendt sublinha que "para criar espaço para nossas próprias ações, algo que estava lá antes precisa ser removido ou destruído, e as coisas como eram antes são transformadas". Para lograr esse espaço – e a exemplaridade necessariamente requer esta capacidade – é necessário "nos removermos mentalmente de onde estamos fisicamente colocados e *imaginar* que as coisas poderiam ser diferentes do que realmente são"[153]. Sem dúvida, exemplos públicos desempenham um papel crucial. Uma figura heroica como São Francisco de Assis, por exemplo, ocupa o espaço do ponto de vista geral com o qual muitos se identificam. Figura como uma imagem autêntica da universalidade revelada pela singularidade. Não obstante, há instâncias de exemplaridade em menor escala. Este aspecto é ilustrado pelo diálogo imaginário encenado por Heller entre Fifi e sua avó em *An Ethics of Personality*. Em sua primeira carta à avó, Fifi escreve: "Até agora confiava na minha capacidade de distinguir o certo do errado; *aprendi a fazer isso com você*." E acrescenta:

Mesmo que você não tenha me ensinado várias normas, [...] fui criada como uma menina que conhecia suas responsabilidades, a consciência à qual teria que prestar contas, que nem tudo é moralmente permitido. [...] Você nunca usou os termos "ruim" ou "bom" nesse contexto. Você nunca disse "você é uma menina boa" ou "você é uma menina má", *você elogiava ou condenava somente meus atos e feitos*.[154]

Tais exemplos particulares, vividos na experiência cotidiana de cada um de nós, podem desempenhar um papel decisivo na conexão com figuras públicas.

Um outro nível de responsabilidade pessoal que vale a pena destacar aqui é aquela acerca da responsabilidade para com a durabilidade do mundo, já mencionada no capítulo sobre a vontade. A durabilidade não figura só como condição do mundo manufaturado (a *poiēsic* do *homo faber*). Influencia também nossa opinião, na forma do *aquilo-que-me-parece* (doxa). Em vez de manter correspondência com um self "verdadeiro", o critério para "o sucesso e o fracasso da iniciativa de autoapresentação depende da consistência e da duração da imagem assim

153 *Crises da República*, p. 15 (CR, p. 5).
154 A. Heller, op. cit., p. 223-224.

192 ÉTICA, RESPONSABILIDADE E JUÍZO EM HANNAH ARENDT

apresentada ao mundo[155]. A opinião depende da manutenção de uma imagem consistente e durável no espaço público. É claro que a opinião traz consigo, entre outros, os riscos correntes de dissimulação, fingimento, particularmente no caso do ator político, assim como o risco de ser mal compreendido, mal interpretado, mais frequente no caso do espectador. Na dimensão agonística do domínio público, imprevisível e contingente, a durabilidade e consistência na apresentação de nós mesmos e de *quem* somos pode promover algum grau de estabilidade. A durabilidade e a consistência se dão nas duas esferas arendtianas, na *activa* e na *vita contemplativa*. A autoapresentação pode operar uma espécie de prestação de contas, uma tomada de responsabilidade, pelo modo como apareceremos.

TEORIA DO JUÍZO POLÍTICO E SENTIMENTO DE INJUSTIÇA

Não é novidade que a filosofia moderna empreendeu uma tarefa longa e contínua de produção de dois planos incomunicáveis, a compreensão e o afeto, protagonizada pelo próprio Kant. Em se tratando de ética, a validade normativa de regras gerais é mais relevante do que o que sentimos com o/pelo outro. Entretanto, minha hipótese aqui é a de que, se na inscrição dos juízos éticos se levar a sério essa virada epistemológica dos sentidos, atribuída a Arendt a partir da estética kantiana, tem-se dois ganhos epistemológicos. Ou seja, assumir que uma das bases na decisão de como compreendemos, atribuímos sentidos e juízos reside nos afetos. Segundo, e por consequência, que os afetos passam a desempenhar um papel protagonista na forma como julgamos e agimos. Daí, pode-se afirmar que a ética é também do domínio dos afetos, ou melhor, os afetos também se ocupam da ética.

Terminei o primeiro capítulo citando uma passagem de *Responsabilidade e Julgamento* na qual Arendt menciona a necessidade de um "sentimento de legalidade" capaz de, quando necessário, contradizer as leis do Estado. Cito novamente a

155 *A Vida do Espírito*, p. 29 (LMT, p. 36).

A FACULDADE DE JULGAR 193

passagem: "o que realmente exigimos deles é um 'sentimento de legalidade' profundo dentro de si próprio, para *contradizer* a lei do país e o conhecimento que dela possuem"[156]. Aqui, por analogia, para ser fiel ao sentido atribuído por Arendt ao juízo político, pode-se apelidar o "sentimento de legalidade" de "sentimento de justiça". Em termos de julgamento, descrito também como um sentimento, as experiências de injustiça afetam nossa experiência ética, e nos compelem à ação. Na gramática dos afetos comuns, a experiência de juízo crítico nos afeta com indignação, com pulsão de vida, com pulsão de ação, de ação política. Azmanova chama atenção para este ponto[157]. Ser afetado por um sentimento de injustiça, acredito, é uma das formas mais fortes da passagem do escopo da generalidade do julgamento para a sua experiância particular mais factual. O juízo crítico nos afeta na experiência da injustiça. A partilha comum das injustiças nos impulsiona à contestação política. Aqui a constituição do sujeito e a ação política operam uma espécie de simetria ontológica.

A figura do espectador no juízo arendtiano não se molda à caracterização de um tipo de imparcialidade desconectada, não padece da "liberdade da imparcialidade"[158], tal qual no julgamento determinante. Ao contrário de ter como objetivo a verdade (no modelo lógico de representação do objeto), própria do julgamento determinante, o objetivo no julgamento reflexivo arendtiano é o significado, o sentido. Por isso a representação no formato do juízo determinante não pode "representar" um afeto, uma indignação. A intensidade com que nos deixamos afetar pelas injustiças, a intensidade de nossa indignação, de fato, não carece de estabelecer qualquer proporção com o conhecimento das propriedades da representação formal da justiça.

Dito de outra forma, minha hipótese é de que a teoria do juízo político arendtiano, a partir do juízo estético kantiano, nos habilita a uma teoria crítica do juízo, na qual aquilo que nos afeta nas formas mais variadas de injustiça é decorrência de um juízo político dos afetos comuns. Quando Arendt recupera

---

156 *Responsabilidade e Julgamento*, p. 103 (*RJ*, p. 40).
157 A. Azmanova, op. cit. p. 149.
158 Ibidem, p. 130.

a premissa de que o juízo discriminatório de "isso me agrada ou me desagrada" implica em um segundo momento, ou seja, nos afeta na forma de um sentimento de aprovação ou reprovação, é como se o nosso juízo crítico fosse capaz de produzir um estado de ânimo (*Gemüt*), um sentido, que se declara publicamente. No caso mais emblemático do sentimento de injustiça, a declaração pública do sentimento de desagrado, de indignação, se encarna na comunicabilidade. Essa descrição da forma como nos engajamos em algo de relevância pública escapa ao discurso do razoável ou do consenso normativo. O tipo de conceitualização de juízo normativo, ao ter muito mais em conta a promoção da estabilidade política, não nos instrumentaliza com uma teoria crítica do juízo político que ultrapasse a esfera da aplicação de regras de validade e, por consequência, não nos vincula diretamente às experiências fáticas de injustiça.

Bibliografia Cronológica da Obra de Hannah Arendt

Livros e artigos publicados

(1929) *Der Liebesbegriff bei Augustin*. Berlin: J. Springer, 1929.

(1948) The Concentration Camps. *Partisan Review*, v. xv, n. 7, jul.

(1949) The Rights of Man. *Modern Review*, v. iii, n. I, Summer.

(1951) *The Origins of Totalitarianism: Anti-semitism, Imperialism, Totalitarianism*. New York/London: Harvest-HJB. (Ed. Bras.: *Origens do Totalitarismo*. São Paulo: Companhia das Letras, 1989.)

(1953) ARENDT, Hannah; VOEGELIN, Eric. The Origins of Totalitarianism: A Reply. *The Review of Politics*, v. 15, n. 1, jan., 1953.

(1958) *The Human Condition*. Chicago/London: The University of Chicago Press, 1989. (Trad. bras.: Roberto Raposo. *A Condição Humana*. Rio de Janeiro: Forense Universitária, 1993.)

(1958) *The Human Condition*. 2. ed. Introdução de Margaret Canovan. Chicago/London: The University of Chicago Press, 1998.

(1961) *Between Past and Future: Eight Exercises in Political Thought*. New York: Penguin, 1977. (Trad. bras.: de Mauro W.B. de Almeida. *Entre o Passado e o Futuro*. São Paulo: Perspectiva, 1992.)

(1961) Society and Culture. In: JACOBS, Norman (ed.). *Culture for the Millions? Mass Media in Modern Society*. Boston: Beacon.

(1962) *The Great Philosophers*. JASPERS, Karl (ed.). New York: Harcourt, Braces & Co., v. 1 e 2, 1962-1966.

(1963) *Eichmann in Jerusalem: A Report of the Banality of Evil*. New York: Penguin, 1977. (Trad. bras.: José Rubens Siqueira. *Eichmann em Jerusalém: Um Relato Sobre a Banalidade do Mal*. São Paulo: Companhia das Letras, 1999.)

196 ÉTICA, RESPONSABILIDADE E JUÍZO EM HANNAH ARENDT

(1963) The Deputy: Guilt by Silence? BERNAUER, James W. (ed.). *Amor Mundi: Explorations in the Faith and Thought of Hannah Arendt*. Boston/Dordrecht/ Lancaster: Martinus Nijhoff, 1987.

(1964) Labor, Work, Action (leitura de 1964). *Amor Mundi: Explorations in the Faith and Thought of Hannah Arendt*. BERNAUER James W. (ed.). Boston/ Dordrecht/Lancaster: Martinus Nijhoff, 1987.

(1964) Nathalie Sarraute. *New York Review of Books*, v. 2, n. 2, mar. 5.

(1965) *On Revolution*. New York: Penguin, 1990.

(1966) Introduction. In: NAUMANN, Bernd (ed.). *Auschwitz*. New York/Washington /London: Frederick A. Praeger, v. XI, 1966.

(1967) Introduction. In: GRAY, Glenn. *The Warriors: Reflections on Men in Battle*. Lincoln/ London: University of Nebraska, 1998.

(1968) Introduction. In: BENJAMIN, Walter. *Illuminations: Essays and Reflections*. Tradução para o inglês de Harray Zohn. New York: Schocken, 1968.

(1968) Collective Responsibility. BERNAUER, James W. *Amor Mundi: Explorations in the Faith and Thought of Hannah Arendt*. Boston/Dordrecht/ Lancaster: Martinus Nijhoff, 1987. (*Responsibility and Judgment*, 2003.)

(1968) *Men in Dark Times*. New York/London: Harvest/HJB, 1983. (Trad. bras. de Denise Bottmann: *Homens em Tempos Sombrios*. São Paulo: Companhia das Letras, 1987.)

(1969) Personal Responsibility under Dictatorship. *The Listener*, London, BBC, 6 aug. 1964. (*Responsibility and Judgment*, 2003.)

(1970) *On Violence*. New York: Harcourt Brace & Company, 1970.

(1971) Thinking and Moral Considerations. *Social Research*, v. 38 n. 3, Autumn, 1971. (*Responsibility and Judgment*, 2003.)

(1972) *Crises of the Republic*. New York/London: Harvest/HJB, 1972. (Trad. bras.: José Volkmann. *Crises da República*. São Paulo: Perspectiva, 1973.)

(1974) Remembering Wystan H. Auden. In: SPENDER, Stephen (ed.). *W. H. Auden: A Tribute*. New York: MacMillan, 1974.

(1974) *Rahel Varnhagen: The Life of a Jewish Woman*. New York/London: Harvest/HBJ, 1974. (Trad. Bras.: Antônio Trânsito; Gernot Kludasch. *Rahel Varnhagen: A Vida de uma Judia Alemã na Época do Romantismo*. Rio de Janeiro: Relume-Dumará, 1994.)

(1977) Public Rights and Private Interests: Response to Charles Frankel. In: MOONEY, Michael; STUBER Florian (eds.). *Small Comforts for Hard Times: Humanists on Public Policy*. New York: Columbia University Press, 1977.

(1978) *The Jew as Pariah: Jewish Identity and Politics in the Modern Age*. New York: Grove, 1978.

(1978) *The Life of Mind: Thinking, Willing*. New York/London: Harvest-HJB. (Trad. bras.: *A Vida do Espírito: O Pensar, o Querer, o Julgar*. Organizado por Antônio Abranches, tradução de Helena Martins et al. Rio de Janeiro: Relume-Dumará, 1993.)

(1978) Martin Heidegger at Eighty. In: MURRAY, Michael (ed.). *Heidegger and Modern Philosophy: Critical Essays*. New Haven/London: Yale University Press, 1978.

(1979) From an Interview. *The New York Review of Books*, 26 oct. 1978. HILL, Melvyn A. (ed.). *Hannah Arendt: The Recovery of the Public World*. New York: St. Martin's Press, 1979.

BIBLIOGRAFIA CRONOLÓGICA DA OBRA DE HANNAH ARENDT   197

(1982) *Lectures on Kant's Political Philosophy*. Com ensaio de Ronald Beiner. Chicago: University of Chicago Press, 1982. (Trad. bras.: André Duarte. *Lições Sobre a Filosofia Política de Kant*. Rio de Janeiro: Relume-Dumará, 1993.)

(1989) *Menschen in finsteren Zeiten*. LUDZ, Ursula (Hrsg). München/Zürich: Piper.

(1990) Philosophy and Politics. *Social Research*, v. 57, n. 1, Spring.

(1991) *Auschwitz et Jérusalem*. Paris: Deuxtemps Tierce.

(1993) *Was ist Politik*. München, Piper, 1993. (Trad. do espanhol: *¿Qué es la Política?* Barcelona: Paidós, 1997.)

(1993) *Besuch in Deutschland*. Hamburg: Rotbuch, 1993.

(1993) *A Dignidade da Política: Ensaios e Conferências*. Organizado por Antônio Abranches, tradução de Helena Martins et al. Rio de Janeiro: Relume-Dumará.

(1994) *Essays in Understanding 1930-1954*. KOHN, Jerome (ed.). New York/San Diego/London: Harcourt Brace & Company, 1994. (Trad. bras.: Denise Bottmann. *Compreender: Formação, Exílio e Totalitarismo. Ensaios 1930-1954*. Organização, introdução e notas de Jerome Kohn. São Paulo: Companhia das Letras, 2008.)

(1994) Some Questions of Moral Philosophy. *Social Research*, v. 61, n. 4, Winter 1994. (*Responsibility and Judgment*, 2003)

(1996) *Love and Saint Augustine*. Com ensaio de Joanna Vechiarelli Scott e Judith Chelius Stark. Chicago/London: University of Chicago Press, 1996.

(1999) *Zur Zeit: Politische Essays*. Hamburg: Rotbuch, 1999.

(2000) *Vor Antisemitismus ist man nur noch auf dem Monde sicher: Beiträge für die deutsch-jüdische Emigrantenzeitung "Aufbau" 1941-1945*. KNOTT, Marie Luise (Hrsg.). Zürich/München: Piper.

(2000) *In der Gegenwart: Übungen im Politischen Denken II*. LUDZ, Ursula (Hrsg). Zürich/München: Piper, 2000.

(2003) *Responsibility and Judgment*. Introdução de Jerome Kohn. New York: Schocken, 2003. (Trad. bras.: Rosaura Maria Eichenberg *Responsabilidade e Julgamento*. Introdução de Bethânia Assy. São Paulo: Companhia das Letras, 2004.)

(2005) *The Promise of Politics*. Introdução de Jerome Kohn. New York: Schocken, 2005.

Correspondência

ARENDT, Hannah; BLÜCHER, Heinrich. *Within Four Walls: The Correspondence Between Hannah Arendt and Heinrich Blücher, 1936-1968*. New York/San Diego/London: Harcourt, 2000 (*Briefe 1936-1968*. Editção e Introdução de Lotte Köhler. München/Zürich: Piper, 1999).

ARENDT, Hannah; MCCARTHY, Mary. *Between Friends: The Correspondence of Hannah Arendt and Mary McCarthy 1949-1975*. Edição e Introdução de Carol Brightman. New York/San Diego/London: Harcourt Brace & Company, 1995.

ARENDT, Hannah; JASPERS, Karl. *Correspondence 1926-1969*. New York: Harcourt Brace Jovanovich, 1992.

ARENDT, Hannah; HEIDEGGER, Martin. *Briefe 1925-1975*. LUDZ, Ursula (Hrsg. Aus den Nachlässen). Frankfurt: Vittorio Klostermann, 1998.

198 ÉTICA, RESPONSABILIDADE E JUÍZO EM HANNAH ARENDT

ARENDT, Hannah; BROCH, Hermann. *Briefwechsel 1946 bis 1951.* LÜTZELER, Paul Michael (Hrsg). Frankfurt: Jüdischer Verlag, 1996.

Manuscritos inéditos

(1929) *Der Liebesbegriff bei Augustin.* Berlin: J. Springer, 1929. *Hannah Arendt's Papers.* The Manuscript Division, Library of Congress, Washington, DC, container 72 p. 033082. Also "Love and Saint Augustine: An Essay in Philosophical Interpretation". Container 73, p. 033237. From Hannah Arendt Archiv, Hannah Arendt Forschungszentrum, Carl von Ossietzky, Universität Oldenburg.

(1954) Concern with Politics in Recent European Political Thought. Lecture 1954. *Hannah Arendt's Papers.* The Manuscript Division, Library of Congress, Washington, DC, container 63, p. 023248.

(1955) Political Theory of Kant. Seminar 1955. University of California, Berkeley, *Hannah Arendt's Papers.* The Manuscript Division, Library of Congress, Washington, DC, container 46.7, p. 032299. From Hannah Arendt Archiv, Hannah Arendt Forschungszentrum, Carl von Ossietzky, Universität Oldenburg.

(1955) Spinoza. Seminar 1955, 1965. University of California, Berkeley. *Hannah Arendt's Papers.* The Manuscript Division, Library of Congress, Washington, DC, container 46.8, p. 024530. From Hannah Arendt Archiv, Hannah Arendt Forschungszentrum, Carl von Ossietzky, Universität Oldenburg.

(1960) Greek Political Thought from Homer to Aristotle. Seminar 1960. Columbia University (also given at The New School for Social Research). *Hannah Arendt's Papers.* The Manuscript Division, Library of Congress, Washington, DC, container 44, p. 024804. From Hannah Arendt Archiv, Hannah Arendt Forschungszentrum, Carl von Ossietzky, Universität Oldenburg.

(1963) Introduction to Politics. Course Lecture, Chicago, Fall, 1963. Manuscript Division, Library of Congress, Washington, DC, p. 023803.

(1964) Eichmann: Discussion with Enumeration of Topics. Hofstra College, 1964. *Hannah Arendt's Papers.* The Manuscript Division, Library of Congress, Washington, DC, container 60, p. 24842.

(1964) Kant. Seminar 1964, 1970. University of Chicago. *Hannah Arendt's Papers.* The Manuscript Division, Library of Congress, Washington, DC, container 46.15 p. 032394. From Hannah Arendt Archiv, Hannah Arendt Forschungszentrum, Carl von Ossietzky, Universität Oldenburg.

(1964) Kant's Moral Philosophy. Seminar May 1964, University of Chicago. *Hannah Arendt's Papers.* The Manuscript Division, Library of Congress, Washington, DC, container 46, p. 032346

(1964) Kant's Political Philosophy, Seminar Fall 1964, University of Chicago. *Hannah Arendt's Papers.* The Manuscript Division, Library of Congress, Washington, DC, container 45, p. 032242.

(1964) Legal & Moral Aspects of Eichmann Case, 1964. *Hannah Arendt's Papers.* The Manuscript Division, Library of Congress, Washington, DC, container 61, p. 024837.

(1964) Legal Problems of The Eichmann Trial. Yale University, 1964. *Hannah Arendt's Papers.* The Manuscript Division, Library of Congress, Washington, DC, container 60, p. 024822.

BIBLIOGRAFIA CRONOLÓGICA DA OBRA DE HANNAH ARENDT   199

(1964) The Nature of Eichmann's Crime. New York University, Law Forum, 1964. *Hannah Arendt's Papers.* The Manuscript Division, Library of Congress, Washington, DC, container 60, p. 024818.

(1964) Personal Responsibility under Dictatorship. *Lecture*/1964. *Hannah Arendt's Papers.* The Manuscript Division, Library of Congress, Washington, DC, container 76, p. 023315.

(1964) Reflections after Eichmann Trial, undated. *Hannah Arendt's Papers.* The Manuscript Division. Library of Congress, Washington, DC, container 60, p. 24820.

(1965) From Machiavelli to Marx. Lecture Fall/1965, Cornell University. *Hannah Arendt's Papers.* The Manuscript Division. Library of Congress, Washington, DC, container 44, p. 023453. From Hannah Arendt Archiv, Hannah Arendt Forschungszentrum, Carl von Ossietzky, Universität Oldenburg.

(1965) Political Experiences in Twentieth Century. Seminar. Fall 1965, Cornell University (also given at the New School for Social Research). *Hannah Arendt's Papers.* The Manuscript Division. Library of Congress, Washington, DC, container 44, p. 023761. From Hannah Arendt Archiv, Hannah Arendt Forschungszentrum, Carl von Ossietzky, Universität Oldenburg.

(1965) Some Questions of Moral Philosophy. Morality Lectures 1965. New School for Social Research. *Hannah Arendt's Papers.* The Manuscript Division, Library of Congress, Washington, DC, container 45.

(1966) Basic Moral Propositions. Lectures 1966, University of Chicago. *Hannah Arendt's Papers.* The Manuscript Division, Library of Congress, Washington, DC, container 46, p. 024530.

(1966) Marx. Seminar 1966, University of Chicago. *Hannah Arendt's Papers.* The Manuscript Division, Library of Congress, Washington, DC, container 46.16, p. 024294. From Hannah Arendt Archiv, Hannah Arendt Forschungszentrum, Carl von Ossietzky, Universität Oldenburg.

(1966) Nietzsche. Tutorial 1966. University of Chicago. *Hannah Arendt's Papers.* The Manuscript Division, Library of Congress, Washington, DC, container 46.17, p. 023698. From Hannah Arendt Archiv, Hannah Arendt Forschungszentrum, Carl von Ossietzky, Universität Oldenburg.

(1967) Hegel. Seminar 1967, University of Chicago. *Hannah Arendt's Papers.* The Manuscript Division, Library of Congress, Washington, DC, container 46.11, p. 023670. From Hannah Arendt Archiv, Hannah Arendt Forschungszentrum, Carl von Ossietzky, Universität Oldenburg.

(1968) The Archimedean Point. Lecture, 1968, University of Michigan. *Hannah Arendt's Papers.* The Manuscript Division, Library of Congress, Washington, DC, container 61, p. 031393. From Hannah Arendt Archiv, Hannah Arendt Forschungszentrum, Carl von Ossietzky, Universität Oldenburg.

(1968) Collective Responsibility. Discussion of the paper of Joel Feinberg, Rockefeller University, American Philosophical Society, December 27, 1968. Washington, DC, *Hannah Arendt's Papers.* The Manuscript Division, Library of Congress, Washington, DC, container 62, p. 022995.

(1968) Political Experience. Lecture, Spring1968. The New School for Social Research. *Hannah Arendt's Papers.* The Manuscript Division, Library of Congress, Washington, DC, container 45.7, p. 023608. From Hannah Arendt Archiv, Hannah Arendt Forschungszentrum, Carl von Ossietzky, Universität Oldenburg.

200   ÉTICA, RESPONSABILIDADE E JUÍZO EM HANNAH ARENDT

(1969) Law and Civil Disobedience. July, 1969. *Hannah Arendt's Papers*. The Manuscript Division, Library of Congress, Washington, DC, container 68.

(1970) Kant's Critique of Judgment. Seminar Fall 1970, New School for Social Research. *Hannah Arendt's Papers*. The Manuscript Division, Library of Congress, Washington, DC, container 46, p. 032436.

(1970) Kant's Political Philosophy. Lecture, Fall 1970. *Hannah Arendt's Papers*. The Manuscript Division, Library of Congress, Washington, DC, container 45, p. 032446. From Hannah Arendt Archiv, Hannah Arendt Forschungszentrum, Carl von Ossietzky, Universität Oldenburg.

(1971) The History of the Will. Lecture, Fall 1971. *Hannah Arendt's Papers*. The Manuscript Division, Library of Congress, Washington, DC, container 44.9, p. 024653. From Hannah Arendt Archiv, Hannah Arendt Forschungszentrum, Carl von Ossietzky, Universität Oldenburg.

(1971) Thoughts on Politics and Revolution. *Hannah Arendt's Papers*. The Manuscript Division, Library of Congress. p. 031367. From Hannah Arendt Archiv, Hannah Arendt Forschungszentrum, Carl von Ossietzky, Universität Oldenburg.

(1973) Private Rights and Public Good. Conference 1973-74, Columbia University. *Hannah Arendt's Papers*. The Manuscript Division, Library of Congress, Washington, DC, container 42.

(*Undated*) Moral Responsibility under Totalitarian Dictatorships. *Hannah Arendt's Papers*. The Manuscript Division, Library of Congress, Washington, DC, container 76, p. 023009.

Literatura Secundária Sobre Hannah Arendt e Outras Fontes

ABEL, Lionel. The Aesthetics of Evil. *Partisan Review,* 30/2, Summer, 1963.

ADEODATO, João Maurício L. *O Problema da Legitimidade: No Rastro do Pensamento de Hannah Arendt*. Rio de Janeiro: Forense Universitária, 1989.

AGAMBEN, Giorgio. *Lo Que Queda de Auschwitz: El Arquivo y el Testigo Homo Sacer III*. Traducción de Antonio Gimeno Cuspinera. Valencia: Pre-Textos, 2000. (Collección Pre-textos)

_____. *La Comunidad Que Viene*. Traducción de José Villacañas y Caludio La Rocca. Valencia: Pre-Textos, 1996. (Collección Pre-textos)

AGOSTINHO, *Confissões*. 13. ed. Trad. de J. Oliveira Santos e A. Ambrósio de Pina. Petrópolis: Vozes, 1998.

AGUIAR, Odílio Alves. *Filosofia e Política no Pensamento de Hannah Arendt*. Fortaleza: Editora da Universidade Federal do Ceará, 2001.

ALLEN, William Sheridan. Comment: Insight Amidst Terror, in Hannah Arendt in Jerusalem: The Controversy Revisited. In: LEGTERS, Lyman H. (ed.). *Western Society After The Holocaust*. Boulder: Westview Press 1983.

ALLISON, Henry E. Reflections on the Banality of (Radical) Evil: A Kantian Analysis. *Graduate Faculty Philosophy Journal*, New School for Social Research, v. 18, n. 2, 1995.

_____. *Kant's Theory of Freedom*. New York: Cambridge University Press, 1990.

AMIEL, Anne. *Hannah Arendt: Politique et Événement*. Paris: PUF, 1996.

BIBLIOGRAFIA CRONOLÓGICA DA OBRA DE HANNAH ARENDT   201

ASCHHEIM, Steven E. (ed.). *Hannah Arendt in Jerusalem*. Berkeley: University of California Press, 2001.

_____. The Origins of Totalitarianism: Hannah Arendt and the Discourse of Evil. *New German Critique*, n. 70, Winter, 1997.

ASSY, Bethania. Hannah Arendt and the Jewish Messianic Tradition: Singular Event and Testimonial Narrative. *Trumah: Zeitschrift der Hochschule für jüdische Studien Heidelberg, Band 20*. Heidelberg: Universitätsverlag, 2011. (Geschichte denken: Perspektiven von und zu Hannah Arendt.)

_____. Eichmann in Jerusalem. In: HEUER, Wolfgang; HEITER, Bernd; ROSEN-MÜLLER, Stefanie. (Hrsg.). *Hannah Arendt: Handbuch. Leben-Werk--Wirkung*. Stuttgart/Weimar: J.B. Metzler, 2011.

_____. Schuld. *Hannah Arendt: Handbuch. Leben-Werk-Wirkung*. Stuttgart/Weimar: J.B. Metzler, 2011.

_____. La vita insopportabile, riscatto narrativo e riconciliazione. In: BARBETTA, Pietro (a cura di). *L'avventura delle differenze. Sistemi di pensiero e pratiche sociali*. Napoli: Liguori, 2010.

_____. Unbearable Life and Narrative Reconciliation: Public Space as Metaphorical Natality in Hannah Arendt. *Raum der Freiheit: Reflexionen über Idee und Wirklichkeit*. Bielefeld: Transcript, 2009.

_____. Cultivare sentimenti pubblici: La struttura pubblica della vita della mente di Hannah Arendt. *Hannah Arendt: Filosofia e Totalitarismo*. Genova: Il Melangolo, 2007.

_____. Verso un nuovo cosmopolitismo: l'educazione dei sentimenti pubblici. *Prospettive sul postmoderno: Ricerche etiche e politiche*. Milano: Mimesis Edizioni, 2005.

AUGUSTINE. *On The Inner Life of the Mind*. Edited with commentary by Robert Meagher. Indianapolis/Cambridge: Hackett Publishing Company, 1998.

_____. *Confessions*. Translated by F. J. Sheed, and introduction by Peter Brown, Indianapolis: Hackett, 1993.

_____. *The Trinity*. Edited and translated by Edmund O.P. Hill. New York: New York City Press, 1991.

AZMANOVA, Albena. *The Scandal of Reason: A Critical Theory of Political Judgment*. New York: Columbia University Press, 2012.

BAKAN, Mildred. Arendt and Heidegger: The Episodic Intertwining of Life and Work. *Philosophy & Social Criticism*, v. 12, n. 1, Spring, 1987.

BALIC, Charles. The Life and Works of John Duns Scotus. In: RYAN, John; BONANSEA, Bernardine M. (eds.). *John Duns Scotus, 1265-1965*. Washington: The Catholic University of America Press, 1965.

BARLEY, Delbert. *Hannah Arendt: Einführung in ihr Werk*. Fraiburg/München: Alber, 1990.

BARNOUW, Dagmar. *Visible Spaces: Hannah Arendt and the German-Jewish Experience*. London: The John Hopkins Press, 1990.

BARON, Jeannette M. Hannah Arendt: Personal Reflections. *Response: A Contemporary Jewish Review*, v. XII, n. 3, Summer, 1980. (Hannah Arendt: Retrospective Symposium.

BARTHOLD, Lauren S. Towards an Ethics of Love: Arendt on the Will and St. Augustine. Manuscript presented in the seminar Hannah Arendt and *The Life of the Mind*, given by Richard Bernstein. *New School for Social Research*, Spring, 1997. Publicado em *Philosophy and Social Criticism*, v. 26, n. 6, 2000.

202   ÉTICA, RESPONSABILIDADE E JUÍZO EM HANNAH ARENDT

BAZZICALUPO, Laura. Il presente come tempo della politica in Hannah Arendt. In: PARISE, Eugenia (ed.) *La politica tra natalità e mortalita: Hannah Arendt*. Napoli: Edizioni Scientifiche Italiane, 1993

BEATTY, Joseph. Thinking and Moral Considerations: Socrates and Arendt's Eichmann. *Journal of Value Inquiry*, n. 10, Winter, 1976.

BEINER, Ronald. Hannah Arendt on Judging. Interpretive Essay on *Hannah Arendt's Lectures on Kant's Political Philosophy*. Chicago: University of Chicago Press, 1982.

BELL, Daniel. The Alphabet of Justice: Reflections on *Eichmann in Jerusalem*. *Partisan Review*, 30/3, Fall 1963.

BENHABIB, Seyla. *The Reluctant Modernism of Hannah Arendt*. London/New Delhi: Sage Publications, 1996.

_____. *Democracy and Difference: Contesting the Boundaries of the Political*. Princeton: Princenton University Press, 1996.

_____. Hannah Arendt and the Redemptive Power of Narrative. *Social Research*, v. 57, n.1, Spring, 1990.

_____. Judgment and The Moral Foundations of Politics in Arendt's Thought. *Political Theory* 16/1, feb. 1988.

BERGEN, Bernard J. *The Banality of Evil: Hannah Arendt and "The Final Solution"*. Lanham/Boulder/New York/Oxford: Rowman & Littlefield, 1998.

BERGSON, Henri. *Matière et Mémoire. Œuvres*. Édition du Centenaire, Introduction par Henri Gouhier. 6. ed. Paris: PUF, 2001. (*Matéria e Memória: Ensaio Sobre a Relação do Corpo Com o Espírito*. Trad. de Paulo Neves. São Paulo: Martins Fontes, 1999.)

BERNAUER, James W. The Faith of Hannah Arendt: *Amor Mundi* and its Critique. In: BERNAUER, James W. *Explorations in the Faith and Thought of Hannah Arendt*. Boston/Dordrecht/Lancaster: Martinus Nijhoff Publishers, 1987.

_____. On Reading and (Mis-)reading Arendt. *Philosophy & Social Criticism*, Summer, 1985.

BERNSTEIN, Richard J. *Radical Evil: A Philosophical Interrogation*. Cambridge: Polity Press & Blackwell, 2002.

_____. Provocation and Appropriation: Hannah Arendt's Response to Martin Heidegger. *Constellations*, v. 4, n. 2, 1997.

_____. *Hannah Arendt and the Jewish Question*. Cambridge: The MIT Press, 1996.

_____. *The Banality of Evil* Reconsidered: Hannah Arendt and The Meaning of Politics. University of North Carolina at Chapel Hill. *Conference Paper*, 17-18 feb. 1995.

_____. Judging: The Actor and the Spectator. *Philosophical Profiles: Essays in a Pragmatic Mode*. Philadelphia: University of Pennsylvania Press, 1986.

_____. *Beyond Objectivism and Relativism: Science, Hermeneutics, and Praxis*. Pennsylvania: University of Pennsylvania Press, 1983.

_____. From Hermeneutics to Praxis. *Review of Metaphysics* v. 35, n. 4 jun., 1982.

_____. Hannah Arendt: The Ambiguities of Theory and Practice. In: BALL, Terrence. *Political Theory and Praxis: New Perspectives*. Minneapolis: University of Minnesota Press, 1977.

BETTONI, Efrem. The Originality of the Scotistic Synthesis. In: RYAN, John; BONANSEA, Bernardine M. (eds.). *John Duns Scotus, 1265-1965*. Washington: The Catholic University of America Press, 1965.

BIBLIOGRAFIA CRONOLÓGICA DA OBRA DE HANNAH ARENDT 203

BIALE, David. Arendt in Jerusalem. *Response: A Contemporary Jewish Review*, v. XII, n. 3, Summer 1980. (Hannah Arendt: Retrospective Symposium)

BIRULÉS, Fina. Poetica e política: Hannah Arendt, abitare il presente. In: PARISE, Eugenia (ed.). *La politica tra natalità e mortalita: Hannah Arendt*. Napoli: Edizioni Scientifiche Italiane, 1993.

BOELA, Laura. *Hannah Arendt: Agire politicamente. Pensare politicamente.* Milano: Feltrinelli, 1995.

BOK, Nico Den. "Scotus" Theory of Contingency from a (Post) Modern Perspective: Some Important Developments of The Notion of Contingency after Duns Scotus. In: SILEO, Leoardo (ed.). *Via Scoti: Methodologica ad menntem Joannis Duns Scoti.* ATTI del Congresso Scotistico Internazionale, v. II. Roma, 9-11 mar. 1993.

BONANSEA, Bernardine. "Duns Scotus" Voluntarism. In: RYAN, John; BONANSEA, Bernardine M. (eds.). *John Duns Scotus, 1265-1965*. Washington: The Catholic University of America Press, 1965.

BONDY, François. On Misunderstanding Eichmann. *Encounter*, United Kingdom, nov. 1961.

BOTSTEIN, Leon. Liberating The Pariah: Politics, The Jews and Hannah Arendt. *Salmagundi*. New York: Saratoga, n. 60, Springs, 1983.

BOWEN-MOORE, Patricia. *Hannah Arendt's Philosophy of Natality*. New York: St. Martin's Press, 1989.

_____. Natality, *Amor Mundi* and Nuclearism in the Thought of Hannah Arendt. In: BERNAUER, James W. *Explorations in the Faith and Thought of Hannah Arendt,* Boston/Dordrecht/Lancaster: Martinus Nijhoff, 1987.

BRADSHAW, Leah. *Acting and Thinking: The Political Thought of Hannah Arendt.* Toronto/Buffalo/London: University of Toronto Press, 1989.

BRAHAM, Randolph L. *The Eichmann Case: A Source Book.* New York: World Federation of Hungarian Jews, 1969.

BRANDÃO, Junito de S. *Mitologia Grega*. Petrópolis: Vozes, 1986, v. I, II, III e IV.

BREIER, Karl-Heinz. *Hannah Arendt zur Einführung*. Hamburg: Junius, 1992.

BRELICH, Angelo. *Gli eroi greci*. Roma: Ateneo ed Bizzarri, 1978.

BROWN, Peter. *Augustine of Hippo*. Berkeley: University of California Press, 1967.

BRUNKHOST, Hauke. *Hannah Arendt*. München: Beck, 1999.

BULLO, Antonella. Natalità, mortalità ed memoria. *Hannah Arendt*. Introduzione e cura di Simona Forti. Millano: Bruno Mondadori, 1999.

CALHOUN, Craig; MCGOWAN, John. *Hannah Arendt & The Meaning of Politics.* Minneapolis/London: University of Minnesota Press, 1997.

CALOZ-TSCHOPP, Marie-Claire. *Les Sans-État dans la philosophie d'Hannah Arendt: Les Humains superflus, le droit d'avoir des droits et la citoyenneté.* Lausanne: Payot, 2000.

_____ (ed.). *Hannah Arendt, les sans-État e le "droit d'avoir des droits".* Paris: L'Harmattan, 1998. V. I.

_____ (ed.) *Hannah Arendt, la "banalité du mal" comme mal politique.* Paris: L'Harmattan, 1998. V. II.

CANGIOTTI, Marco. *L'Ethos della politica: Studio su Hannah Arendt.* Urbino: QuattroVenti, 1990.

CANOVAN, Margaret. *Hannah Arendt: A Reinterpretation of Her Political Thought.* Cambridge: Cambridge University Press, 1992.

204   ÉTICA, RESPONSABILIDADE E JUÍZO EM HANNAH ARENDT

_____. *The Political Thought of Hannah Arendt*. New York/London: Harvest/ HJB Book, 1974.

_____. The Contradictions of Hannah Arendt's Political Thought. *Political Theory*, n. 6, fev. 1978.

_____. Socrates or Heidegger? Hannah Arendt's Reflections on Philosophy and Politics. *Social Research*, v. 1, Spring, 1977.

CAPUTO, john. *Demythologizing Heidegger*. Indianapolis: Indiana University Press, 1993

CEDRONIO, Marina. *Hannah Arendt: Politique et histoire. La démocratie en danger*. Traduit de l'italien par Marilène Raiola. Paris: L'Harmattan, 1999.

_____ (ed.). *Modernité, Démocratie et Totalitarisme: Simone Weil et Hannah Arendt*. Paris: Klincksieck, 1996. *Actes et Colloques*.

CHALIER, Catherine. Radicalité et banalité du mal. In: COLLIN, Françoise (ed.). *Politique et Pensée: Colloque Hannah Arendt*. Paris: Payot & Rivages, 1996.

CHIBA, Shin. Hannah Arendt on Love and the Political: Love, Friendship, and Citizenship. *The Review of Politics*, v. 57, n. 3, Summer 1995.

CIARAMELLI, Fabio. Du mal radical à la banalité du mal: Remarques sur Kant et Arendt. *Revue Philosophique de Louvain*, tome 93, n. 3, août 1995.

CICERO, *De oratore,* Book III, *De fato, paradoxa stoicorum, De Partitione Oratoria*. [1. ed. 1942] Translated by H. Rackham, III 197. Cambridge: The Loeb Classical Library/Harvard University Press, 1992.

CICERONE, M. Tulio. De Oratore. *Opere Retoriche. Volume Primo*. A cura di Giuseppe Norcio. Turin: Unione Tipografico/Torinese, Libro III, 195, 1970.

CLARKE, Barry. Beyond "The Banality of Evil". *British Journal of Political Science*. n. 10, 1980.

CLARKE, James P. A Kantian Theory of Political Judgment: Arendt and Lyotard. *Philosophy Today*, v. 38, n. 1-4, Summer 1994.

COLLIN, Françoise. *L'Homme est-il devenu superflu? Hannah Arendt*. Paris: Odile Jacob, 1999.

_____. Birth as Praxis in *The Judge and the Spectator: Hannah Arendt's Political Philosophy*. In: HERMSEN, Joke J.; VILLA, Dana R. (eds.). Leuven: Peeters, 1999.

_____ (ed.). *Politique et pensée: Colloque Hannah Arendt*. Paris: Payot & Rivages, 1996.

COPLESTON, Frederick, S.J. *A History of Philosophy. Volume II: Augustine to Scotus*. London: Search, 1950.

COURTINE-DENAMY, Sylvie. *Le Souci du monde: Dialogue entre Hannah Arendt et quelques-uns de ses contemporains*. Paris: J. VRIN, 1999.

_____. *Trois Femmes dans Sombres Temps: Edith Stein, Hannah Arendt, Simone Weil*. Paris: Bibliothèque Albin Michel, 1997.

_____. *Hannah Arendt*. [1. ed. 1994] Paris: Hachette Littératures, 1997.

_____. Hans Jonas. Hannah Arendt: Histoire d'une complémentarité. In: JONAS, Hans. *Entre la néant et l'éternité*. Paris: Belin, 1996.

CRAWFORD, Donald. *Kant's Aesthetic Theory*. Wisconsin: University of Wisconsin Press, 1974.

CRUZ, Manuel; BIRULÉS, Fina. *En Torno a Hannah Arendt*. Madrid: Centro de Estudios Constitucionales, 1994.

CURTIS, Kimberley. Aesthetic Foundations of Democratic Politics in the Work of Hannah Arendt. In: CALHOUN, Craig (ed.). *Hannah Arendt and the Meaning of Politics*. Minnesota: University of Minnesota Press, 1997.

BIBLIOGRAFIA CRONOLÓGICA DA OBRA DE HANNAH ARENDT   205

D'ARCAIS, Paolo Flores. *Hannah Arendt: Existencia y Libertad.* Traducción de César Cansino. Madrid: Tecnos, 1996.

DELRULLE, Édouard. *Le Consensus Impossible: Le Différend entre éthique et politique chez H. Arendt et J. Habermas.* Bruxellas: Ousia, 1993.

DENNENY, Michael. The Privilege of Ourselves: Hannah Arendt on Judgment. In: HILL, Melvyn A. (ed.). *Hannah Arendt: The Recovery of the Public World.* New York: St. Martin's Press, 1979.

D'ENTREVES, Maurizio Passerin. *The Political Philosophy of Hannah Arendt.* London/New York: Routledge, 1993.

_____. Freedom, Plurality, Solidarity: Hannah Arendt's Theory of Action. *Philosophy & Social Criticism*, v. 15, n. 4, 1989.

DINER, Dan. On the Banal and the Evil in Her Holocaust Narrative. *New German Critique*, n. 71, Spring-Summer 1997.

DINESEN, Isak. *Danguerreotypes and Other Essays.* With a Foreword by Hannah Arendt. Chicago: University of Chicago Press, 1979.

DISCH, Lisa Jane. *Hannah Arendt and the Limits of Philosophy.* Ithaca/London: Cornell University Press, 1994.

DOSSA, Shiraz. Morality and Politics. *The Public Realm and the Public Self: The Political Theory of Hannah Arendt.* Canada: Wilfrid Laurier University Press, 1989.

_____. Tradition and The Past. *The Public Realm and the Public Self: The Political Theory of Hannah Arendt,* Canada: Wilfrid Laurier University Press, 1989.

_____. Human Status and Politics: Hannah Arendt on the Holocaust. *Canadian Journal of Political Science,* 13/2, jun. 1980.

_____. Hannah Arendt on Billy Budd and Robespierre: The Public Realm and the Private Self. *Philosophy & Social Criticism,* v. 9, n. 3-4, Winter 1982.

_____. Hannah Arendt on Eichmann: The Public, the Private and Evil. *Review of Politics,* n. 46, april 1982.

DOSTAL, Robert. Judging Human Action: Arendt's Appropriation of Kant. *The Review of Metaphysics,* v. XXXVII, n. 4, 1984.

DRAENOS, Stan Spyros. Thinking Without a Ground: Hannah Arendt and The Contemporary Situation of Understanding. *Hannah Arendt: The Recovery of the Public World.* Edited by Melvy A. Hill, New York: St. Martin's Press, 1979.

DU – *Die Zeitschrift der Kutur.* Hannah Arendt. Mut zum Politischen. Helf N. 701. Oktober 2000.

DUARTE, André. *O Pensamento à Sombra da Ruptura: Política e Filosofia em Hannah Arendt.* Rio de Janeiro: Paz e Terra, 2000.

_____. A Dimensão Política da Filosofia Kantiana Segundo Hannah Arendt. In: ARENDT, Hannah. *Lições Sobre a Filosofia Política de Kant.* Trad. bras.: André Duarte. Rio de Janeiro: Relume-Dumará, 1993.

EICHMANN, Adolf. Transcript of Notes Made by Eichmann in Argentina. *Eichmann Trial* (undated). Library of Congress, The Manuscript Division. *Hannah Arendt's Papers.* Container 58.

ENEGRÉN, André. *La Pensée Politique de Hannah Arendt.* Paris: PUF, 1984.

ESLIN, Jean-Claude. *Hannah Arendt: L'Obligée du Monde.* Paris: Michalon, 1996.

ESPRIT: *Changer la culture et la politique. Hannah Arendt.* 2. ed., n. 42, jui. 1985.

ESPOSITO, Roberto. Polis o communitas. In: FORTI, Simona (ed.). *Hannah Arendt.* Milano: Bruno Mondadori, 1999.

_____. *L'origine della politica. Hannah Arendt o Simone Weil?* Roma: Donzelli, 1996.

206   ÉTICA, RESPONSABILIDADE E JUÍZO EM HANNAH ARENDT

ETTINGER, Elzbieta. *Hannah Arendt: Martin Heidegger*. New Haven/London: Yale University Press, 1995.

EVEN-GRANBOULAN, Geneviève. *Une Femme de pensée: Hannah Arendt*. Paris: Anthropos, 1990.

EZORSKY, Gertrude. Hannah Arendt's View of Totalitarianism and The Holocaust. *The Philosophical Forum*, v. XVI, n. 1-2, Fall-Winter 1984-1985.

FEHÉR, Ferenc. The Pariah as a Citizen (On Arendt's Political Theory). In: HELLER, A.; FEHÉR, F. *The Postmodern Political Condition*. New York: Columbia University Press, 1989.

_____. Freedom and the Social Question: Hannah Arendt's Theory of the French Revolution. *Philosophical and Social Criticism*, 1/1988.

FEINGOLD, Henry. The Bureaucrat as Mass Killer: Arendt on Eichmann. *Response: A Contemporary Jewish Review*, Hannah Arendt: Retrospective Symposium, v. XII, n. 3, Summer 1980.

FERRARA, Alessandro, *Autenticidad Reflexiva: El Proyecto de la Modernidad después del Giro Lingüístico*. Tradução de Pedro Reinón. Madrid: La balsa de la Medulsa, 2002.

_____. Judgment, Identity and Authenticity: A Reconstruction of Hannah Arendt's Interpretation of Kant. *Philosophy & Social Criticism*, v. 24, n. 2-3, 1998.

FLEMING, Gerald. *Hitler and The Final Solution*. Berkeley/Los Angeles/London: University of California Press, 1982.

FINE, Robert. Arendt's Judgment and Eichmann's Evil. *Political Judgment: Finnish Yearbook of Political Thought*. Jyväskylä: SoPhi, v. 2, 1998.

FISTETTI, Francisco. L'epoca dei totalitarismi è davvero finita? Una rilettura di Hannah Arendt. In: FISTETTI, Francisco (a cura di). *Hannah Arendt l'immage dell'inferno: Scritti sul totalitarismo*. Roma: Riuniti, 2001.

_____. *Hannah Arendt e Martin Heidegger: Alle origini della filosofia occidentale*, Roma: Riuniti, 1998.

FLYNN, Bernard. The Places of the Work of Art in Arendt's Philosophy. *Philosophy & Social Criticism*, v. 17, n. 3, 1991.

_____. Arendt's Appropriation of Kant's Theory of Judgment. *Journal of the British Society for Phenomenology*, v. 19, n. 2, may 1988.

FORTI, Simona. *Hannah Arendt*. Introduzione e cura di Simona Forti. Millano: Bruno Mondadori, 1999.

_____. Judging Between Politics and History. *Political Judgment: Finnish Yearbook of Political Thought*. Jyväskylä: SoPhi, v. 2, 1998.

_____. *Vita della mente e tempo della Polis: Hannah Arendt tra filosofia e politica*. Milano: Francoangeli, 1996.

_____. Sul "Giudizio riflettente" kantiano: Arendt e Lyotard a confronto. In: PARISE, Eugenia (a cura di). *La Politica tra natalità e mortalita: Hannah Arendt*. Napoli: Scientifiche Italiane, 1993.

FRUCHTER, Norman. Arendt's Eichmann and Jewish Identity. In: WEINSTEIN, J.; EAKINS, D. (eds.). *For a New America: Essays in History and Politics from Studies on the Left 1959-1967*. New York: Vintage, 1970.

GADAMER, Hans-Georg. *Truth and Method*. 2. ed. revised. Translation Revised by Joel Weinsheimer and Donald G. Marshall. New York: Continuum, 1996.

GANZFRIED, Daniel; HEFTI, Sebastian. *Hannah Arendt: Nach den Totalitarismus*. Hamburg: Europäische Verlagsanstalt, 1997.

BIBLIOGRAFIA CRONOLÓGICA DA OBRA DE HANNAH ARENDT 207

GARNER, Reuben. Adolph Eichmann: The Making of a Totalitarian Bureaucrat. *The Realm of Humanities: Responses to the Writings of Hannah Arendt.* New York/Bern/Frankfurt/Paris: Peter Lang, 1990.

GILSON, Étienne. *La Philosophie au Moyen Age: Des Origines Patristiques à la Fin du XIV Siècle.* Paris: Payot, 1952.

GIUSTI, Roberto. *Antropologia della Libertà: A comunità delle singolarità in Hannah Arendt.* Assisi: Cittadella Editrice, 1999.

GLARE, p. G.W. *Oxford Latin Dictionary.* Oxford: The Clarendon Press, 1996.

GOETHE, Johann Wolfgang von. *Fausto: Uma Tragédia* (Trad. bras. Jenny Klabin Segall). São Paulo: Editora 34, 2004.

GOTTSEGEN, Michael G. *The Political Thought of Hannah Arendt.* New York: State University of New York Press, 1994.

GRAY, J. Glenn. The Abyss of Freedom and Hannah Arendt. In: HILL, Melvyn A. (ed.). *Hannah Arendt: The Recovery of the Public World.* New York: St. Martin's, 1979.

_____. The Winds of Thought. *Social Research.* v. 44, n. 1, New York, Spring 1977.

GRAY, Sherry. Hannah Arendt and Solitariness of Thinking. *Philosophy Today* v. XXV, Summer 1981.

GROSS, John. Arendt on Eichmann. *Encounter*, v. 21, n. 5, nov. 1963.

GROSSMANN, Andreas. Im Anfang liegt alles beschlossen: Hannah Arendts politisches Denken im Schatten eines Heideggerschen problems. *Man and World*, v. 30, 1997.

GRUMLEY, John. Worldliness in Modern World: Heller and Arendt. *Thesis Eleven*, n. 47, nov 1996.

GRUNENBERG, Antonia. *Hannah Arendt und Martin Heidegger: Geschichte einer Liebe.* München/Zürich: Peper Lang, 2006.

_____. *Totalitare Herrschaft und republikanische Demokratie: Funfzig Jahre „The Origins of Totalitarisim" von Hannah Arendt.* Mitarbeit von Stefan Ahrens und Bettina Koch. Frankfurt/Berlin/Bern/Bruxelles/New York/Oxford/ Wien: Peter Lang Publisher, 2003.

_____. Dieser Anfang ist immer und überall da und bereit. Politisches Denken im Zivilisationsbruch bei Hannah Arendt. In: NEUMANN, Bernd (Hrsg). *"The Angel of History is Looking back": Hannah Arendts unter politischen, ästhetischem und historischem Aspekt.* Würzburg: Königshausen & Neumann, 2001.

GUILLERMIT, Luis. *L'Élucidation critique du jugement de Goût selon Kant.* Paris: CNRS, 1986.

GUYER, Paul. *Kant and the Claims of Taste.* 2. ed. Cambridge: Cambridge University Press, 1997.

HABERMAS, Jürgen. *The Inclusion of the Other.* CRONIN, Ciaran; DE GREIFF, Pablo; HABERMAS, Jürgen (eds.). Boston: The MIT Press, 2000. (Studies in Political Theory.)

_____. Individuation Through Socialization: On George Herbert Mead's Theory of Subjectivity. *Postmetaphysical Thinking: Philosophical Essays.* Translated by William Mark Hohengarten. Cambridge, Massachusetts: The MIT Press, 1996.

_____. Hannah Arendt's Communications Concept of Power. *Social Research*, v. 44, Spring 1977.

HADOT, Pierre. *Qu'est-ce que la philosophie antique?* Paris: Gallimard, 1995.

HAMMER, Dean C. Incommensurable Phrases and Narrative Discourse: Lyotard and Arendt on the Possibility of Politics. *Philosophy Today*, v. 41, n. 4-4, Winter 1997.

208 ÉTICA, RESPONSABILIDADE E JUÍZO EM HANNAH ARENDT

HANDLIN, Oscar. The Ethics of the Eichmann Case. *Opinion*, 1961, Eichmann Case. *Hannah Arendt's Papers*. The Manuscript Division, Library of Congress, container 49.

HANSEN, Phillip. *Hannah Arendt: Politics, History and Citizenship*. Stanford: Sanford University Press, 1993.

HEGEL, George Wilhelm Friedrich. *Phenomenology of Spirit*. Translated by A.V. Miller. Oxford: Oxford University Press, 1977.

HEIDEGGER, Martin. *Sein und Zeit*. Tübingen: Max Niemayer Verlag, 1993, 17. ed. (*Being and Time*. Translated by John Macquarrie & Edwards Robinson. NewYork: Harper & Row).

_____. *Platon: Sophistes. Gesamtausgabe*. Frankfurt: Vittorio Klostermann, 1992 (*Plato's Sophist*. Translated by Richard Rojcewicz and André Schuwer. Bloomington/Indianapolis: Indiana University Press, 1997).

_____. *Einführung in die Metaphysik*. Tübingen: Max Niemeyer, 1966 (*An Introduction to Metaphysics*. Translated by Ralph Manheim. New Haven/London: Yale University Press, 1987). (trad. para o português por Mário Matos e Bernhard Sylla. *Introdução à Metafísica*. Lisboa: Instituto Piaget, 1987.)

_____. *Phañomenologische Interpretationen zu Aristoteles: Eifuhrung in die phañomenologische Forschung*. Frankfurt am Main: Klostermann, 1985.

_____. *Was heisst Denken?* Tubingen: M. Niemeyer, 1954.

HEILBUT, Anthony. *Exiled in Paradise: German Refugee Artists and Intellectuals in America from the 1930s to the Present*. Boston: Beacon Press, 1983.

HEINZ, Karl (ed.). *Hannah Arendt, "Lebensgeschichte einer deutschen Jüdin…"*. Alte Synagoge, Essen: Klartext, 1995.

HELLER, Agnes. Hannah Arendt on Tradition and New Beginnings. In: ASCHHEIM, Steven. *Hannah Arendt in Jerusalem*. Berkeley: University of California Press, 2001.

_____. *An Ethics of Personality*. Oxford/Cambridge: Blackwell, 1996.

_____. Eine Frau in finisteren Zeiten. In: HEINZ, Karl (ed.). *Hannah Arendt, "Lebensgeschichte einer deutschen Jüdin…"*. Alte Synagoge, Essen: Klartex, 1995.

_____. Hannah Arendt on the "*Vita Contemplativa*". In: HELLER, A.; FEHÉR, F. *Grandeur and Twilight of Radical Universalism*. New Brunswick: Transaction, 1991.

_____. *A Philosophy of Morals*. Cambridge: Basil Blackwell, 1990.

_____. *General Ethics*. New York: Basil Blackwell, 1988.

_____. An Imaginary. Preface to the 1984 Edition of Hannah Arendt's "*The Origins of Totalitarianism*". In: HELLER, Agnes; FEHÉR, Ferenc (eds.). *Eastern Left, Western Left: Totalitarianism, Freedom and Democracy*. Cambridge: Polity Press, 1986.

HELLER, Agnes; FEHÉR, Ferenc. *The Postmodern Political Condition*. Oxford: Polity Press, 1988.

HEUER, Wolfgang. Hannah Arendt, *Newsletter*, "*Banality of Evil*" and Memory Discourse", n. 4, apr. 2001.

_____. Hannah Arendt, *Newsletter*, 50 Years of "*The Origins of Totalitarianism*", n. 5, nov. 2001.

_____. Hannah Arendt, *Newsletter*, "Philosophy and Politics", n. 3, jul. 2000.

_____ (ed.). Hannah Arendt, *Newsletter*, n. 1, apr. 1999.

_____. Hannah Arendt, *Newsletter*, n. 2. dec. 1999.

_____. *Hannah Arendt*. Traduit de l'allemand par J. Chambon. Marseille: Jacqueline Cambon, 1993.

BIBLIOGRAFIA CRONOLÓGICA DA OBRA DE HANNAH ARENDT 209

HILL, Melvyn A. (ed.). *Hannah Arendt: The Recovery of the Public World*. New York: St. Martin's Press, 1979.

HINCHMAN, L.P.; S.K. Hinchman. *Hannah Arendt: Critical Essays*. New York: State University of New York Press, 1994.

HONNETH, Axel. Invisibility: On the Epistemology of "Recognition", Unsichtbarkeit. Über die Moralische Epistemologie von "Anerkennung". *Unsichtbarkeit: Stationen einer Theorie der Intersubjektivität*. Frankfurt: Suhrkamp, 2003.

_____. Die Chance: Neu beginnen zu können. *Literaturen: Das Journal für Bücher und Themen*, n. 9, sep. 2002.

HONIG, Bonnie (ed.). *Feminist Interpretations of Hannah Arendt*. Pennsylvania: The Pennsylvania State University Press, 1995.

_____. *Political Theory and the Displacement of Politics*. Ithaca/London: Cornell University, 1993.

HOERES, Walter. *Der Wille als reine Vollkommenheit nach Duns Scotus*. München: A. Pustet, 1962.

HYMAN, Arthur; WALSH, James. *Philosophy in the Middle Ages*. New York: Hackett, 1967.

ISAAC, Jeffrey C. *Arendt, Camus, and Modern Rebellion*. New Haven/London: Yale University Press, 1992.

JAEGER, Werner. *Paideia: Die Formung des griechischen Menschen*. Berlin: Gruyter, 1989. (Translated into English by Gilbert Highet. *Paideia: The Ideals of Greek Culture. Volume II. Search of the Divine Centre*. Oxford: Oxford University Press, 1989.)

JANKÉLÉVITCH, Vladimir. Should We Pardon Them? *Critical Inquiry*, v. 22, Spring, 1996.

JONAS, Hans. *Entre la néant et l'éternité*. Paris: Belin, 1996.

_____. Acting, Knowing, Thinking: Gleanings from Hannah Arendt's Philosophical Work. *Social Research*, New York, v. 44, n. 1, Spring 1977.

_____. Hannah Arendt. *Partisan Review*, v. 43, n. 1, 1976.

KAFKA, Franz. *Gesammelte Schriften V: Beschreibung eines Kampfes. Novellen, Skizzen, Aphorismen aus dem Nachlaß*. Prag: Mercy, 1935.

_____. *The Great Wall of China*. Trad. D.R. Willa e Edwin Muir. New York: Schocken, 1946.

_____. *Gesammelte Schriften*, p. 287. Tradução para o inglês de Willa e Edwin Muir, *The Great Wall of China*. New York: Sckocken, 1946. V. v.

KANT, Immanuel. Anthropologie in pragmatischer Hinsicht. In: _____. *Kant's gesammelte Schriften: herausgegeben von der preußischen Akademie der Wissenschaften*. Berlin: Walter de Gruyter, 1917. v. 7.

_____. Reflexionen zur Anthropologie. In: _____. *Kant's gesammelte Schriften: herausgegeben von der preußischen* Akademie der Wissenschaften. Berlin: Walter de Gruyter, 1923. v. 15.

_____. *Critique of Judgment*. Translated, with an Introduction, by J.H. Bernard, The Hafner Library of Classics, London & New York: Hafner Press, 1951 (*Kritik der Urteilskraft*, Werke in Zehn Bänden. WEISCHEDEL, Wilhelm (Hrsg.). Darmstadt: Wissenschaftliche Buch-Gesellschaft, band 8, 1957).

_____. *Crítica da Faculdade do Juízo*. Introdução de Antônio Marques. Trad. e notas de Antônio Marques e Valério Rohden. Lisboa: Imprensa Nacional/ Casa da Moeda, [S.d.].

210   ÉTICA, RESPONSABILIDADE E JUÍZO EM HANNAH ARENDT

_____. *Religion within the Limits of Reason Alone*. Trans. T. M. Greene and H.H. Hudson, New York: Harper & Row, 1960 (*Die Religion Innerhalb der Grenzen der Blossen Vernunft*. Werke 5, TOMAN, Rolf (Hrsg.). Dortmund: Könemann, 1995.)

_____. *Critique of Pure Reason*. Translated by Norman Kemp Smith, New York: St Martin's Press, 1965. (*Kritik der reinen Vernunft*, WEISCHEDEL, Wilhelm (Hrsg.). Darmstadt: Wissenschaftliche Buch-Gesellschaft, band 3, 1957.)

_____. *Anthropology from a Pragmatic Point of View*. Cambridge/New York: Cambridge University Press, 2006

KAPLAN, Gisela T.; KESSLER, Clise S. *Hannah Arendt: Thinking, Judging, Freedom*. Wellington/London/ Boston: Allen & Unwin, 1989.

KATEB, George. The Judgment of Arendt. *Revue Internationale de Philosophie: Hannah Arendt*. Michel Meyer (dir.), n. 2, jui. 1999.

_____. Arendt and Individualism. *Social Research*, v. 61, n. 4, Winter 1994.

_____. Death and Politics: Hannah Arendt's Reflections on the American Constitution. *Social Research*, v. 54, n. 3, Autumn 1987.

_____. Representative Democracy. *Salmagundi: Hannah Arendt*, n. 60, Spring-Summer, 1983.

_____. *Hannah Arendt: Politics, Conscience, Evil*. Nova Jersey: Rowman & Littlefeild, 1984.

_____. Freedom and Worldliness in the Thought of Hannah Arendt. *Political Theory*, v. 5, n. 2, may 1977.

KIELMANSEGG, Perter G. (ed.). *Hannah Arendt and Leo Strauss: German Emigrés and American Political Thought after World War II*. Washington/Cambridge: German Historical Institute/Cambridge University Press, 1995.

KOHN, Jerome. Introduction. Arendt, Hannah, *Judgment and Responsibility*. KOHN, Jerome (ed.). New York: Schocken, 2003.

_____. Thinking/Acting. *Social Research*, v. 57, n. 1, Spring 1990.

KOHN, Jerome; MAY, Larry (eds.). *Hannah Arendt: Twenty Years Later*. Cambridge: The MIT Press, 1996.

KRISTEVA, Julia. *Hannah Arendt: Life is a Narrative*. Translated by Frank Collins. Toronto/Buffalo/London: University of Toronto Press, 2001.

_____. *Le Génie Féminin T1: Hannah Arendt*. Paris: Fayard, 1999.

KUBES-HOFMANN, Ursula (ed.). *Sagen, was ist: Zur Aktualität Hannah Arendts*. Wien: Verlag für Gesellschaftskritik, 1994.

LAFER, Celso. Experiência, Ação e Narrativa: Reflexos Sobre um Curso de Hannah Arendt. *Estudos Avançados*, v. 21, n. 60, 2007.

_____. *A Reconstrução dos Direitos Humanos: Um Diálogo Com o Pensamento de Hannah Arendt*. São Paulo: Companhia das Letras, 1988.

_____. Hannah Arendt: Vida e Obra. In: ARENDT, Hannah. *Homens em Tempos Sombrios*. São Paulo: Companhia das Letras, 1987.

_____. O Pensamento de Hannah Arendt. *Documentação e Atualidade Política*, Universidade de Brasília, n. 10, maio, 1980.

_____. *Hannah Arendt: Pensamento, Persuasão e Poder*. Rio de Janeiro: Paz e Terra, 1979.

LANG, Jochen von. *Eichmann Interrogated: Transcripts from the Archives of the Israeli Police*. Translated form the Germany by Ralph Manheim, introduction by Avner W. Less. New York: Farrar, Straus & Giroux, 1983.

LAQUEUR, Walter. Hannah Arendt in Jerusalem: The Controversy Revisited. LEGTERS, Lyman H. (ed.). *Western Society After The Holocaust*. Boulder: Westview, 1983.

BIBLIOGRAFIA CRONOLÓGICA DA OBRA DE HANNAH ARENDT   211

LASCH, Christopher. Introduction. *Salmagundi: Hannah Arendt*, n. 60, Spring-Summer, 1983.

LEFORT, Claude. Hannah Arendt and the Political. *Democracy and Political Theory*. Minneapolis: University of Minnesota Press, 1989.

LEIBOVICI, Martine. *Hannah Arendt, une juive: Expérience, politique et histoire.* Paris: Desclée de Brouwer, 1998.

LUBAN, David. On Habermas on Arendt on Power. *Philosophy & Social Criticism*, v. 6, 1979.

MACINTYRE, Alasdair. *After Virtual.* 2. ed. Notre Dame: University of Notre Dame Press, 1984.

MAGAZINE Littéraire, Hannah Arendt: Philosophie et Politique, n. 337, nov. 1995.

MALKIN, p. Z.; STEIN, H. *Eichmann in My Hands.* New York: Warner Books, 1992.

MÁRQUEZ, Gabriel García. *Vivir para Contarla.* Barcelona: Mondadori, 2002.

MCCARTHY, Mary. Saying Good-by to Hannah. *The New York Review of Books*, 22 jan. 1978.

_____. The Hue and Cry. *The Writing on the Wall and Other Literary Essays*. New York: Harcourt, Brace & World, 1970.

MCCLURE, Kirstie. The Odor of Judgment: Exemplarity, Propriety, and Politics in the Company of Hannah Arendt. In: CALHOUN, Craig; MCGOWAN, John (eds.). *Hannah Arendt and the Meaning of Politics.* Minneapolis/London: University of Minneapolis Press, 1997.

MCGOWAN, John. *Hannah Arendt: An Introduction.* Minneapolis: University of Minnesota, 1998.

MEAD, George Herbert. *Mind, Self, & Society: From the Standpoint of a Social Behaviorist.* Edition and Introduction by Charles W. Morris. Chicago/London: The University of Chicago Press, 1962.

MERLEAU-PONTY, Maurice. *The Visible and the Invisible.* Evanston: Northwestern University, 1968. (Ed. Bras.: *O Visível e o Invisível.* Trad. José Artur Gianotti e Armando Mora d´Oliveira. 4. ed. São Paulo: Perspectiva, 2014.)

MITTELSTRASS, J. Versuch über den sokratischen Dialog. *Der Gespräch.* Munich: K. Stierle und R. Warning,, 1984.

MOLOMB', Ebebe. *Le Paradoxe comme fondement et horizon du politique chez Hannah Arendt.* Bruxelles: De Boecke Universite, 1997.

MOORS, Kent F. Modernity and Human Initiative: The Structure of Hannah Arendt's. *The Life of the Mind: The Political Science Reviewer*, v. x, Fall 1980.

MULLER, Sharon. The Origins of Eichmann in Jerusalem: Hannah Arendt's Interpretation of Jewish History. *Jewish Social Studies*, v. XLIII, n. 3-4, Summer-Fall 1981.

_____. Hannah Arendt: Retrospective Symposium. *Response: A Contemporary Jewish Review*, v. XII, n. 3, Summer 1980.

NEHAMAS, Alexander. *Virtues of Authenticity: Essays on Plato and Socrates.* Princeton: Princeton University Press, 1999.

_____. The Art of Living: Socratic Reflections from Plato to Foucault. Berkeley/Los Angeles/London: University of California Press, 1998.

NELLESSEN, B.; SCHOLEM, G.; ARENDT, H.; BUBER, M. Ein Buch, das heiss umstritten ist: Hannah Arendt Bericht über den Eichmann-Prozess in Jerusalem. Das Forum Der Welt. Sonnabend, nov. 1963. Eichmann Case. *Hannah Arendt's Papers*, The Manuscript Division, Library of Congress, Washington, DC, container 49.

212   ÉTICA, RESPONSABILIDADE E JUÍZO EM HANNAH ARENDT

NEUMANN, Bernd. *Hannah Arendt: Heinrich Blücher: Ein deutsch-jüdisches Gespräch*. Berlin: Rowohlt, 1998.

NIETZSCHE, Friedrich. *Beyond Good and Evil: Prelude to a Philosophy of the Future*. Translated by R.J. Hollingdale, with an introduction by Michael Tanner. London: Penguin, 1990.

_____. *On the Genealogy of Morals, Ecce Homo*. Translated by Walter Kaufmann. New York: Vintage, 1989.

_____. *The Will to Power*. Translated by Walter Kaufmann and R.J. Hollingdate, edited by Walter Kaufmann. New York: Vintage, 1968.

_____. *The Birth of Tragedy and The Case of Wagner*. Translated, with commentary, Walter Kaufmann. New York: Vintage, 1967.

NORDMANN, Ingeborg. Auf Freiheit kommt es an. *Hannah Arendt*, Rede am 28. September 1959 bei der Entgegennahme des Lessing-Preises der Frein und Hansestadt Hamburg. Hamburg: Eva Reden, 1999.

_____. *Hannah Arendt*. Frankfurt/New York: Campus, 1996.

NUSSBAUM, Martha C. *The Fragility of Goodness: Luck and Ethics in Greek Tragedy and Philosophy*. Cambridge: Cambridge University Press, 1868.

ORTEGA, Francisco. *Para uma Política da Amizade: Arendt, Derrida, Foucault*. Rio de Janeiro: Relume Dumará, 2000.

ØVERENGET, Einar. Heidegger and Arendt: Against the Imperialism of Privacy. *Philosophy Today*, v. 39, n. 4-4, Winter 1995.

PAREKH, Bhikhu. *Hannah Arendt and The Search for a New Political Philosophy*. London: Macmillan, 1981.

_____. Does Traditional Philosophy rest on a Mistake? *Political Studies*, n. 27, jun. 1979.

PARISE, Eugenia (ed.). *La politica tra natalità e mortalità: Hannah Arendt*. Napoli: Edizioni Scientifiche Italiane, 1993.

PARVIKKO, Tuija. Hannah Arendt as Judge: A Conscious Pariah in Jerusalem. *Political Judgment, v. 2: Finnish Yearbook of Political Thought*. Jyväskylä: SoPhi, v. 2, 1998.

_____. *The Responsibility of the Pariah*. Jyväskylä: Jyväskylä University Printing House, 1996.

PIRRO, C. Robert. *Hannah Arendt and the Politics of Tragedy*. Illinois: DeKalb/ Illinois University Press, 2001.

PITKIN, Hanna Fenichel. *The Attack of the Blob: Hannah Arendt's Concept of the Social*. Chicago/London: University of Chicago Press, 1998.

PLATO, *The Collected Dialogues of Plato*. Edition, Introduction and Prefatory Notes by Edith Hamilton and Huntington Cairns. Princeton: Princeton University Press, 1961. (Bollingen Series LXXI.)

POCHÉ, Fred. *Penser avec Arendt et Lévinas: Du mal politique au respect de l'autre*. Lyon: Chronique Sociale/Evo/Tricorne editions, 1998.

PODHORETZ, Norman. Hannah Arendt on Eichmann: A Study in the Perversity of Brilliance. *Commentary*, v. 36, n. 3, sep. 1963.

RASSINIER, P. The Real Eichmann Trial. *Institute for Historical Review*, 1980.

RAWLS, John. *A Theory of Justice* Cambridge: Harvard University Press, 1999.

REIF, Adelbert (ed.). *Hannah Arendt: Materialien zu ihrem Werk*. Wien/München/Zürich: Europaverlag, 1979.

REVUE *Internationale de Philosophie: Hannah Arendt*, n. 208, PUF, jui. 1999-2000.

RICOEUR, Paul. Action, Story and History. In: GARNER, Reuben. *The Realm of Humanities: Responses to the Writings of Hannah Arendt*. New York: Peter Lang, 1990.

BIBLIOGRAFIA CRONOLÓGICA DA OBRA DE HANNAH ARENDT   213

RILEY, Patrick. Hannah Arendt on Kant, Truth and Politics. *Political Studies*, v. 35, 1987.

RING, Jennifer. *The Political Consequences of Thinking: Gender and Judaism in the Work of Hannah Arendt*. Albany: State University of New York Press, 1997.

ROBINSON, Jacob. *And The Crooked Shall Be Made Straight*. Philadelphia: The Jewish Publication Society of America, 1965.

_____. A Report on the Evil of Banality: The Arendt Book. *Facts*, v. 15, n. 1, jul.-aug. 1963. Eichmann Case. *Hannah Arendt's Papers*. The Manuscript Division, Library of Congress, Washington, DC, container 49.

ROGAT, Yosal. The Eichmann Trial and the Rule of Law. *Center for the Study of Democratic Institutions*. California 1961. Eichmann Case. *Hannah Arendt's Papers*, The Manuscript Division, Library of Congress, container 48.

ROGOZINSKI, Jacob. Hell on Earth: Hannah Arendt in the Face of Hitller. *Philosophy Today*, v. 37, n. 3-4, Fall 1993.

ROMAN, Joël. Thinking Politics Without a Philosophy of History. *Philosophy & Social Criticism*, v. 15, n. 4, 1989.

ROSENBERG, Harold. The Trial and Eichmann. *Commentary*, nov. 1961, Eichmann Case. *Hannah Arendt's Papers*. The Manuscript Division, Library of Congress, Washington, DC, container 49.

ROTENSTREICH, Nathan. Can Evil be Banal? *The Philosophical Forum A Quarterly*, v. XVI, n. 1-2, Fall-Winter 1984-1985.

ROVIELLE, Anne-Marie; WEYEMBERGH, Maurice (eds.). *Hannah Arendt et la Modernite*. Paris: Librairie Philosophique J. VRIN, 1992.

SAVARINO, Luca. *Politica ed estetica: Saggio su Hannah Arendt*. Torino: Silvio Zamorani, 1997.

_____. "Quaestio mitri factus sum": una lettura heideggeriana dil *il concetto d'amore in Agostino*. In: *Hannah Arendt*. Introduzione e cura di Simona Forti. Milano: Bruno Mondadori, 1999.

SCHAEFFER, John D. *Sensus Communis: Vico, Rhetoric, and the Limits of Relativism*. Durham, N.C.: Duke University Press, 1990.

_____. *Sensus Communis* in Vico and Gadamer. *New Vico Studies* n. 5, 1987.

SCHOENBAUM, David. The Importance of Arendt. In Hannah Arendt in Jerusalem: The Controversy Revisited. In: LEGTERS, Lyman H. (ed.). *Western Society After The Holocaust*. Boulder: Westview Press 1983.

SCHOLEM, Gershom Gerhard; ARENDT, Hannah. Ein Briefwechsel über Hannah Arendts Briefwechsel über Hannah Arendts Buch. MB 16, aug. 1963. Eichmann Case, *Hannah Arendt's Papers*, The Manuscript Division, Library of Congress, Washington, DC, container 49.

SCHOPENHAUER, Arthur. Die beiden Grundproblem der Ethik. *Kleinere Schriften*. Zürich: Haffmans, 1988.

SCOTUS, John Duns. *Philosophical Writings*. Translated, with Introduction and Notes, by Allan Wolter. Indianapolis: Hackett, 1993.

_____. *Reportation parisiensis II*. V. 12. Opera Onmia XI. 1. Hildesheim: Georg Olms, 1969.

SERVATIUS. Criminal Appeal Eichmann Trial, Supreme Court, Re: Adolf Eichmann, Cologne, n. 15, feb. 1962, *Hannah Arendt's Papers*. The Manuscript Division, Library of Congress, container 58.

SHKLAR, Judith N. Hannah Arendt as Pariah. *Partisan Review*, v. 50, n. 1, 1983.

SNELL, Bruno. *Die Entdeckung das Geistes*. Hamburg: Verlag GmbH, 1955.

214 ÉTICA, RESPONSABILIDADE E JUÍZO EM HANNAH ARENDT

SOUKI, Nádia. *Hannah Arendt e a Banalidade do Mal*. Belo Horizonte: Editora da UFMG, 1998.

STADTER, Ernest. *Psychologie und Metaphysik der menschlichen Freiheit*. München/Wien: Paderborn, 1971.

STERN, Peter; YARBROUGH, Jean. "Vita Activa" and "Vita Contemplativa"; Reflections on Hannah Arendt's Political Thought in "*The Life of the Mind*". *Review of Politics*, v. 43, n. 3, 1981.

TAMINIAUX, Jacques. Time and Inner Conflicts of the Mind. In: HERMSEN, Joke; VILLA, Dana R. (eds.). *The Judge and the Spectator: Hannah Arendt's Political Philosophy*. Leuven: Peeters, 1999.

_____. *La Fille de Thrace et le penseur professionnel: Arendt et Heidegger*. Paris: Payot, 1992. (Translated and edited by Michael Gendre. *The Thracian Maid and the Professional Thinker: Arendt and Heidegger*. Albany: State University of New York Press, 1997.)

_____. Le Paradoxe de l'appartenance et du retrait. In: COLLIN, Françoise (ed.). *Politique et Pensée: Colloque Hannah Arendt*. Paris: Payot & Rivages, 1996

TASSIN, Étienne. *Le Trésor perdu: Hannah Arendt, l'intelligence de l'action politique*. Paris: Payot & Rivages, 1999.

_____. La Question de l'apparance. In: COLLIN, François (ed.). *Politique et Pensée: Colloque Hannah Arendt*. Paris: Payot & Rivages, 1996.

TAYLOR, Charles. *TheEthics of Autheticity*. Cambridge: Harvard University Press, 1991.

TREVOR-ROPER, H.R. Nazi Bureaucrats and Jewish Leaders. *Books in Review* 1962. Eichmann Case. *Hannah Arendt's Papers*. Library of Congress, Washington, DC, container 49.

VALLÉE, Catherine. *Hannah Arendt: Socrate et la question du totalitarisme*. Paris: Ellipses, 1999.

VELDHUIS, Henri. "Duns Scotus" Theory of Synchronic Contingency in *Lectura* I 39 and its Theological Implications. In: SILEO, Leonardo (org.). *Via Scoti: Methodological ad Mentem Joannis Duns Scoti*, ATTI del congresso Scotistico Internazionale, v. II. Roma, 9-11 mar. 1993.

VERENE, Donald P. Gadamer and Vico on *Sensus Communis* and the tradition of Humane Knowledge. In: HAHN, Lewis Edwin (ed.). *The Philosophy of Hans-Georg Gadamer*. Chicago/La Salle/Illinois: The Library of Living Philosophers, 1997. V. XXIV.

VILLA, Dana R. *Politics, Philosophy, Terror: Essays on the Thought of Hannah Arendt*. Princeton: Princeton University Press, 1999.

_____. Arendt and Socrates. *Revue International de Philosophie*, v. 2, n. 208, 1999.

_____. Thinking and Judging. In: HERMSEN, Joke; VILLA, Dana R. (eds.). *The Judge and the Spectator: Hannah Arendt's Political Philosophy*. Leuven: Peeters, 1999.

_____. The Philosopher versus the Citizen: Arendt, Strauss, and Socrates. *Political Theory*, v. 26, n. 2, apr. 1998.

_____. *Arendt and Heidegger: The Fate of the Political*. Princeton: Princeton University Press, 1996.

_____. Beyond Good and Evil: Arendt, Nietzsche, and the Aestheticization of Political Action. *Political Theory*, v. 20, n. 2, may 1992 .

VLASTOS, Gregory. *Socratic Studies*. Cambridge: Cambridge University Press, 1994.

_____. *Socrates: Ironist and Moral Philosopher*. Ithaca: Cornell University Press, 1991.

VOLLRATH, Ernst. Hannah Arendt and the Method of Political Thinking. *Social Research*, v. 44, n. 1, Spring 1977.

VOEGELIN, Eric. The Origins of Totalitarianism. *The Review of Politics*, v. 15, n. 1, jan. 1953.

VOS, Jaczn Antonie. On the Philosophy of the Young Duns Scotus, Some Semantic and Logical Aspects. In: BOS, Egbert P. (ed.). *Mediaeval Semantics and Metaphysics Studies Dedicated to L.M. de Rijk*. Nijmegen: Brepols, 1985.

_____. The Theoretical Center and Structure of Scotus. *Lectura*: Philosophy in a New Key. In: SILEO, Leonardo (org.) *Via Scoti: Methodologica ad mentem Joannis. Duns Scoti ATTI del congresso Scotistico Internazionale*, v. II. Roma, 9-11 mar. 1993. Roma: Antonianum, 1995. V. II.

VOWINCKEL, Annette. Hannah Arendt and Martin Heidegger. In: ASCHHEIM, Steve (ed.). *Hannah Arendt in Jerusalem*. Berkeley: University of California Press, 2001.

WALZER, Michael. Als Alliierte Willkommen. *Literaturen: Das Journal für Bücher und Themen*, n. 9, Berlin, sep. 2002.

_____. *Spheres of Justice: A Defense of Pluralism and Equality*. New York: Basc Books, 1983.

WILLIAMS, Garrath. Love and Responsibility: A Political Ethic for Hannah Arendt. *Political Studies*, v. XLVI, London, 1998.

WILLIAM, Paul Wanker. *Nous* and *Logos*: Philosophical Foundations of Hannah Arendt's Political Theory. In: CRANSTON, Maurice (ed.). *Political Theory and Political Philosophy: An Eighteen-Volume Series of Previously Unavailable British Theses and Studies*. New York: Garland, 1991.

WISTRICH, Robert. Understanding Hannah Arendt. *Partisan Review*. v. LXV, n. 1, New York, Winter 1998.

WOLIN, Sheldon S. Hannah Arendt and the Ordinance of Time. *Social Research*, v. 1, New York, Spring 1977.

_____. Stopping to Think. *New York Review of Books*. New York, 26 oct. 1978.

_____. Democracy and The Political. *Salmagundi: Hannah Arendt*, n. 60, New York: Saratotoga, Spring-Summer, 1983.

YARBROUGH, Jean; STERN, Peter. *Vita Activa* and *Vita Contemplativa*: Reflections on Hannah Arendt's Political Thought in *The Life of the Mind*. *The Review of Politics*, v. 43, n. 3, Oxford, jul. 1981.

YOUNG-BRUEHL, E. From the Pariah's Point of View: Reflections on Hannah Arendt's Life and Work. In: HILL, Melvyn A. (ed.). *Hannah Arendt: The Recovery of the Public World*. New York: St. Martin's Press, 1979.

_____. *Hannah Arendt: For Love of the World*. New Haven/London: Yale University Press, 1982.

ZIPPERSTEIN, Steve. *Response: A Contemporary Jewish Review*, v. XII, n. 3, Summer 1980.

FILOSOFIA NA COLEÇÃO ESTUDOS

Homo Ludens
Johan Huizinga (E004)

Gramatologia
Jacques Derrida (E016)

Filosofia da Nova Música
T. W. Adorno (E026)

Filosofia do Estilo
Gilles Geston Granger (E029)

Lógica do Sentido
Gilles Deleuze (E035)

O Lugar de Todos os Lugares
Evaldo Coutinho (E055)

História da Loucura
Michel Foucault (E061)

Teoria Crítica I
Max Horkheimer (E077)

A Artisticidade do Ser
Evaldo Coutinho (E097)

Dilthey: Um Conceito de Vida e uma Pedagogia
Maria Nazaré de C. P. Amaral (E102)

Tempo e Religião
Walter I. Rehfeld (E106)

Kósmos Noetós
Ivo Assad Ibri (E130)

História e Narração em Walter Benjamin
Jeanne Marie Gagnebin (E142)

Cabala: Novas Perspectivas
Moshe Idel (E154)

O Tempo Não-Reconciliado
Peter Pál Pelbart (E160)

Jesus
David Flusser (E176)

Avicena: A Viagem da Alma
Rosalie Helena de S. Pereira (E179)

Nas Sendas do Judaísmo
Walter I. Rehfeld (E198)

Cabala e Contra-História: Gershom Scholem
David Biale (E202)

Nietzsche e a Justiça
Eduardo Rezende Melo (E205)

Ética contra Estética
Amelia Valcárcel (E210)

O Umbral da Sombra
Nuccio Ordine (E218)

Ensaios Filosóficos
Walter I. Rehfeld (E246)

Filosofia do Judaísmo em Abraham Joshua Heschel
Glória Hazan (E250)

A Escritura e a Diferença
Jacques Derrida (E271)

Mística e Razão: Dialética no Pensamento Judaico. De Speculis Heschel
Alexandre Leone (E289)

A Simulação da Morte
Lúcio Vaz (E293)

Judeus Heterodoxos: Messianismo, Romantismo, Utopia
Michael Löwy (E298)

Estética da Contradição
João Ricardo Carneiro Moderno (E313)

Pessoa Humana e Singularidade em Edith Stein
Francesco Alfieri (E328)

Este livro foi impresso na cidade de Cotia,
nas oficinas da MetaBrasil,
para a Editora Perspectiva.